Estudos de história e historiografia
do direito em homenagem
ao professor António Manuel
Hespanha

André Peixoto de Souza (Org.)

Estudos de história e historiografia do direito em homenagem ao professor António Manuel Hespanha

Coordenação:

 Rua Clara Vendramin, 58 . Mossunguê . Cep 81200-170 . Curitiba . PR . Brasil
Fone: (41) 2106-4170 . www.intersaberes.com.br . editora@editoraintersaberes.com.br

Conselho editorial Dr. Ivo José Both (presidente), Drª Elena Godoy, Dr. Neri dos Santos, Dr. Ulf Gregor Baranow • **Editora-chefe** Lindsay Azambuja • **Gerente editorial** Ariadne Nunes Wenger • **Analista editorial** Ariel Martins • **Preparação de originais** Letra & Língua Ltda. - ME • **Edição de texto** Letra & Língua Ltda. - ME, Tiago Krelling Marinaska • **Capa** Charles L. da Silva • **Projeto gráfico** Mayra Yoshizawa • **Diagramação** Charles L. da Silva • **Designer responsável** Charles L. da Silva • **Iconografia** Regina Claudia Cruz Prestes

Dados Internacionais de Catalogação na Publicação (CIP)
(Câmara Brasileira do Livro, SP, Brasil)

Estudos de história e historiografia do direito em homenagem ao professor António Manuel Hespanha/André Peixoto de Souza. (Org.) Curitiba: InterSaberes; Madrid: Marcial Pons, 2020.

Bibliografia.
ISBN 978-65-5517-722-0

1. Direito 2. Direito – História 3. Hespanha, António Manuel, 1945-2019 4. Historiografia I. Souza, André Peixoto de. II. Título.

20-39608 CDD-34(091)

Índices para catálogo sistemático:
1. Direito: História   34(091)

Maria Alice Ferreira – Bibliotecária – CRB-8/7964

ISBN do suporte eletrônico 978-65-5517-712-1

 1ª edição, 2020.
Foi feito o depósito legal.
Informamos que é de inteira responsabilidade dos autores a emissão de conceitos. Nenhuma parte desta publicação poderá ser reproduzida por qualquer meio ou forma sem a prévia autorização da Editora InterSaberes.
A violação dos direitos autorais é crime estabelecido na Lei n. 9.610/1998 e punido pelo art. 184 do Código Penal.

 Av. Brigadeiro Faria Lima, 1462 . conj. 64/5 . Torre Sul Jardim Paulistano
CEP 01452-002 . São Paulo-SP . Fone: (11) 3192-3733 . www.marcialpons.com.br

ISBN 978-84-9123-872-0

© MARCIAL PONS EDITORA DO BRASIL LTDA

Impresso no Brasil

Todos os direitos reservados.
Proibida a reprodução total ou parcial, por qualquer meio ou processo – Lei n. 9.610/1998.

Sumário

11 · A homenagem de uma cidade a António Manuel Hespanha
Ricardo Marcelo Fonseca

21 · Do processo histórico à história do processo: agradecimento póstumo ao professor António Manuel Hespanha
Monica Duarte Dantas

31 · Direito e história: algumas preocupações a partir da obra de António Manuel Hespanha
Sérgio Said Staut Júnior

57 · Cultura jurídica europeia sob as lentes de António Manuel Hespanha: dos limites do relativismo à força pós-colonial de seu manual de história crítica
Luís Fernando Lopes Pereira

73 · As perspectivas editoriais das últimas publicações de António Manuel Hespanha segundo o método da história do livro
Alfredo de J. Flores

93 · António Manuel Hespanha e a história quantitativa do direito: observações metodológicas testemunhais
Walter Guandalini Junior

117 · Por que (e até onde) "matar o Estado"? Reflexões sobre a história institucional, o direito e a democracia em António Hespanha
Cristina Nogueira da Silva

139 · Democracia e direito no Brasil:
lições a partir de António Hespanha

Thiago Hansen

153 · A relação entre amor e justiça e a função não pulsional
do jurista em António Manuel Hespanha

Kauana Vieira da Rosa Kalache

171 · António Manuel Hespanha e o direito penal

André Peixoto de Souza

185 · António Manuel Hespanha, um historiador além de
seu tempo: o direito e a liquidez da pós-modernidade

Ana Paula de Oliveira
Tiemi Saito

199 · História do direito como um olhar para o futuro: entre
as experiências jurídicas e os horizontes de expectativas

Gustavo Silveira Siqueira

213 · António Manuel Hespanha: el historiador como
antropólogo y el derecho como una forma de vida

Tamar Herzog

227 · Seis propuestas para una historia jurídica del derecho

Carlos Petit

241 · Il legislatore e i giudici di fronte alla costituzione

Maurizio Fioravanti

261 · Le constitutionalisme entre droit et politique

Michel Troper

279 · The profile of the judge in the european traditioni

Michael Stolleis

Prefácio

Em profundo agradecimento ao querido professor António Manuel Hespanha, o mínimo que eu poderia fazer como singela contribuição à memória do mestre e amigo de todos nós era organizar uma obra que tratasse de *sua obra*.

Ele precocemente nos deixou, estando no ápice de sua maturidade intelectual. E, mesmo assim, legou à história e à história do direito uma obra incomensurável, de uma técnica implacável, uma verdadeira e permanente historiografia.

Tive a honra de conviver com o professor Hespanha, pela mão de meu orientador Ricardo Marcelo Fonseca, desde os primeiros congressos de História do Direito do IBHD (em 2007), e até a sua última cátedra, no PPGD Uninter, entre 2015 e 2018. Além de todo o aprendizado teórico com que ele nos brindava, são notórios – e eu não posso deixar de destacar – sua incrível simplicidade, seu desprendimento, sua generosidade, seu altruísmo, sua energia e vivacidade acadêmica, seu entusiasmo para com os estudantes, fossem doutorandos, fossem calouros de 18 anos de idade. Quem o conheceu de perto também recordará de seus dotes culinários (Há, no mundo, melhor *bacalhau com batatas ao murro* do que o cozinhado pelo querido Hespanha?).

Uma pessoa inigualável, em todos os sentidos.

Pois bem: convidei alguns amigos para a escrita de textos que, de certa maneira, pudessem conversar com a rica obra do professor Hespanha. Temos aqui, então, um compilado de assuntos que, de modo geral, flertam com a história ou a teoria da história de nosso mestre português, com algumas pitadas de depoimentos pessoais entre autores e o homenageado.

Ricardo Marcelo Fonseca, atual Reitor da UFPR, inicia o volume com primeiríssima impressão pessoal desde a titulação do professor Hespanha como Cidadão Honorário de Curitiba, nos idos de 2014. Segue aqui reproduzido aquele merecido e emocionante discurso, intitulado *A homenagem de uma cidade a António Manuel Hespanha*.

Monica Dantas, da USP, também contribui com impressão pessoal: *Do processo histórico à história do processo: agradecimento póstumo ao professor António Manuel Hespanha* marca, desde o começo, a gratidão ao nosso querido amigo aqui homenageado.

A seguir, Sérgio Staut e Luís Fernando Pereira, amigos e colegas de UFPR, apresentam uma visão macro da obra de Hespanha com seus originais *Direito e história: algumas preocupações a partir da obra de António Manuel Hespanha* e *Cultura jurídica europeia sob as lentes de António Manuel Hespanha: dos limites do relativismo à força pós-colonial de seu manual de história crítica*, respectivamente.

Lá dos pampas (UFRGS), Alfredo Flores enviou *As perspectivas editoriais das últimas publicações de António Manuel Hespanha, segundo o método da história do livro*, pesquisa por ele apresentada em parte no último Congresso de História do Direito, em Curitiba (2019) – que também foi em homenagem a AMH.

Mais uma vez pela UFPR, e também pelo PPGD Uninter, Walter Guandalini Junior escreve belo texto de caráter metodológico: *António Manuel Hespanha e a história quantitativa do direito: observações metodológicas testemunhais*.

A portuguesa Cristina Nogueira da Silva (UNL) e nosso Thiago Hansen (UFPR) abordam questões políticas na obra de Hespanha, com os respectivos *Por que (e até onde) "matar o Estado"? Reflexões sobre a história institucional, o direito e a democracia na obra de António Hespanha* e *Democracia e direito no Brasil: lições a partir de António Hespanha*.

Do PPGD Uninter, Kauana Vieira da Rosa Kalache ousa extrair conteúdo psicanalítico com o inusitado *A relação entre amor e justiça e a função não pulsional do jurista em António Manuel Hespanha*.

Eu mesmo, a seguir, encontro o que há de direito penal nos textos do Hespanha, com *António Manuel Hespanha e o direito penal*.

E, fechando o ciclo do PPGD Uninter, Ana Paula de Oliveira e Tiemi Saito oferecem *António Manuel Hespanha, um historiador além de seu tempo: o direito e a liquidez da pós-modernidade*.

Do Rio de Janeiro chegou a *História do direito como um olhar para o futuro: entre as experiências jurídicas e os horizontes de expectativas*, de Gustavo Silveira Siqueira (UERJ), texto também apresentado em parte no congresso de 2019.

A querida Tamar Herzog (Harvard) prontamente contribuiu com *António Manuel Hespanha: el historiador como antropólogo y el derecho como una forma de vida*. Outro texto que contém impressões pessoais.

E da Europa, finalmente, chegaram os textos do também já "nosso" Carlos Petit: *Seis propuestas para una historia jurídica del derecho* – igualmente apresentado no congresso –, e os textos previamente publicados pela Marcial Pons, que agora autoriza expressamente essas republicações, de Maurizio Fioravanti (*Il legislatore e i giudici di fronte alla Costituzione*), Michel Troper (*Le constitutionalisme entre droit et politique*) e Michael Stolleis (*The profile of the judge in the european tradition*).

Oferecemos ao público esta singela contribuição em memória de nosso mestre.

Que fique, pois, também aqui registrado meu cumprimento especialíssimo à família Hespanha.

Ainda, todos os meus agradecimentos aos idealizadores deste livro, com expressa referência à Editora Marcial Pons (Barcelona), na pessoa de seu diretor Marcelo Porciúncula, à Editora InterSaberes (Curitiba), na pessoa de sua diretora Lindsay Azambuja da Silva Sperry, e ao articulador-mor dessas duas casas e dessa empreitada, o amigo Alexandre Coutinho Pagliarini.

Também ao Daniel Ferreira, coordenador do PPGD Uninter, pelo apoio institucional (e incondicional) a esta edição, tendo em vista que esse projeto editorial foi gestado essencialmente no âmbito da Linha de Pesquisa "Teoria e História da Jurisdição", do referido PPGD.

André Peixoto de Souza

*A homenagem de uma cidade
a António Manuel Hespanha*[i]

---

i   Discurso proferido no dia 28/10/2014, por ocasião da concessão do Título de Cidadão Honorário de Curitiba (Lei Municipal n. 14.414/2014) a António Manuel Botelho Hespanha.

Ricardo Marcelo Fonseca

Historiador do direito, professor titular da UFPR, pesquisador do CNPq, nível 1-B. Atualmente, ocupa o cargo de Reitor eleito (2016-2020) da Universidade Federal do Paraná.

Excelentíssimo Presidente da Câmara Municipal de Curitiba, excelentíssimos vereadores e vereadoras, prezadas autoridades, amigos e amigas, querido António Manuel Botelho Hespanha.

Eu preciso começar agradecendo, antes de tudo, ao povo de Curitiba, cujos representantes diretos compõem essa Casa, por terem votado pela concessão do título de cidadão honorário de Curitiba ao professor português António Manuel Hespanha. E devo fazê-lo, antes de todos, ao caro amigo e presidente dessa instância legislativa, e proponente dessa merecida homenagem, o vereador Paulo Salamuni, personagem querido que tantos vínculos tem com o mundo da cultura e com o mundo universitário, e agente político que merece o reconhecimento do povo de Curitiba. Agradeço, ainda, ao prefeito da cidade, Gustavo Fruet, que é ele próprio filho do "Palácio da Luz" (que era como o historiador Romário Martins chamava o prédio histórico de nossa universidade), aliás, como o pai dele, Maurício Fruet, também havia sido. Agradeço, ainda, ao amigo Clovis Costa, que desde o início nos ajudou nos trâmites dessa ideia e no encaminhamento dessa proposta.

O merecimento dessa honrosa homenagem ao nosso querido professor António Hespanha, pode, creio, ser justificado em três níveis.

O **primeiro nível** é de natureza acadêmica: a cidade de Curitiba, na data de hoje, acolhe como cidadão seu um dos personagens intelectuais mais importantes da língua portuguesa, na área da história e na área do direito. E, por essa razão, a meu ver, promove um gesto, um gesto significativo e importante, da parte dos responsáveis políticos por essa homenagem, sobre o valor e o lugar destacado que a cultura e a educação devem ter, como valores, também para nosso povo e nossa cidade.

E essas razões acadêmicas poderiam ser aqui enunciadas e arroladas extensamente e por tanto tempo. Limito-me a dar breves indicações desses méritos: Hespanha promoveu uma reviravolta na interpretação sobre a natureza do antigo regime. Desde sua tese de doutorado[i], escrita no início dos anos 1980, mas também a partir de tantas incisivas intervenções teóricas ao longo das décadas seguintes[ii], Hespanha nadou contra a corrente de uma interpretação que privilegiava marcas de centralismo político e jurídico e de absolutismo na primeira modernidade, acentuando, ao contrário, a existência nessa época de uma grande multiplicidade de poderes e de mecanismos normativos – mecanismos "doces" – explicados emblematicamente a partir da teologia e do direito.

Mais: Hespanha, em sua artesania intelectual, maneja ferramentas multidisciplinares (da filosofia, da antropologia, da sociologia), a partir de um cuidado permanente com as implicações teóricas e metodológicas de cada passo de sua pesquisa[iii], não se deixando impressionar pela

---

i   Publicada na década seguinte: *As vésperas do Leviathan: instituições e poder político – Portugal, séc. XVIII* (HESPANHA, 1994).

ii Como por exemplo em: *História das instituições: épocas medieval e moderna* (1982); *Poder e instituições na Europa do antigo regime* (1984); *Lei, justiça, litigiosidade: história e prospectiva* (1993); *La gracia del derecho* (1993); *História de Portugal: o antigo regime* (1998); *O direito dos letrados no império português* (2006a); *Imbecillitas: as bem-aventuranças da inferioridade nas sociedades de antigo regime* (2010); *A política perdida: ordem e governo antes da modernidade* (2010); e *O caleidoscópio do antigo regime* (2012).

iii Vide, especificamente nessa toada teórico-metodológica, seu livro *A história do direito na história social* (1978).

ênfase que o *establishment* historiográfico atribuía ao direito "régio" e formal em detrimento dos vários mecanismos de normação não oficiais. Evita assim o anacronismo (que é o supremo pecado do historiador, segundo Lucien Febvre), e nosso homenageado desvela uma inusitada complexidade da história, aberta à alteridade, à descontinuidade, à vertigem do novo. Hespanha mostra aos juristas, nesse ponto, como a história importa e que o saber sobre o passado, não sendo linear e progressivo, não é confirmatório do tempo presente, mas, ao contrário, é deslegitimador de certezas estabelecidas, é desmitificador, é instrumento de crítica.

Mais: Hespanha, nesse debate central sobre a natureza do antigo regime europeu, influencia decisivamente as discussões historiográficas brasileiras sobre a natureza do poder em nossa época colonial[i]. Nesse ponto, o diálogo crítico de Hespanha com as tradicionais leituras de grandes intérpretes de nosso passado brasileiro (como Caio Prado Junior, Raymundo Faoro e Fernando Novaes, por exemplo), inserem-no como referência incontornável para quem enfrenta os marcos de compreensão da história brasileira.

Mais: Hespanha, ao analisar o período oitocentista liberal[ii], é igualmente decisivo e teoricamente inovador em mostrar-nos a renitência, em tantos mecanismos políticos e jurídicos, de sinais do antigo regime na modernidade; frisou e demonstrou o flutuante, vacilante e complexo papel da lei, do Estado e das Constituições em uma época em que o senso comum lhes atribui um papel já onipresente e absoluto.

E, hoje, essas suas lições na área da história e da história do direito, mercê de sua atividade acadêmica de mais de 40 anos, são ponto de referência fundamental não só para o público português e brasileiro, mas, pelas traduções de suas obras, também para espanhóis, chineses, italianos e, mais recentemente, para os falantes de língua inglesa e francesa.

Mais: Hespanha, ao ingressar no território da Teoria do Direito[iii], inova na forma e no conteúdo porque traz um rol de debates novos,

---

i Emblematicamente, vide: HESPANHA, 2006b.

ii Como, por exemplo, em: *Guiando a mão invisível: direito, Estado e lei no liberalismo monárquico português* (2004); e *Hércules confundido: sentidos improváveis e variados do constitucionalismo oitocentista – o caso português* (2009).

iii *O caleidoscópio do direito: o direito e a justiça no mundo dos nossos dias* (2007); e o neste momento lançado *Pluralismo jurídico e direito democrático* (2013).

de problemas contemporâneos, em uma forma expositiva ágil voltada a enfrentar o império do senso comum, usando também referências mais eficazes da comunicação aos nossos estudantes. E isso – o que é apanágio só dos verdadeiros mestres – sem perder o rigor e sem fazer concessões a quaisquer simplismos, equilibrando a clareza da síntese com a profundidade de análise.

Ainda mais: pois Hespanha teve um papel crucial como tradutor, promovendo a divulgação na língua portuguesa – o que beneficiou diretamente tantos de nós brasileiros – de vários autores cruciais como Franz Wieacker, John Gilissen, A. Kaufmann, Horst Dippel e Raoul van Caenegem.

Limito aqui seus feitos como professor e autor de referência para todos nós e passo a um **segundo nível**, que traz todo o merecimento a esse momento de homenagem: a dimensão da atuação institucional de António Hespanha: ele foi (entre 1974 e 1975) Director-Geral de Ensino Superior em Portugal; foi (entre 1976 e 1989) Inspector Geral do Ministério da Educação português; e foi (entre 1996 e 1999) nomeado pelo governo português como Comissário-Geral da Comissão Nacional para as Comemorações dos Descobrimentos Portugueses. É hoje membro dos Conselhos Científicos da Fundação para a Ciência e Tecnologia (Portugal) e da Maison des Sciences de l'Homme e membro externo eleito do Conselho Geral da Universidade de Coimbra. É ou foi membro de conselhos científicos e/ou editoriais de periódicos dos mais prestigiados, na Europa ou fora dela[i], além de ter ele

---

i   Como, por exemplo, em: *Historia y critica* (Santiago de Compostela, Tórculo Ediciones); *Tempo* (UFF, Brasil); *Clio@Themis* (CNRS, França, http://www.cliothemis.com/Qui-sommes-nous); *Annales. Histoire. Sciences Sociales* (EHESS, França, http://www.cliothemis.com/Qui-sommes-nous); *Quaderni fiorentini per la storia del pensiero giurico moderno* (Firenze, Italia, http://www.centropgm.unifi.it/quaderni/introduzione.htm); *Anuario de historia del derecho* (CSIC, España); *Anuario de historia del derecho*; *Themis* (FD-UNL, Lisboa); *e-journal for Portuguese Studies* (Brown University, Baltimore, USA); *Temas de Administração Pública* (Departamento de Administração Pública da Faculdade de Filosofia e Letras da Universidade Estadual Paulista); *História constitucional. Revista electronica* (http://hc.rediris.es/, Espanha); *Panoptica. Revista electrónica acadêmica de Direito* (http://www.panoptica.org/editores.htm, Brasil); *Peer reviewer* da *Revista Electrónica de História da Universidade de São Paulo*; *Almanack Brasilienze* (http://www.almanack.usp.br); *Tempo* (Departamento de História da da Universidade Federal Fluminense, indexada na *Historical Abstract* e na *America: History*

mesmo fundado e dirigido relevantes revistas[i], demonstrando também seu papel de organizador e difusor cultural. Foi professor visitante ou convidado em dezenas de instituições estrangeiras, como nos Estados Unidos (como *visiting schoolar* na Robbins Collection, na Law School da University da Califórnia, Berkeley, *visiting professor* na Yale University ou na John Hopkins University, em Baltimore), na França (tendo atuado, por exemplo, como *Directeur d'*Études da École des Hautes Études en Sciences Sociales de Paris), na Alemanha (onde, por exemplo, foi responsável em 2001 pelos *Summerkurs* do Max Plack für Europaische Rechtgeschichte, Frankfurt), mas também na Itália (seja em Florença, Catânia, Messina, Torino, Roma, Macerata, Bolonha), na Espanha (onde foi professor visitante na Universidade Autônoma de Madrid e na Universidade de Sevilha), no México (na Escuela Libre de Derecho), na Argentina (na Universidad Nacional de Quilmes e na Universidad de San Andrés) como também em Macau, na Índia e em tantas e tantas universidades no Brasil, além de em muitos outros lugares. Hespanha agraciado com distinções como o "Premio Internazionale Galileo Galilei" da Università degli Studi di Pisa ("sotto Il patronato del Presidente della Repubblica italiana") em 1999, ano em que também foi escolhido como "Conferencista Marc Bloch" da EHESS (École des Hautes Études en Sciences Sociales de Paris); ainda em 1999 recebeu o prémio Menendez Pelayo, na Espanha; no ano 2000 recebeu/foi indicado para a distinção como "Grande oficial da Ordem de Cristo", atribuída pelo presidente da República portuguesa pelos trabalhos realizados na Coordenação das Comissões para os Descobrimentos; recebeu o Prêmio Nacional "Universidade de Coimbra" em 2005; e, em 2010, António Hespanha recebeu o doutorado *honoris causa* da Universität Luzern, na Suíça.

No ano de 2013, recebeu da nossa Universidade Federal do Paraná o título de Doutor *Honoris Causa*, em reconhecimento à sua trajetória pessoal e acadêmica.

---

    and Life, www.historia.uff.br/tempo); *Revista Eletrônica Cadernos de História* (Departamento de História da Universidade Federal de Ouro Preto); *Giornale di Storia Costituzionale / Journal of Constitutional History* (Università di Macerata, http://www.storiacostituzionale.it/info.html); *Historia. Instituciones. Documentos* (Sevilla, España, http://www.publius.us.es/en/node/351); *Revista da Faculdade de Letras do Porto*, *Scientia Iuridica* (Escola de Direito da Universidade do Minho).

i   Revistas *Penélope* e *Themis*.

Essa distinção recebida de nossa querida universidade me leva a um **terceiro nível** de razões que, sobejamente, justificam essa homenagem: as ligações estreitas – pessoais, institucionais, emotivas, desportivas – que o ligam à nossa cidade de Curitiba.

Ser Doutor *Honoris Causa* pela nossa Universidade Federal do Paraná – que, como consta do frontão do prédio histórico que abriga nossa Faculdade de Direito, é a "Universidade do Paraná" e é, de modo muito especial, sobretudo, a universidade dos curitibanos – é algo para muito poucos. Nossa universidade centenária, a mais antiga do Brasil, já acolheu em seu grêmio de doutores, nosso querido professor português pela sua ligação institucional estreita com seus alunos, professores e pesquisadores. De fato, além de ter feito um curso na chamada "Escola de Altos Estudos", no ano de 2009 (quando ficou aqui por mais de 45 dias), desempenhou as funções de professor visitante na nossa universidade durante o ano de 2013, tanto na graduação quanto na pós-graduação.

E, nesse ano de 2014, passou a integrar, de modo permanente, o corpo docente de outra importante instituição curitibana, o Centro Universitário Internacional Uninter, para o qual, durante o mês de outubro, ministrou um denso e importante curso.

As raízes acadêmicas do professor Hespanha estão agora fixadas no solo curitibano, para alegria e regozijo de alunos e professores que com ele podem aprender e dialogar.

Claro que, desse terceiro nível de razões, poderíamos, finalmente, retirar aquilo que não se relaciona em currículos, aquilo que não se coloca em diplomas, aquilo que, às vezes, nem cabe na linguagem: falo da dimensão do afeto, da amizade, da generosidade, da solidariedade, do humor (do excelente humor!), da presença de espírito, daquilo que se torna exemplo, do que faz com que se vire modelo. Aquilo que não cabe em um discurso como esse, aquilo que, lastimavelmente, por ser pessoal, só quem está bem perto do professor Hespanha vai poder saber.

Caro António Hespanha, é um privilégio para Curitiba e para os curitibanos compartilharmos de suas realizações. E é um privilégio ainda maior para nós, seus amigos e agora concidadãos, compartilhar de suas coisas feitas em centímetros.

Obrigado.

Referências

HESPANHA, A. M. **A história do direito na história social**. Lisboa: Livros Horizonte, 1978.

HESPANHA, A. M. **A política perdida**: ordem e governo antes da modernidade. Curitiba: Juruá, 2010.

HESPANHA, A. M. **As vésperas do Leviathan**: instituições e poder político (Portugal, séc. XVIII). Coimbra: Almedina, 1994.

HESPANHA, A. M. **Guiando a mão invisível**: direito, Estado e lei no liberalismo monárquico português. Coimbra: Almedina, 2004.

HESPANHA, A. M. **Hércules confundido**: sentidos improváveis e variados do constitucionalismo oitocentista – o caso português. Curitiba: Juruá, 2009.

HESPANHA, A. M. **História das instituições**: épocas medieval e moderna. Coimbra: Almedina, 1982.

HESPANHA, A. M. **História de Portugal**: o antigo regime. Lisboa: Estampa, 1998. v. IV.

HESPANHA, A. M. **Imbecillitas**: as bem-aventuranças da inferioridade nas sociedades de antigo regime. São Paulo: Annablume, 2010.

HESPANHA, A. M. **La gracia del derecho**. Madrid: CEC, 1993.

HESPANHA, A. M. **O caleidoscópio do antigo regime**. São Paulo: Alameda, 2012.

HESPANHA, A. M. **O caleidoscópio do direito**: o direito e a justiça no mundo dos nossos dias. Coimbra: Almedina, 2007.

HESPANHA, A. M. **O direito dos letrados no império português**. Florianópolis: Fundação Boiteux, 2006a.

HESPANHA, A. M. **Pluralismo jurídico e direito democrático**. São Paulo: Annablume, 2013.

HESPANHA, A. M. Por que é que existe e em que é que consiste um direito colonial brasileiro. **Quaderni Fiorentini per la Storia del Pensiero Giuridico Moderno**, n. XXXV, Milano: Giuffrè, p. 59-81, 2006b.

HESPANHA, A. M. (Org.). **Lei, justiça, litigiosidade**: história e prospectiva. Lisboa: Gulbenkian, 1993.

HESPANHA, A. M. (Org.). **Poder e instituições na Europa do antigo regime**. Lisboa: Gulbenkian, 1984.

Do processo histórico à história do processo: agradecimento póstumo ao professor António Manuel Hespanha[i]

---

i   Uma versão ligeiramente diferente deste texto foi já publicada na revista *Práticas da História* (DANTAS, M. D. Do processo histórico à história do processo. **Práticas da História, Journal on Theory, Historiography and Uses of the Past**, n. 9, p. 191-198, 2009).

Monica Duarte Dantas

Graduada em História pela Universidade de São Paulo (1993) e doutora em História Social pela Universidade de São Paulo (2002). Atualmente, é professora livre-docente do Instituto de Estudos Brasileiros da Universidade de São Paulo. Tem experiência na área de História, com ênfase em História do Brasil Império.

Em qualquer outra situação, escrever sobre a pessoa de António Manuel Hespanha já seria uma tarefa difícil. Agora, depois que ele nos deixou, torna-se quase impossível, dado o sentimento de perda, uma espécie de orfandade, que se apodera de todos que o conheceram, que partilharam de sua imensa sabedoria, generosidade e, claro, bom humor. Tê-lo como professor, tenho certeza, foi para todos os seus alunos uma experiência transformadora.

Conheci António Manuel no segundo semestre de 1999, na Universidade de Yale, ocasião em que ele lá estava como professor visitante e eu havia recém-chegado para passar um semestre, com bolsa de doutorado-sanduíche, para desenvolver pesquisa sob a orientação do professor Stuart Schwartz. Foi Schwartz quem, antes mesmo de minha chegada a New Haven, disse-me que lá estaria um professor português excepcional, cujo curso de pós-graduação eu deveria assistir.

Eu trabalhava, então, sob orientação da professora Maria Odila Leite da Silva Dias, com a formação do arraial de Canudos, tomando por base as transformações sociais, econômicas e políticas. Local de uma específica comarca da Bahia em que António Conselheiro passara, pregando, quase duas décadas de sua vida e de onde sairia, a partir de 1893, a maior migração para a comunidade do Belo Monte. O curso de António Manuel Hespanha, bastante distante, *a priori*, de minhas preocupações, tinha como título "Legal Immagery and the Building of Society in Early Modern Europe".

A disciplina de pós-graduação estava sendo ofertada pela Graduate School of Arts and Sciences, e não pela Faculdade de Direito. Assim, considerando as particularidades das universidades estadunidenses, não espanta que, no primeiro dia de aula, fôssemos seis doutorandos em História (sendo os outros cinco pós-graduandos de Yale), quase todos trabalhando com América Latina, dos séculos XVI a XIX. Portanto, nenhum de nós tinha qualquer experiência em imaginário jurídico e, tampouco, em Europa Moderna.

António Manuel rapidamente percebeu as especificidades ou, por que não dizer, deficiências de seus alunos. Tinha já larguíssima experiência em lecionar e orientar alunos com graduação em História, porém, mais do que isso, sabia melhor do que ninguém – dada sua própria atividade de pesquisa e as resistências que sofrera às novidades que vinha, há anos, alardeando – o quanto estávamos todos enredados em preconcepções que tornariam quase impossível entender as problemáticas e questionamentos que apresentaria ao longo do semestre.

Seu curso foi não só um aprendizado singular no tangente às temáticas em questão, mas também uma lição inesquecível em docência. Desnecessário dizer que sua impressionante erudição era perceptível aula a aula, ainda que fizesse questão de lecionar de maneira que seu conhecimento não afastasse os alunos das temáticas em debate – prática, infelizmente, não tão comum no meio universitário, em que a distância entre docentes e discentes parece, eventualmente, condição a garantir aos primeiros seu lugar em uma ficcional torre de marfim –, porém, mais ainda, utilizava-se de toda sua erudição e seu conhecimento da doutrina e das fontes para tornar a aula uma experiência quase lúdica.

Antes de tudo, António Manuel visava criar uma fenda nas certezas de um grupo de jovens adultos. Para tanto, partia de uma série de exemplos e "estórias", que, contadas com seu imenso bom humor (causando, de fato, surtos de risos na audiência), imediatamente derrubavam quaisquer barreiras decorrentes da formação pessoal ou acadêmica dos alunos. Em melhor português (ou inglês, dada a exigência da universidade de que as aulas fossem ministradas no idioma do país), Hespanha começava as aulas sempre contando, como diríamos nós brasileiros, um "causo".

A fim de descontruir concepções extemporâneas ou, melhor dizendo, anacrônicas sobre sujeitos e objetos do direito, narrou com verve jocosa o direito de precedência da cor púrpura, a condenação de um porco em uma ação criminal, e o caso de uma viúva que, por meio de uma ficção jurídica, fora considerada homem a fim de administrar a herança. Assim, com muito bom humor e um conhecimento sem limites, ensinou a nós, seus alunos, a desnaturalizar lugares-comuns, a historicizar o direito, a questionar certa, ou certas, antropologia(s) do saber jurídico e, obviamente, histórico.

Mas seu interesse pelos alunos e suas questões ultrapassava, e muito, o horário das aulas. Estava sempre disponível a responder dúvidas, ouvindo atentamente as colocações sobre qualquer problemática, ainda que distantes do tema do curso. Como qualquer outro professor em uma universidade estadunidense, tinha ele suas *office hours* semanais, mas, ainda assim, ao sair das aulas, quando estávamos todos perdidos com os debates propostos, parecia apreciar e até se divertir com o afluxo de perguntas que mal lhe deixavam chegar até o café.

Àquela altura, eu estava particularmente desacorçoada com a questão dos morgados, encapelados e bens vinculados, em geral, na América portuguesa e nas duas primeiras décadas do Brasil independente. Afinal, a parca historiografia sobre a temática não parecia coadunar-se com as fontes que eu havia levantado até então. António Manuel passou horas discutindo comigo a questão, voltando não só aos pródromos de tais institutos em Portugal, mas auxiliando também no questionamento das máximas presentes na bibliografia brasileira. Vale ressaltar que, diante das dúvidas de seus alunos, ele não se furtava em ler livros, capítulos e artigos que nenhuma relação mais imediata tinham com seu próprio trabalho. Quanto aos tais bens vinculados, para além de responder a saraivadas de questões, aproveitando da estada de uma semana em Portugal, com o fim de cumprir compromissos previamente agendados, Hespanha retornou com uma cópia xerográfica de seu próprio exemplar de *Tratado pratico de morgados*, de Manuel de Almeida e Sousa de Lobão.

Desnecessário dizer que eu não tinha qualquer familiaridade com tal tipo de obra. Jamais, dado o tema de meu doutorado, considerara debruçar-me sobre livros de doutrina escritos por portugueses que haviam morrido antes das Cortes de Lisboa. António Manuel me passou a cópia, disse que eu lesse sem maiores preocupações e, então, voltasse para conversar com ele. Pacientemente, tempos depois, cotejou o conteúdo da obra de Lobão com a historiografia brasileira sobre o tema e o que eu lhe contara acerca da documentação levantada. Ao final, o que se originara com dúvidas inespecíficas sobre a ocupação da região e o problema fundiário no remoto município, de Itapicuru (Bahia), se tornou quase uma questão à parte. Em meio às discussões com António Manuel e Stuart Schwartz, os séculos XVI, XVII e XVIII (fora de meu recorte cronológico original) haviam ganhado vida própria. Foi justamente Hespanha, então editor da *Revista Penélope,* que sugeriu que eu enviasse ao periódico, em forma de artigo, a parte sobre os séculos XVI a XVIII, para sair no número comemorativo (e crítico, sempre) dos 500 anos.

Ainda que voltando ao Brasil às vésperas do fatídico ano 2000 – quando o temido *bug* do milênio causaria uma pane geral em todos os computadores e o mundo sofreria um revés inenarrável –, a relação estabelecida com o professor Hespanha sobreviveu intacta a essa ameaça potencialmente terrível. Obviamente, as previsões quase apocalípticas, como brincava ele, não se realizaram.

Gosto de pensar que António Manuel se entusiasmou – o que, como todos sabem, não era raro – com aquela doutoranda brasileira que, quem sabe, poderia vir a estudar algo relativo à questão fundiária na América portuguesa. Alguém que, em razão de seus ensinamentos e sem qualquer conhecimento prévio a respeito, encantara-se com as aulas e as discussões sobre história do direito. Mal sabia ele que eu terminaria por ser um grande desaponto, a despeito de todos os seus esforços.

De 2000 em diante, Hespanha passou a viajar com frequência ao Brasil. Em uma dessas ocasiões, com certeza iludido pelo meu interesse sobre o *Tratado pratico de morgados*, presenteou-me com a obra quase completa do jurista português. Guardo os volumes com carinho, mas, com certeza, com menos entusiasmo do que ele esperava. Contudo, não bastasse o presente, passou a me enviar por e-mail – como mandava a dezenas de seus alunos, ex-alunos, orientandos e colegas – cópias em PDF, e mesmo em Word, dos livros, artigos e capítulos que escrevia, bem como de obras que traduzira e de tudo o mais a que tinha acesso, para além, é claro, dos *links* aos bancos de dados que, havia anos, vinha organizando em Portugal. Ainda que um apaixonado por fontes centenárias, capaz de reproduzir, *ipsis litteris*, o português de antanho (em conversas e escritos), ele vivia no presente, tirando proveito, para suas pesquisas, obras e docência, do que havia de mais moderno na "informática" e nas "novas tecnologias" naquele fim do século passado e já no atual século XXI.

Contudo, mesmo sem tanto entusiasmo por Lobão, a convivência com António Manuel se mostraria inelutável, arraigada, marcando minha trajetória futura. Eu não passaria incólume pela disciplina cursada em Yale, pelas conversas travadas, pelas leituras por ele sugeridas, pelas obras enviadas por e-mail, além, claro, das intermináveis listas de bibliografia que enviava de tempos em tempos (publicadas em todos os cantos do mundo, nos mais diversos idiomas).

Findo o doutorado e dado meu ingresso como professora na Universidade de São Paulo, passei a me dedicar não aos morgados e às capelas, mas sim a vários movimentos populares que haviam espocado no Império do Brasil. Ocorre que, para melhor entender a repressão a tais movimentos e, mais ainda, suas diferenças, com destaque para a distinção que faziam os coevos entre rebeliões e sedições, interessei-me pelo Código Criminal do Império do Brasil, de 1830. Esse interesse que, *a priori*, era secundário em relação ao tema, acabou por ganhar vida própria.

A leitura do Código, juntamente à bibliografia existente sobre o tema no Brasil, serviu para levantar minhas suspeitas de que algo havia de estranho em tais análises, especialmente no tangente às "origens" ou "influências" de tal diploma. Mas eu não tinha, de fato, formação no assunto; isto é, minhas meras suspeitas implicavam, a fim de que me levassem a algum lugar, ou lugar algum, todo um arcabouço de leituras, bibliográficas e de fontes. E, nesse percurso, a figura de António Manuel foi mais uma vez central.

Novas conversas, novas questões. Outras tantas de suas obras enviadas por e-mail e, claro, o conselho de que nada poderia ser feito sem uma pesquisa detida dos textos de época, no caso, todos os códigos, projetos e demais obras afins escritas antes de 1830, fosse em Portugal, na França ou na Toscana, na Áustria, na Baviera, na Espanha e mesmo na Prússia. Dada sua própria proficiência em várias línguas, Hespanha achava natural que nós, seus alunos ou ex-alunos, também trabalhássemos com fontes de diversas proveniências (e, portanto, distintos idiomas). Que fique, claro, contudo, que tal sugestão não deixava o recipiente da mensagem a sós, mergulhado em textos com os quais não tinha afinidade. Ele estava sempre pronto a resolver dúvidas ou escutar lamúrias, em pessoa, por Skype, telefone ou mesmo e-mail. Porém, mais do que tudo, parecia divertir-se com suspeitas e questionamentos alheios, independentemente do tema.

Quando cheguei à conclusão de que havia algo de estadunidense no diploma brasileiro, uma conclusão aparentemente absurda dada não só a diferença entre a *common law* e o direito civil, mas decorrente também do fato de que a maioria dos *Statutes* das antigas colônias inglesas na América só foi reimpressa ao longo do século XIX, Hespanha não pensou duas vezes antes de lançar mão de sua longa lista de conhecidos, colegas e amigos. Ele remeteu, então, a um constitucionalista alemão todas as minhas questões e os indícios que encontrara até então. Passados alguns dias, veio a resposta: diga a ela que atente para a Luisiana. Demoraria ainda um pouco até que eu chegasse às obras de Edward Livingston, pois seus projetos para um *System of Penal Law* (contendo, ao todo, cinco códigos) nunca fora aprovado pelo Legislativo daquele estado.

A história de Livingston e o Brasil não cabe neste artigo, contudo, fato é que o extenso percurso de leituras para comprovar, ou não, minhas suspeitas iniciais, com António Manuel sempre em meu auxílio, levaram-me a uma espécie de obsessão com os primeiros códigos aprovados no Brasil independente, o mencionado Código Criminal e o Código de Processo Criminal de 1ª Instância, de 1832. Se, no caso do diploma de direito material, ainda havia alguns estudos, no tangente ao primeiro texto que regulamentava a organização judiciária e a ordem do processo no Brasil, o silêncio imperava na literatura nacional. E o silêncio passou a se tornar um incômodo profundo.

António Manuel achava, então, que eu continuaria pelas sendas do direito penal material; já havia desistido que eu voltasse aos bens vinculados. Ainda assim, continuou a conversar, a mandar indicações de leitura, acreditando, contudo, que meu interesse por processo penal rapidamente se provaria fogo de palha.

Não lhe surpreendeu que, tempos depois, eu conversasse sobre a possibilidade de fazer um pós-doutorado em Portugal, com ele como supervisor. Mas tomou um susto, isto sim, quando lhe disse que a temática seria justamente a questão da regulamentação do processo criminal no pós-independência do Brasil. Não sei se cometo uma indiscrição, mas todos que o conheceram sabem bem que processo não era exatamente uma de suas paixões. Quando cheguei finalmente a Portugal, ele saiu com um de seus famosos chistes. Em presença de terceiros, não teve dúvida de assim resumir meu percurso acadêmico:

"A menina ouviu tanto falar em processo histórico que se confundiu toda e foi estudar história do processo".

Ainda assim, foi o António Manuel que todos conheceram. Sempre disponível, interessado na pesquisa (mesmo que um pouco a contragosto...), ajudando no levantamento de fontes, franqueando suas bibliotecas em Lisboa e na Chamusca (com obras raríssimas, inexistentes em acervos institucionais). Dessa experiência sairia, anos depois, minha tese de livre-docência, que, mais uma vez, não teria sido possível sem sua ajuda, ainda que à distância.

Porém, ele foi muito mais do que um professor ou um orientador. Tal como ocorria com todos os alunos e colegas que lhe eram próximos, tornou-se também um grande amigo.

Mas essa amizade ia além de sua própria pessoa. António Manuel tinha uma capacidade singular de construir redes de afeto, transnacionais e supradisciplinares. Bastava que ele telefonasse para algum amigo ou amiga, em outra cidade ou país, avisando que você estaria por lá para fazer pesquisa, ou simplesmente passear, que tal pessoa se convertia imediatamente em um conhecido seu de anos. Seu interesse genuíno por todos, sua generosidade, seu bom humor e, obviamente, sua inteligência ímpar eram capazes de construir laços fortes entre pessoas que nunca se haviam visto. Amigos que sentem hoje, juntos, a imensa perda que sobre todos se abateu em julho de 2019.

Direito e história: algumas preocupações a partir da obra de António Manuel Hespanha

Sérgio Said Staut Júnior

Professor Associado de Teoria do Direito nos cursos de graduação e pós-graduação (mestrado e doutorado) da Faculdade de Direito da Universidade Federal do Paraná (UFPR). Mestre e doutor pelo Programa da Pós-Graduação em Direito da UFPR. Tem pós-doutorado no Centro di Studi per la Storia del Pensiero Giuridico Moderno na Università degli Studi di Firenze, Itália. Integrante do Núcleo de Pesquisas de História, Direito e Subjetividade do PPGD/UFPR. Membro do Instituto Brasileiro de História do Direito (IBHD).

1
Provocação inicial

António Manuel Hespanha dizia, frequentemente, que era necessário enfatizar a importância do estudo da história para a compreensão do direito. Da mesma forma, ensinava, como poucos, a enorme relevância da dimensão jurídica para a própria história. Para aqueles que se "ocupam" do direito, a história também importa (e muito). Para aqueles que se "preocupam" com a história, não é possível ignorar o direito.

A partir desta provocação inicial e sem qualquer pretensão de esgotar o extenso assunto (amplamente trabalhado por Hespanha ao longo de toda a sua trajetória), o presente trabalho procura estabelecer algumas relações entre direito e história, destacar a importância da história do direito, assim como indicar alguns cuidados metodológicos para a área, submetendo-os ao debate.

2
Algumas notas sobre a relevância da história para o direito

O direito é essencialmente um produto histórico. Nas palavras de António Manoel Hespanha (2005, p. 21),

> *o direito existe sempre "em sociedade" (situado, localizado) e que, seja qual for o modelo usado para descrever as suas relações com os contextos sociais (simbólicos, políticos, econômicos, etc.), as soluções jurídicas são sempre contingentes em relação a um dado envolvimento (ou ambiente). São, neste sentido, sempre locais.*

Por isso, o estudo do direito deve estar atento ao ambiente social, econômico, político e cultural em que foi imaginado e erigido[i]. A compreensão das categorias, dos conceitos e dos institutos jurídicos, bem como de suas implicações na realidade, não pode estar distanciada do estudo e da reflexão a respeito das diferentes temporalidades e localidades em que foram pensados e idealizados esses diversos direitos[ii].

---

i   Nessa linha, conforme explica Ricardo Marcelo Fonseca (2000, p. 574), deve-se entender "a história não apenas como uma 'introdução' ao estudo ou à análise que, após ser utilizada sem critério, não será retomada em nenhum outro momento da pesquisa: a história pode (e deve) atravessar o próprio estudo, constituindo o seu cerne metodológico".

ii   Conforme Ricardo Marcelo Fonseca (2008, p. 5), "O direito, como tudo e todos, está inserido no tempo. Como ocorre no âmbito social, cada elemento do âmbito jurídico está imerso em condições que não podem se desprender de sua história. Só se compreende o direito de modo efetivo quando se lhe conecta com o que nos antecedeu e com o que herdamos do passado. Nada, afinal, tem sua existência destacada das condições históricas que produzem nosso presente".

A potencialidade da presente preocupação metodológica está sujeita, no entanto, ao que se entende por história e ao papel que pode (ou não) ser desempenhado pela história do direito. Conforme Ricardo Marcelo Fonseca (2001b, p. 25),

> *abordar o passado em geral ou mesmo abordar historicamente um instituto em particular não é tarefa simples nem isenta de consequências profundas. A maneira como o resgate histórico é feito acaba por atribuir um outro sentido tanto ao passado que se busca reconstruir quanto ao presente que se busca explicar numa pesquisa.*

Os resultados dependem, em larga medida, das escolhas metodológicas realizadas ao longo do estudo.

Nessa perspectiva, direção valiosa é dada por Paolo Grossi (2004c, p. 11) ao alertar que

> *um dos papéis, e certamente não o último, do historiador do direito junto ao operador do direito positivo seja o de servir como sua consciência crítica, revelando como complexo o que na sua visão unilinear poderia parecer simples, rompendo as suas convicções acríticas, relativizando certezas consideradas absolutas, insinuando dúvidas sobre lugares comuns recebidos sem uma adequada confirmação cultural.*[i]

Não é possível repensar criticamente o direito presente e projetar outro futuro sem levar seriamente em consideração o passado.

Portanto, é importante relativizar e problematizar algumas "aparentes certezas" que envolvem muitos dos discursos jurídicos. Deve-se

---

i   A compreensão da História do Direito, no presente trabalho, também parte do entendimento de que a função dessa disciplina, ou como quer Hespanha (2005, p. 21), "a missão da História do Direito é antes a de problematizar o pressuposto implícito e acrítico das disciplinas dogmáticas, ou seja, o de que o direito dos nossos dias é o racional, o necessário, o definitivo". Para uma ampla e interessante discussão metodológica sobre História do Direito, ver a seguinte monografia de mestrado: FONSECA, 1997.

realizar um trabalho de desmitificação[i] por meio da história, perspectiva que

> *retira o caráter absoluto das certezas de hoje, relativiza-as pondo-as em fricção com certezas diferentes ou opostas experimentadas no passado, desmitifica o presente, garante que sejam analisadas de modo crítico, liberando os fermentos atuais da estática daquilo que é vigente e estipulando o caminho para a construção do futuro. (GROSSI, 2004c, p. 26)*

O conhecimento do passado pode liberar o presente de sua aparente naturalidade e proporcionar, no âmbito do direito, uma consciência da relatividade histórica daquilo que é familiar[ii]. É imprescindível que o estudo do passado instigue uma consciência mais crítica do presente, revolva ideias e conceitos cristalizados e suscite estranhamentos.

3
Contra a utilização legitimadora e justificadora da história

A história (especialmente a história do direito) não pode ser utilizada para justificar e legitimar[iii] as manifestações jurídicas do presente.

---

i Segundo Paolo Grossi (2004c, p. 12), "O historiador, que por profissão é um relativizador e, conseqüentemente, um desmitificador, sente-se no dever de advertir o jurista que um nó como esse pode e deve ser desfeito, e que seu olhar deve ser liberado da lente vinculante colocada diante de seus olhos por duzentos anos de habilíssima propaganda".

ii Nas palavras de Paolo Grossi (2004a, p. 8), "adquirir plena consciência da historicidade e relatividade de um ideário jurídico que se assenta sobre nossas costas é tão elementar quanto liberatório".

iii Antônio Carlos Wolkmer (1994-1995, p. 56), criticando a historiografia tradicional justificadora do direito presente, afirma: "A História expressa a complexa manifestação da experiência humana, interagida no bojo dos fatos, acontecimentos e instituições. O caráter mutável, imperfeito e relativo da experiência humana permite proceder múltiplas interpretações desta historicidade. Daí a formulação, ora de uma História oficial, descritiva e personalizada do passado, e que serve para justificar a totalidade do presente, ora da elaboração de uma história subjacente, alternativa e problematizante que serve para modificar/recriar a realidade vigente".

Entender as relações jurídicas entre os homens e as coisas em sua profunda historicidade tem uma relevante função de dessacralizar a naturalização do presente. Deve-se historicizar os vínculos jurídicos existentes em sociedade, e não naturalizá-los[i]. A ideia de descontinuidade e ruptura merece destaque, isso porque existe toda uma literatura jurídica (dogmática e histórica) que apresenta muitos institutos jurídicos como frutos de uma linha histórica contínua, que, no máximo, está em constante evolução.

Ao apresentar institutos jurídicos como naturais e atemporais, imunes ao tempo e ao espaço, esse tipo de discurso, que se apropria de uma fundamentação historiográfica, acaba produzindo um poderoso discurso de legitimação do direito presente, desconsiderando absolutamente o fato de o direito depender de seu contexto. O passado é utilizado como uma justificativa do tempo presente. São estabelecidas conexões diretas entre presente e passado em relações lineares de causa e efeito que não permitem visualizar as descontinuidades do tempo histórico (WIEACKER, 1980).

Há de se concordar com a advertência de Franz Wieacker (1980, p. 3) ao afirmar: "Hoje, já não constitui tarefa do historiador fundamentar historicamente os direitos actuais, como, outrora, na Idade Média e até à época barroca; ou tornar possível a interpretação histórica do direito vigente, como ainda se pretendia na ciência jurídica do séc. XIX". Elaborações teóricas realizadas em outros lugares e em outros momentos, como na Roma antiga ou mesmo na Idade Média, são identificadas e confundidas com conceitos ou institutos modernos que, apesar de terem a mesma denominação, não são dotados dos mesmos significados.

Nesse sentido, ao trabalhar com muitos institutos jurídicos, é necessário observar que "por trás de uma mesma morfologia geralmente há, em perspectiva histórica, uma muito diversa semântica" (FONSECA,

---

i Deve-se estar atento à "naturalização" do habitual. Na esteira de Natalino Irti (2004), pode-se afirmar que a atual ordem jurídica proprietária não é uma ordem natural, e sim artificial. Conforme explica o autor, "Si scopre così che il naturalismo è assai poco 'naturale', e piuttosto ascrive alla natura, e protegge con predicati di assolutezza e immutabilità, il contingente risultato di un periodo storico e di una volontà politica" (IRTI, 2004, p. VI) ("Descobre-se assim que o naturalismo é muito pouco 'natural', e preferencialmente atribui à natureza, e protege com predicados de caráter absoluto e imutabilidade, o resultado contingente de um período histórico e de uma vontade política" [tradução nossa]).

2005b, p. 98). Deve-se orientar o objeto da pesquisa para além da mera semelhança terminológica das construções jurídicas. Apesar de as palavras ou os significantes serem os mesmos, os significados podem ser bastante diversos se analisados sob uma perspectiva historiográfica crítica[i].

Conforme observa Hespanha (2005, p. 26-27),

> *Realmente, conceitos como pessoa, liberdade, democracia, família, obrigação, contrato, propriedade, roubo, homicídio, são conhecidos como construções jurídicas desde os inícios da história do direito europeu. Contudo, se avançarmos um pouco na sua interpretação, logo veremos que, por baixo da superfície da sua continuidade terminológica, existem rupturas decisivas no seu significado semântico. O significado da mesma palavra, nas suas diferentes ocorrências históricas, está intimamente ligado aos diferentes contextos, sociais ou textuais, de cada ocorrência. Ou seja, é eminentemente relacional ou local.*

O passado, nessa perspectiva equivocada, serve simplesmente como um "enfeite teórico" que o "historiador" utiliza para os "precedentes"

---

i   O presente trabalho compartilha das "estratégias científicas e vias metodológicas" elencadas por António Manuel Hespanha (2005) para uma história crítica do direito. São elas: (a) "A primeira estratégia deve ser a de *instigar uma forte consciência metodológica* nos historiadores, problematizando a concepção ingênua segundo a qual a narrativa histórica não é senão o relato daquilo que 'realmente aconteceu'. É que, de facto, os acontecimentos históricos não estão aí, independentes do olhar do historiador, disponíveis para serem descritos. Pelo contrário, eles são criados pelo trabalho do historiador [...]. Os historiadores devem estar cientes (i) deste artificialismo da 'realidade' historiográfica por eles criada, (ii) da forma como os seus processos mentais modelam a 'realidade' histórica, ou seja, do caráter 'poiético' (criador) da sua actividade intelectual e (iii) das raízes social e culturalmente embebidas deste processo de criação"; (b) "A segunda estratégia é a de eleger como objecto da história jurídica o direito em sociedade"; (c) "A terceira estratégia de uma história crítica do direito é a de insistir no facto de que a história jurídica (como a história em geral) não constitui um desenvolvimento linear, necessário, progressivo, escatológico" (HESPANHA, 2005, p. 33-41).

daquilo que procura explicar, justificar e legitimar[i]. O que se está indicando tem ocorrência frequente, no direito brasileiro, em trabalhos sobre institutos jurídicos, por exemplo, como a posse e a propriedade[ii]. No entanto, deve-se evitar o grave equívoco de identificar em situações e institutos jurídicos do passado, especialmente aqueles reguladas pelo direito romano, o simples reflexo do presente[iii].

i   Segundo Ricardo Marcelo Fonseca (2001a, p. 17), "Não é incomum, efetivamente, notarmos nossos 'historiadores' do direito buscando os 'precedentes' de inúmeras instituições jurídicas atuais em épocas em que tais instituições pouco ou nada tinham em comum com o modo como elas são encaradas no presente, numa verdadeira subversão de sentido que somente se presta para poder legitimar, pelo procedimento histórico, uma visão do mundo presente". Exemplo emblemático dessa equivocada "necessidade" (com intenção legitimadora) de vinculação entre o passado e o presente em matéria de propriedade é dado por António Manuel Hespanha (2005, p. 71): "quando elaborava o borrão da encíclica *Quadragesimo anno*, o Cardeal De Gasperi, preocupado em encontrar uma fundamentação histórica e tradicional para a doutrina da Igreja de defesa da propriedade privada contra os erros do comunismo, saudara com uma entusiástica anotação 'Ecco il diritto di proprietà!' um passo de S. Tomás onde se falava de *dominium* no sentido não exclusivista e não individualista que o termo então tinha. [Este] É um exemplo de como as preocupações contextuais agem sobre a leitura. Mas, geralmente, os processos de contextualização social da leitura são menos directos".

ii   Um exemplo do que se está afirmando é claramente observado nas palavras de Caio Mário da Silva Pereira (2004, p. 15) sobre a posse: "Embora o romano nunca fosse propenso às abstrações e por isso não tivesse elaborado uma teoria pura da posse, aquele Direito foi particularmente minucioso ao disciplinar este instituto. Tão cuidadoso, que quase todos os sistemas jurídicos vigentes adotam-no por modelo". Sobre a propriedade, escreve o autor: "A raiz histórica do nosso instituto da propriedade vai-se prender no Direito Romano, onde foi ela individual desde os primeiros monumentos" (PEREIRA, 2004, p. 82). Outro exemplo desse tipo de discurso historicista é dado por Maria Helena Diniz (2002, p. 99): "é no direito romano que vamos encontrar a raiz histórica da propriedade. Na era romana preponderava um sentido individualista de propriedade".

iii   Como explica José Reinaldo de Lima Lopes (2000, p. 29-30), a "visão geral do direito antigo, incluindo o direito romano, serve para marcar as essenciais diferenças entre o que hoje chamamos direito e o que foi o direito de civilizações já desaparecidas. De fato, de alguma forma, inseridos que estamos na órbita da civilização ocidental, é claro que a herança romana nos chegou, assim como algo da herança grega. Apesar disso é bom lembrar que o direito romano só nos chega porque foi 'redescoberto' e verdadeiramente 'reinventado' duas vezes na Europa ocidental: a primeira vez nos séculos XII a XV e a segunda vez no século XIX,

Outra estratégia justificadora e legitimadora do direito atual, um pouco diversa da ora relatada, mas que é igualmente observada em muitas introduções históricas de livros e manuais de direito em geral, é apresentar o presente como fruto de muitos anos de evolução[i]. Esse modelo progressista-evolucionista de pensamento concebe "a história como uma acumulação progressiva de conhecimento, de sabedoria, de sensibilidade" (HESPANHA, 2005, p. 28). Ainda, conforme Hespanha (2005, p. 29), "Esta teoria do progresso linear resulta frequentemente de o observador ler o passado desde a perspectiva daquilo que acabou por acontecer. Deste ponto de vista, é sempre possível encontrar prenúncios e antecipações para o que se veio a verificar". O passado torna-se a antessala do presente.

Nessa outra linha, que também pode ser denominada *historicista*, a "distorção se dá justamente na medida em que neste discurso a experiência jurídica é apresentada como um desenrolar de eventos que desembocarão de modo natural e lógico no presente, demonstrando os institutos jurídicos atuais como resultado consequente da experiência histórica" (FONSECA, 2000, p. 572-573). O direito passa a ser compreendido como algo em constante evolução. O que se tem hoje é o produto direto do "progresso" do que se tinha antes. Nesses termos,

> *baseado numa noção de progresso que lhe serve de substrato, a história do direito seria capaz de demonstrar como o evolver da dogmática e das leis no tempo culminou naquele que seria o direito mais evoluído, mais racional, mais moderno e mais científico e que, por tudo isto,*

---

    respectivamente pelos juristas da universidade medieval, glosadores e comentadores, e pelos professores alemães que tentavam a unificação nacional. [...] Nestes termos, a redescoberta do direito romano nunca veio acompanhada das mesmas instituições ou ambiente cultural originais e aqui será bom marcar estas diferenças".

i   Apenas como exemplo desse discurso evolucionista, vale a transcrição de um pequeno trecho sobre a proteção possessória de Orlando Gomes (2004, p. 92-93): "A proteção que o Direito dispensa à posse, na atualidade, é uma derivação do sistema de defesa possessória do Direito Romano. Mas, no curso dos séculos, a ordenação romana foi enxertada com elementos novos, provenientes, principalmente, do Direito germânico, do Direito consuetudinário francês e do Direito Canônico. Deste modo, para melhor conhecimento dos meios de tutela da posse no direito moderno, é interessante proceder a uma resenha histórica de sua evolução; verificando, numa palavra, como surgiram e se desenvolveram".

seria também aquele que está mais isento de quaisquer críticas: o direito atual. (FONSECA, 2000, p. 573)

O passado apresenta uma relação direta e harmônica com o presente e procura justificá-lo. Com isso, "a história progressiva promove uma sacralização do presente, glorificado como meta, como o único horizonte possível da evolução humana" (HESPANHA, 2005, p. 29). A linha histórica arbitrária, instituída por esse jogo de causas e consequências, estabelece uma empatia entre o passado e o presente, como já havia denunciado Walter Benjamin (2005)[ii].

Conceitos e institutos jurídicos localizados temporalmente, como é o caso das noções de direito subjetivo e sujeito de direito, do ideário da propriedade privada (nos termos de sua regulamentação contemporânea) e da própria noção de Estado soberano, são apresentados como frutos de uma progressão linear no tempo, são o resultado de mais de dois mil anos de evolução, acúmulo e aperfeiçoamento de conhecimentos.

Em ambos os discursos historicistas ora indicados, a lógica do presente passa a presidir toda a investigação do passado. Ocorre que a história do direito é marcada por diferentes experiências constituídas em variados contextos e culturas. Identificar diferenças, peculiaridades, rupturas e, inclusive, eventuais continuidades é tarefa do historiador do direito. Todavia, ao estudar experiências jurídicas muito pouco familiares, deve-se ter claro que o percurso a ser realizado não é simples e contínuo. Como ensina Pietro Costa (2007), a viagem ao passado é uma complexa aproximação em direção ao desconhecido e de descoberta do diferente[ii].

---

ii   Conforme explica Benjamin (2005, Apêndice A), "O Historicismo contenta-se em estabelecer um nexo causal entre os diversos momentos da história. Mas nenhum fato, por ser causa, já é, só por isso, um fato histórico". Em outra parte da obra, Benjamin (2005, Tese VII) pergunta "com quem, afinal, propriamente o historiador do Historicismo se identifica afetivamente? A resposta é inegavelmente: com o vencedor. Ora, os dominantes de turno são os herdeiros de todos os que, algum dia, venceram. A identificação afetiva com o vencedor ocorre, portanto, sempre, em proveito dos vencedores de turno".

ii   Pietro Costa (2007, p. 16-17) ensina que "A historiografia é uma viagem no tempo: uma frágil e arriscada *peregrinatio* em mundos distantes e estranhos. Para que serve uma viagem historiográfica no tempo? São possíveis diversas respostas. Para o historicista, viajar no tempo significa traçar uma linha reta e segura entre o passado e o presente, imergir

4
O direito e sua importância na história

Estudar a dimensão histórica do direito é algo fundamental para bem compreendê-lo. Conforme anteriormente observado, não há como conceber o direito sem entender seu aspecto profundamente humano e social, é produto dos homens, manifesta-se nas diversas relações humanas e encontra sentido nos valores de determinada comunidade[i]. Justamente por isso, é importante ressaltar outro aspecto algumas vezes esquecido ou ignorado por alguns historiadores: o direito é um elemento constitutivo e fundamental de determinada sociedade, "é talvez o modo mais significativo que uma comunidade tem de viver a sua história" (GROSSI, 2006b, p. 18). Isso significa dizer que também não é possível compreender dada realidade social sem levar em consideração o direito. Os fenômenos jurídicos são dados e elementos históricos importantíssimos.

O historiador do direito, por um lado, não pode restringir-se unicamente a descrições formais e lineares do direito oficial e letrado, mas, por outro, não deve abandonar as especificidades do direito e aquilo que o direito tem de essencial para a compreensão de determinada sociedade e de sua história. Na síntese de Paolo Grossi (1986, p. 5),

> o presente no passado para entender as raízes do primeiro e a direção de sentido do segundo. Para o historicista, a história é útil para entender o presente. Viajar é útil. Porém, é possível também uma atitude diferente: a atitude do viajante distraído e curioso. Para esse viajante, não existe uma linha segura e reta que ligue o passado e o presente. O passado é uma realidade complicada e confusa: não se pode reconstruí-la em sua totalidade; ela é feita somente por conjecturas e aproximações; não parece revelar uma direção unívoca e segura; não mostra o sinal de uma linha ou de várias linhas contínuas e claras; apresenta-se muito mais como um emaranhado de segmentos que se entrecruzam, perdem-se, recomeçam, interrompem-se; não é uma linha e nem um círculo, muito mais um labirinto. Para este viajante o sentido da viagem não está na ligação com o presente, mas sim na experiência do estranhamento. O sentido da viagem não é a pesquisa do familiar, mas o confronto com o diferente".

i   Conforme Paolo Grossi (2006b, p. 35), "Se o direito é vocacionado a ordenar a história humana, é certo que tenha em si uma determinada vocação a encarnar-se na experiência histórica, transformando-se numa dimensão insuprimível de tal experiência. E como trama da experiência o direito vive a sua vida, bem inserido no tecido social, econômico e político".

*Estudos de história e historiografia do direito em homenagem
ao professor António Manuel Hespanha*

"il diritto è strumento prezioso per la comprensione d'una determinata civiltà, perché sta al cuore di quella civiltà"[i].

Nessa perspectiva, o direito (assim como sua história) não pode ser reduzido a mero reflexo de práticas econômicas e sociais sem qualquer densidade e autonomia, ou seja, não se deve desprezar o fenômeno jurídico em suas profundas singularidades e o papel fundamental desempenhado pelo direito na ordenação e constituição de dada realidade.

Ainda segundo Grossi (1993), o problema é antes de tudo epistemológico, pois, ao considerar a autonomia da dimensão jurídica, embora constituinte da complexa realidade social, não se deve dissolver a história do direito na história social; e, por isso, é importante se preocupar em definir o objeto e os conteúdos específicos da história do direito, bem como os instrumentos necessários para identificá-los, analisá-los e compreendê-los[ii]. Valorizar o direito significa conceber a complexi-

---

i   "o direito é instrumento precioso para a compreensão de uma determinada civilização, porque está no coração daquela civilização" [tradução nossa].

ii   De acordo com Paolo Grossi (1993, p. 8-9), "Il problema è, cioè, anzitutto, epistemologico. Se noi crediamo – e io lo credo fermamente – che il giuridico sia una dimensione autonoma della sfaccettata e complessa realtà sociale; se crediamo – e io lo credo fermamente – che non si debba spegnere la storia del diritto in una vaga e fumosa storia sociale; se teniamo – e io ci tengo fermamente – a segnare con precisione confini e contenuti del nostro oggetto conoscitivo, allora è semplicemente un atto di coerenza elementare la conoscenza degli strumenti di analisi scientifica appropriati a percepirlo, valorizzarlo, definirlo. Né si dica che insistere su questa valenza 'tecnica' significhi indulgere a una visione formalistica e riduttiva della ricchezza storica, e risecchisca lo storico del diritto in un analista di forme avulse dall'incandescenza complessa del reale. Che lo storico del diritto, da giurista qual è, maneggi gli strumenti tecnici del giurista, vuol dir soltanto che egli deve maneggiar strumenti specifici e adeguati a valorizzare soprattutto una dimensione del sociale" ("Ou seja, o problema é, antes de tudo, epistemológico. Se nós cremos – e eu creio firmemente – que o jurídico seja uma dimensão autônoma da multifacetada e complexa realidade social; se cremos – e eu creio firmemente – que não se deva diluir a história do direito em uma vaga e nebulosa história social; se fazemos questão – e eu faço plenamente – de assinalar com precisão fronteiras e conteúdos do nosso objeto cognitivo, então é simplesmente um ato de coerência elementar o conhecimento dos instrumentos de análise científica apropriados a percebê-lo, valorizá-lo, defini-lo. Não se diga tampouco que insistir nessa valência 'técnica' signifique condescender a uma visão formalista e redutiva da

dade do real e as múltiplas formas de compreender a história, não desprezá-las. De acordo com Paolo Grossi (2006a, p. 25), o que se busca é

> *reivindicar uma inabdicável identidade ao historiador do direito, ao seu ofício, ao seu conhecimento científico; uma identidade sobre a qual somente se funda a cidadania intelectual e a sua utilidade social. Ele tem o dever – já o dissemos antes – de não esquecer que o jurídico está imerso no social, mas tem também o dever – de igual intensidade – de reconstruir aquele jurídico na sua especificidade.*

Ao analisar as diversas formas de ordenação das sociedades ao longo do tempo, o historiador do direito não pode ficar preso a uma visão formalista da dimensão jurídica que compreende o direito como um simples conjunto de fontes formais. Todavia, o mesmo historiador deve evitar o equívoco oposto, ou seja, não pode ignorar o fenômeno jurídico e seu papel nuclear na constituição de determinada comunidade. Reconhecer a relevância e o papel fundamental exercido pelo direito em sociedade, sem evidentemente desconsiderar suas diversas relações com os demais aspectos da realidade humana, implica também considerar que existem ferramentas específicas que podem e devem ser manejadas pelo historiador do direito, ou por todo aquele que quer levar o direito a sério[i].

---

riqueza histórica, e reduza o historiador do direito a um analista de formas avulsas da incandescência complexa do real. O fato que o historiador do direito, de jurista que é, maneje os instrumentos técnicos do jurista, quer dizer somente que ele deve manejar instrumentos específicos e adequados a valorizar sobretudo *uma* dimensão do social" [tradução nossa]).

i   Conforme Paolo Grossi (1993, p. 9), "Non si abbia un infondato timore della tecnità del nostro sapere, giacché 'tecnico' qui vale semplicemente per specifico, è l'occhiale appopriato per mettere a fuoco l'aspetto della realtà che ci interessa, un aspetto – il giuridico – che non imponiamo artificiosamente a quella realtà ma che è ad essa squisitamente ontico" ("Não se tenha um infundado temor da tecnicidade do nosso saber, já que 'técnico' aqui vale simplesmente como específico, é a lente apropriada para colocar em foco o aspecto da realidade que nos interessa, um aspecto – o jurídico – que não impomos artificialmente àquela realidade mas que é para ela deliciosamente ôntico" [tradução nossa]). Ainda segundo Grossi (2000, p. XVI), "il sapere tecnico è una sorta di sapere confessorio per i giuristi, è cioè espressivo al massimo grado di cultura, ideologie, idealità dei giuristi stessi" ("o saber técnico é uma espécie de saber confessional para os juristas, ou seja, é expressivo, ao máximo

Talvez, essa seja uma crítica que possa ser feita a muitos dos historiadores que ainda permanecem presos a certo preconceito com relação ao direito, que pode ser observado na primeira geração da Escola dos Annales[i]. Como explica António Manuel Hespanha, a primeira geração da Escola dos Annales, procurando romper com a chamada *história dos vencedores* (dos grandes personagens e dos grandes acontecimentos) e com o formalismo da historiografia jurídica tradicional (que se preocupava apenas com a evolução do direito oficial, formal e letrado), acabou desprezando em alguma medida o direito, sua história e, principalmente, a importância da história do direito para a compreensão de dada sociedade e de seu percurso histórico[ii].

---

    grau, de cultura, ideologias, idealidades dos próprios juristas" [tradução nossa]).

i   Sobre a Escola dos Annales, a bibliografia é vastíssima. Indicam-se apenas para uma aproximação inicial com as principais ideias dessa escola os seguintes livros: BURKE, 1997; LE GOFF, 2005. Segundo Peter Burke (1997, p. 11), "Da produção intelectual, no campo da historiografia, no século XX, uma importante parcela do que existe de mais inovador, notável e significativo, origina-se da França. La *nouvelle histoire*, como é freqüentemente chamada, é pelo menos tão conhecida como francesa e tão controvertida quanto *la nouvelle cuisine* (Le Goff, 1978). Uma boa parte dessa nova história é o produto de um pequeno grupo associado à revista *Annales*, criada em 1929. Embora esse grupo seja chamado geralmente de a 'Escola dos Annales', por se enfatizar o que possuem em comum, seus membros, muitas vezes, negam sua existência ao realçarem as diferentes contribuições individuais no interior do grupo. [...] O núcleo central do grupo é formado por Lucien Febvre, Marc Bloch, Fernand Braudel, Georges Duby, Jacques Le Goff e Emmanuel Le Roy Ladurie".

ii Segundo Hespanha (2006, p. 18-19), a crítica realizada pela primeira geração da Escola dos Annales foi dirigida aos "historiadores do direito, que dominavam as faculdades jurídicas e que faziam uma história 'estritamente jurídica', dirigida unicamente para a descrição da evolução do direito oficial e letrado, dos seus aspectos legislativos e conceituais (ou 'dogmáticos') (*Dogmengeschichte*), não considerando, nem o contexto social destes, nem as múltiplas formas de organização e de constrangimento que não têm origem no poder oficial, nem abrigo no discurso letrado sobre o direito. [...] A crítica da Escola dos Annales era justa, se dirigida apenas contra quem a merecia. Mas acabou por ter efeitos excessivos e prejudiciais. Excessivos, por atingir, indistintamente, toda a historiografia do poder e das instituições, mesmo aquela que nunca tinha perdido de vista que, como instituição social, o direito não podia deixar de manter relações multifacetadas com a realidade social envolvente. Prejudiciais, porque levou os historiadores a deixarem, inconsideradamente,

Sem desconsiderar que hoje não é possível "fazer história" sem sopesar toda a contribuição da Escola dos Annales e também sua importância para a história do direito[i], o que se procura advertir, na esteira de António Manuel Hespanha, é que não foi dada muita atenção ao direito e à sua história na primeira geração dessa escola de historiadores, e esse estranhamento ainda permanece em parte do discurso historiográfico atual[ii].

Ao criticar a historiografia jurídica tradicional (chamada de *historicismo*), a primeira geração do "movimento"[iii] dos Annales não se preocupou com a elaboração de uma "nova história do direito"[iv] e,

---

fora do seu campo de análise os fenómenos institucionais e jurídicos, como se estes não fossem senão consequências directas e imediatas dos fenómenos sociais".

[i] Algumas contribuições da Escola dos Annales para a história do direito podem ser aqui listadas, de forma meramente exemplificativa, sem qualquer pretensão de esgotar o assunto: (i) primeiramente, a Escola dos Annales rompe e supera a historiografia positivista e a pretensão do historicismo em estabelecer "a" verdade; (ii) além disso, a preocupação com uma história total ou global, e não apenas com a história política (ainda que a dimensão jurídica tenha sido desprezada, conforme observado, pela primeira geração); (iii) destaca-se também a desconfiança da Escola dos Annales com o episódio e a atenção para a longa duração, noção que parece ser fundamental para compreender o direito, que, como diria Grossi, é antes de tudo "mentalidade"; (iv) a ideia de ruptura na história e o desprezo com as continuidades e com o "mito das origens" (especialmente, no direito, o de que tudo começou em Roma); (v) uma historiografia crítica, vista de baixo, que se preocupa com outras fontes que não apenas as fontes oficiais e escritas. Ainda, sobre o papel e a contribuição da Escola dos Annales para a história do direito, ver: FONSECA, 1997. Ver também: PEREIRA, 2006, p. 131-137; WOLKMER, 1994-1995, p. 55-67; LOPES, 2000, p. 17-28; GROSSI, 1986, p. 315-340.

[ii] Essa questão é amplamente discutida no congresso internacional ocorrido no Centro di Studi per la Storia del Pensiero Giuridico Moderno, em Firenze, nos dias 26 e 27 de abril de 1985, organizado por Paolo Grossi e, posteriormente publicado na obra já citada: GROSSI, 1986. No congresso, o próprio Jacques Le Goff reconhece a dificuldade dos historiadores em geral, especialmente na França, e da própria Escola dos Annales, em trabalhar com a história do direito (LE GOFF, 1986).

[iii] Em virtude da pluralidade de temáticas, objetos e métodos de análise, "Talvez seja preferível falar num movimento dos Annales, não numa 'escola'" (BURKE, 1997, p. 12).

[iv] Sobre o tema, veja-se o trabalho de: HESPANHA, 1986.

consequentemente, com muitos aspectos específicos e relevantes da dimensão jurídica. A história das instituições acabou sendo ignorada e "as formas jurídicas, institucionais e políticas [foram] reduzidas a um 'mero reflexo' da prática económico-social ('economicismo'), desprovidos de espessura e autonomia" (HESPANHA, 2006a, p. 19).

A posição da primeira geração da Escola dos Annales em relação à história das instituições, apesar de sua importância, teve alguns efeitos negativos; a dimensão jurídica não foi levada muito em consideração e a história do direito foi mantida em silêncio[i]. Em virtude disso, como "disciplina histórica, a história jurídica e institucional está hoje a [se] recuperar do ostracismo a que tinha sido condenada pela primeira geração da École des Annales" (HESPANHA, 2005, p. 45).

Crítica similar pode ser feita a uma perspectiva historiográfica marxista-determinista que elimina qualquer autonomia do direito ao compreender a superestrutura como um simples reflexo da infraestrutura. Nessa interpretação "marxista vulgar"[ii] e equivocada da história, contrária a uma leitura dialética do pensamento de Marx, o fator econômico é o componente determinante dos demais aspectos sociais, ou seja, a economia teria o poder de condicionar todas as demais dimensões da realidade, que seriam, por isso, meramente passivas.

---

i   Paolo Grossi (1986, p. 10-11) também critica os historiadores da Escola dos Annales que condenam a dimensão jurídica ao silêncio: "Ciò che invece non riusciamo sinceramente a comprendere è la diffidenza programmatica e generale per il giuridico, la sua espunzione dal novero delle scienze sociali, la sua condanna all'esorcismo più umiliante: quello del silenzio. Soprattutto quando si constata che da parte della 'nouvelle histoire' si maneggiano strumenti che sono intrinsecamente giuridici, realtà a più dimensioni di cui si pretende di valorizzare una sola" ("Aquilo que sinceramente não conseguimos compreender é a desconfiança programática e geral pelo jurídico, a sua supressão do rol das ciências sociais, a sua condenação ao exorcismo mais humilhante: o do silêncio. Sobretudo quando se constata que por parte da 'nouvelle histoire' manejam-se instrumentos que são intrinsecamente jurídicos, realidades com várias dimensões, das quais se pretende valorizar apenas uma" [tradução nossa]). A crítica não se aplica, no entanto, a um dos fundadores da Escola dos Annales, o historiador Marc Bloch, pelo fato de esse autor preocupar-se efetivamente com o direito. Para verificar isso, vide: BLOCH, 2001.

ii O historiador Eric Hobsbawm faz um levantamento de características do chamado *marxismo vulgar* e seu impacto na historiografia marxista em sua obra: HOBSBAWM, 2005, p. 159-160.

Na explicação de Eric Hobsbawm (2005, p. 159), a "'interpretação econômica da história', ou seja, a crença de que o fator econômico é o fator fundamental do qual dependem os demais", pressupõe o modelo

> da "base e superestrutura" (utilizado mais amplamente para explicar a história das ideias). A despeito das próprias advertências de Marx e Engels [...], esse modelo era usualmente interpretado como uma simples relação de dominância e dependência entre a "base econômica" e a "superestrutura", na maioria das vezes mediada pelo "Interesse de classe e a luta de classes". (HOBSBAWM, 2005, p. 159)

Ainda segundo Hobsbawm (2005, p. 159-160), "Tem-se a impressão de que diversos historiadores marxistas vulgares não liam muito além da primeira página do Manifesto Comunista, e da frase: 'a história [escrita] de todas as sociedades até agora existentes é a história das lutas de classes'". Nessa maneira equivocada de entender a temporalidade, a importância do direito para compreender a história de determinada comunidade é anulada. Além disso, nessa mesma perspectiva, a história do direito seria apenas um apêndice ou uma representação mecânica de uma história econômica.

Não se deve abandonar o direito ou ignorar sua temporalidade, mas também não é possível reduzir o devir humano a uma única lógica[i]. O historiador do direito, sem deixar de considerar a complexidade da realidade e compreender que o direito está inserido nesse contexto, deve estar atento às especificidades de seu ofício, tomando o cuidado para não identificar o direito e seu papel na sociedade apenas como um reflexo de determinada situação econômica ou de uma infraestrutura.

---

i   Ricardo Marcelo Fonseca (1997, p. 62), explicando a contribuição do marxismo para a história do direito no pensamento de António Manuel Hespanha, afirma: "Como não há uma única lógica no devir humano, mas lógicas diferentes dos vários comportamentos, pode-se notar diferentes evoluções nas esferas econômica, social, política, religiosa, jurídica, etc, cada uma delas ligada a um motor e um ritmo próprios. A partir daí, então, não é mais legítima uma postura teórica que reduza a radical complexidade do real a uma prática (ainda que a economia) como sendo fundante de todos os outros níveis".

Cabe ao historiador do direito considerar sua gramática[i], mas sem, evidentemente, fechar os olhos para o todo.

5
O passado do direito brasileiro: tipicidades e cautelas

Ainda na linha de Hespanha, outra preocupação que merece ser levada em conta é considerar seriamente que "a experiência histórica brasileira é muito diversa daquela européia e por isso devemos tomar cuidado ao importar à realidade luso-americana as categorias utilizadas pelos historiadores que se voltam ao velho mundo" (FONSECA, 2005b, p. 98)[ii]. Ainda que relacionadas, são dimensões jurídicas muito diferentes e, por isso, com histórias significativamente diversas.

Não é prudente investigar o passado de muitos institutos jurídicos pátrios sem considerar o fato de que o processo histórico brasileiro de construção de sua cultura jurídica apresenta inúmeras peculiaridades, características próprias que fazem com que a utilização de instrumentais teóricos de análise, principalmente da história do direito europeu, tenham de passar por significativas mediações.

---

i   Na síntese proposta por Grossi (2006a, p. 26-27), "Sem esquecer todo o resto, é necessário fundar e centrar o discurso histórico-jurídico em um observatório autônomo que exalte essa gramática e sobretudo naquelas fontes que estejam em condições de exprimir completamente a particular abordagem cognoscitiva da realidade e dela construtiva que é o direito".

ii   Um bom exemplo é o conceito de feudalismo, nas palavras de Ricardo Fonseca (2005b, p. 98): "O conceito de feudalismo, por exemplo, é problemático e não funcional quando voltado à realidade colonial brasileira, já que todo o projeto de colonização fazia parte de um processo de expansão comercial que era próprio do início do capitalismo". Nessa perspectiva, afirma Andrei Koerner (2008, p. 445-446): "Não se trata de nacionalismo jurídico ou acadêmico, ou de uma especial predileção por singularidades locais. Mas, simplesmente, de que não devemos tomar ao pé da letra teses e interpretações que só adquirem pleno sentido se considerados os debates intelectuais e contextos históricos a que elas se referem, em boa parte implicitamente. Ao tratar a produção já consolidada no campo da história do direito em outros países, a atenção prioritária deve ser nos modelos teóricos, nos métodos, e na maneira pela qual eles tratam as técnicas e fontes de pesquisa".

Dado importantíssimo, que merece destaque, é o fato que o nascimento e o desenvolvimento de uma cultura jurídica brasileira com características mais típicas[i], após a Independência do Brasil, ocorreram em um ambiente histórico complexo e de grandes tensões. Conforme explicam Ricardo Marcelo Fonseca e Airton Cerqueira Leite Seelaender (2008, p. 8),

> *no século XIX o Brasil teve que confrontar o seu passado colonial com o desejo de ingressar, como Estado independente, na modernidade política e jurídica liberal. Foi um momento de transição e de contradições – mas também de definições que marcariam de maneira profunda o modo de ser do direito e da ciência jurídica brasileira.*

O "desejo de modernização jurídica", verificado no contexto brasileiro do período, acaba chocando-se com tradições muito remotas herdadas da antiga metrópole e incorporadas ao direito nacional. Apesar da "expansão da estatalidade" no âmbito doméstico, a "longa sobra da casa" se faz bastante presente (SEELAENDER, 2017).

---

i   Sobre a ordem jurídica colonial brasileira e suas particularidades, vide: HESPANHA, 2006b. A noção de cultura jurídica brasileira adotada no presente trabalho é baseada no entendimento de Ricardo Marcelo Fonseca (2005a, p. 114-115), ao afirmar que "A 'cultura jurídica brasileira', aqui, não pode ser aferida consoante critérios de 'melhor' ou 'pior', de 'mais' ou 'menos' refinamento intelectual, mas sim como o conjunto de padrões e significados que circulavam e prevaleciam nas instituições jurídicas brasileiras do Império (faculdades, institutos profissionais de advogados e magistrados, o foro, e, em alguns casos, no parlamento), e que atribuíam uma tipicidade ao direito brasileiro. A cultura jurídica brasileira é um fato histórico antropológico que se dá a partir dos elementos (humanos, doutrinais, sociais, econômicos, etc.) presentes na sociedade brasileira desta época e dentro de aparatos institucionais localizáveis dentro das vicissitudes históricas brasileiras. Emprestando a terminologia de Michel Foucault, ela constitui uma configuração discursiva (cheia de mecanismos de controle, de seleção, de organização, como também de procedimentos de interdição e de estabelecimentos de privilégios) que só pode ser compreendida dentro de um tempo-espaço determinado, e nunca a partir de uma referência meta-histórica, dotada de uma universalidade que invoca uma 'soberania do significante' sobre as experiências concretas".

Verificam-se, assim, inúmeras permanências típicas de um direito comum (*ius communei*), próprio da Idade Média europeia, como, por exemplo, a manutenção no Brasil mesmo após a independência de toda a legislação portuguesa, especialmente as Ordenações Filipinas[ii]. Pode-se dizer que "estão presentes as sombras do velho mundo do antigo regime" no cenário jurídico brasileiro do século XIX (FONSECA, 2005a, p. 99). Parece ser interessante e necessário refletir sobre essas peculiaridades[iii].

No entanto, significativas rupturas com o passado jurídico podem ser constatadas, "num convívio nada harmônico, percebe-se um conjunto de idéias novas, provenientes dos lugares em que ocorrem revoluções liberais, que tentam colocar o jovem Estado brasileiro entre as nações modernas" (FONSECA, 2005a, p. 99). A Lei da Boa Razão[iv] (ainda no período colonial), a Consolidação das Leis Civis de Teixeira de Freitas, as intervenções legislativas "modernizadoras" do império (como o Código Criminal de 1830 e a Lei de Terras de 1850), as tentativas frustradas de codificação[v], entre outros fatores[vi], sugerem "outro momento" do direito brasileiro.

---

i   Sobre o *ius commune* e a análise de suas características principais, verificar: CAVANNA, 1982, p. 21-318; CALASSO, 1954, p. 345-629.

ii Nesse sentido, ver: STAUT JÚNIOR, 2017.

iii Deve ser destacado, conforme explica Ricardo Marcelo Fonseca (2006, p. 62), que "Essas tipicidades, todavia, ao nosso ver não podem levar à conclusão de que ainda no início do século XX o direito brasileiro era idêntico àquele direito dos séculos XVII e XVIII, quando então Portugal, a metrópole, trouxe à sua colônia na América todo o aparato jurídico vigente – então consubstanciado sobretudo nas já citadas Ordenações de Felipe II. Existem alguns fatores de descontinuidade, somados às peculiaridades da formação histórica brasileira, que denotam um desenrolar da cultura jurídica muito particular".

iv Sobre a legislação pombalina, ver: MARCOS, 2006.

v   Sobre a dificuldade brasileira no processo de codificação civil, verificar: FONSECA, 2006, p. 61-76.

vi Com relação a outros elementos de análise desse complexo contexto brasileiro, um exemplo interessante é dado por Samuel Rodrigues Barbosa (2008, p. 366) ao destacar a relevância histórica da edição de Cândido Mendes das Ordenações Filipinas: "A edição de Cândido Mendes das Ordenações Filipinas merece ser investigada na sua forma e no seu desempenho como meio de difusão. Perdem-se informações valiosas ao tomá-la apenas como mais uma edição das Ordenações ou como uma fonte primária sem mais. Na introdução, a edição é justificada como 'um

Essas transformações ou indícios de mudanças caminham em direção a um "estatalismo jurídico"[i] próprio da modernidade ocidental europeia, mas os passos são lentos e, aparentemente, não são dados todos no Brasil do século XIX em matéria de posse e propriedade. Trata-se de mais um aspecto da complexidade desse tempo do direito brasileiro, que merece ser conhecido e explorado.

Os argumentos aqui elencados servem como exemplos da tipicidade da cultura jurídica brasileira do período e evidenciam a necessidade de se ter cautela com a valorização do papel da lei como fonte formal de direito ao longo de boa parte da história do direito brasileiro.

Além disso, analisar o direito estatal e suas principais fontes é importante para compreender melhor parte da dimensão jurídica brasileira, mas não é suficiente. Investigar outras manifestações jurídicas que transcendem o "espaço" do Estado é necessário para demonstrar a complexidade e a contingência histórica de algumas "soluções jurídicas" encontradas na construção do direito brasileiro e em sua cultura jurídica. Como explica Hespanha (2019, p. 11), "este pluralismo jurídico a que nos referimos, antes de ser algo que surgiu nos nossos dias, por circunstâncias particulares dos tempos e das políticas, é antes algo de sempre, pois tem a ver com a maneira de ser dos próprios grupos humanos".

Considerando a prudente observação de Robert Darnton (1996, p. 14) de que "Evidentemente é mais fácil sugerir como a história deve ser escrita do que escrevê-la", ou observando o velho adágio citado por Aron Gurevic (2007, p. XXIV): "Tra il dire e il fare c'è di mezzo

---

remédio provisório', enquanto não se completa positivamente a esperada codificação do direito civil".

i   Esse processo, verificado na modernidade ocidental europeia, em que o direito cada vez mais passa a ser um produto da vontade do legislador, uma manifestação do poder político, perdendo progressivamente com isso sua dimensão plural e social, segundo Paolo Grossi (1988), pode ser chamado de "absolutismo jurídico". Em sentido um pouco diverso, mas que aponta igualmente para esse estatalismo típico da modernidade jurídica, António Manuel Hespanha (2007, p. 19) destaca que muito do que se afirma atualmente acerca do universo jurídico é "resultado de um modelo de pensar o direito e os saberes jurídicos que se estabeleceu, há cerca de 200 anos, quando a generalidade dos juristas pensava que *o direito tinha que ser uma criação do Estado*, um *reflexo da sua soberania*, um *resultado da sua vontade*".

il mare"[i], esses são alguns cuidados metodológicos propostos para o debate nessa relação entre direito e história a partir de alguns ensinamentos ou provocações de António Manuel Hespanha.

Referências

BARBOSA, S. R. Complexidade e meios textuais de difusão e seleção do direito civil brasileiro pré-codificação. In: FONSECA, R. M.; SEELAENDER, A. C. L. (Orgs.). **História do direito em perspectiva**: do antigo regime à modernidade. Curitiba: Juruá, 2008.

BENJAMIN, W. Sobre o conceito de história. In: LÖWY, M. **Walter Benjamin**: aviso de incêndio – uma leitura das teses "sobre o conceito de história". São Paulo: Boitempo, 2005.

BLOCH, M. **A sociedade feudal**. 2. ed. Lisboa: Edições 70, 2001.

BURKE, P. A **Escola dos Annales (1929 – 1989)**: a revolução francesa da historiografia. São Paulo: Ed. da Unesp, 1997.

CALASSO, F. **Medio Evo del diritto**. Milano: Giuffrè, 1954.

CAVANNA, A. **Storia del diritto moderno in Europa**: le fonti e il pensiero giuridico. Milano; Giuffrè Editore, 1982. v. 1.

COSTA, P. **O conhecimento do passado**: dilemas e instrumentos da historiografia. Curitiba: Juruá, 2007.

DARNTON, R. **O iluminismo como negócio**: história da publicação da "Enciclopédia" 1775-1800. São Paulo: Companhia das Letras, 1996.

DINIZ, M. H. **Curso de direito civil brasileiro**. 17. ed. São Paulo: Saraiva, 2002. v. 4: Direito das coisas.

FONSECA, R. M. A cultura jurídica brasileira e a questão da codificação civil no século XIX. **Revista da Faculdade de Direito da UFPR**, n. 44, p. 61-76, 2006.

FONSECA, R. M. A formação da cultura jurídica nacional e os cursos jurídicos no Brasil: uma análise preliminar (1854-1879). **Cuadernos del Instituto Antonio de Nebrija**, Universidade Carlos III de Madrid: Editorial Dykinson, p. 97-116, 2005a.

FONSECA, R. M. A história no direito e a verdade no processo: o argumento de Michel Foucault. **Genesis**, Curitiba, n. 17, p. 570-585, jul./set. 2000.

---

i   "Entre o dizer e o fazer existe, no meio, o mar" [tradução nossa].

FONSECA, R. M. A "Lei de Terras" e o advento da propriedade moderna no Brasil. **Anuário Mexicano de Historia del Derecho**, México: Instituto de Investigaciones Jurídicas Unam, n. 17, p. 97-112, 2005b.

FONSECA, R. M. Apresentação da biblioteca de história do direito, In: FONSECA, R. M.; SEELAENDER, A. C. L. (Orgs.). **História do direito em perspectiva**: do antigo regime à modernidade. Curitiba: Juruá, 2008.

FONSECA, R. M. **Direito e história**: relações entre concepção de história, historiografia e a história do direito a partir da obra de António Manuel Hespanha. 118 f. Dissertação (Mestrado em Direito), Setor de Ciências Jurídicas, Universidade Federal do Paraná, Curitiba, 1997.

FONSECA, R. M. **Do sujeito de direito à sujeição jurídica**: uma leitura arqueogenealógica do contrato de trabalho. 258f. Tese (Doutorado em Direito), Setor de Ciências Jurídicas, Universidade Federal do Paraná, Curitiba, 2001a.

FONSECA, R. M. **Modernidade e contrato de trabalho**: do sujeito de direito à sujeição jurídica. São Paulo: LTr, 2001b.

FONSECA, R. M.; SEELAENDER, A. C. L. Prefácio. In: FONSECA, R. M.; SEELAENDER, A. C. L. (Orgs.). **História do direito em perspectiva**: do antigo regime à modernidade. Curitiba: Juruá, 2008.

GOMES, O. **Direitos reais**. 19. ed. Rio de Janeiro: Forense, 2004.

GROSSI, P. **Assolutismo giuridico e diritto privato**. Milano: Giuffrè, 1988.

GROSSI, P. A formação do jurista e a exigência de um hodierno repensamento epistemológico. **Revista da Faculdade de Direito da UFPR**, Curitiba, n. 40, p. 5-25, 2004a.

GROSSI, P. **Dalla società di società alla insularità dello Stato fra medievo ed età moderna**. Napoli: Istituto Universitario Suor Orsola Benincasa, [s. d.].

GROSSI, P. **História da propriedade e outros ensaios**. Rio de Janeiro: Renovar, 2006a.

GROSSI, P. **L'ordine giuridico medievale**. 11. ed. Roma-Bari: Laterza, 2004b.

GROSSI, P. **Mitologias jurídicas da modernidade**. Florianópolis: Fundação Boiteux, 2004c.

GROSSI, P. Parole introduttive. In: GROSSI, P. (Org.). **L'insegnamento della storia del diritto medievale e moderno**: strumenti, destinatari, prospettive – atti dell'incontro di studio, Firenze, 6-7 novembre, 1992. Milano: Giuffrè, 1993.

GROSSI, P. **Primeira lição sobre direito**. Rio de Janeiro: Forense, 2006b.

GROSSI, P. **Scienza giuridica italiana**: un profilo storico 1860-1950. Milano: Giuffrè, 2000.

GROSSI, P. Storia sociale e dimensione giuridica. In: GROSSI, P. (Org.). **Storia sociale e dimensione giuridica**: strumenti d'indagine e ipotesi di lavoro – atti dell'incontro di studio, Firenze, 26-27 aprile, 1985. Milano: Giuffrè, 1986.

GUREVIC, A. J. **Le categorie della cultura medievale**. Torino: Bollati Boringhieri, 2007.

HESPANHA, A. M. **Cultura jurídica europeia**: síntese de um milênio. Florianópolis: Fundação Boiteux, 2005.

HESPANHA, A. M. **O caleidoscópio do direito**: o direito e a justiça nos dias e no mundo de hoje. Coimbra: Almedina, 2007.

HESPANHA, A. M. **O direito dos letrados no império português**. Florianópolis: Fundação Boiteux, 2006a.

HESPANHA, A. M. **Pluralismo jurídico e direito democrático**. 4. ed. Lisboa: Almedina, 2019.

HESPANHA, A. M. Por que é que existe e em que é que consiste um direito colonial brasileiro. **Quaderni Fiorentini per la Storia del Pensiero Giuridico Moderno**, n. XXXV, Milano: Giuffrè, p. 59-81, 2006b.

HESPANHA, A. M. Une "nouvelle histoire" du droit? In: GROSSI, P. (Org.). **Storia sociale e dimensione giuridica**: strumenti d'indagine e ipotesi di lavoro – atti dell'incontro di studio, Firenze, 26-27 aprile, 1985. Milano: Giuffrè, 1986, p. 315-340.

HOBSBAWM, E. **Sobre história**. São Paulo: Companhia das Letras, 2005.

IRTI, N. **L'ordine giuridico del mercato**. 2. ed. Roma-Bari: Laterza, 2004.

KOERNER, A. Nômades, provincianos, fronteiriços: reflexos sobre a institucionalização acadêmica da história do direito no Brasil. In: FONSECA, R. M.; SEELAENDER, A. C. L. (Orgs.). **História do direito em perspectiva**: do antigo regime à modernidade. Curitiba: Juruá, 2008. p. 445-446.

LE GOFF, J. **A história nova**. São Paulo: Martins Fontes, 2005.

LE GOFF, J. Histoire medievale et histoire du droit: un dialogue difficile. In: GROSSI, P. (Org.). **Storia sociale e dimensione giuridica**: strumenti d'indagine e ipotesi di lavoro – atti dell'incontro di studio, Firenze, 26-27 aprile, 1985. Milano: Giuffrè, 1986. p. 23-63.

LOPES, J. R. de L. **O direito na história**: lições introdutórias. São Paulo: Max Limonad, 2000.

MARCOS, R. M. de F. **A legislação pombalina**: alguns aspectos fundamentais. 2. ed. Coimbra: Almedina, 2006.

PEREIRA, C. M. da S. **Instituições de direito civil**. 18. ed. São Paulo: Forense, 2004. v. IV: Direitos reais.

PEREIRA, L. F. L. Discurso histórico e direito. In: FONSECA, R. M. (Org.). **Direito e discurso**: discursos do direito. Florianópolis: Fundação Boiteux, 2006. p. 131-137.

SEELAENDER, A. C. L. A longa sombra da casa: poder doméstico, conceitos tradicionais e imaginário jurídico na transição brasileira do antigo regime à modernidade. **Revista do Instituto Histórico e Geográfico Brasileiro**, n. 473, p. 327-424, 2017.

STAUT JÚNIOR, S. S. O Código Beviláqua e outra compreensão da dimensão jurídica transformações nas fontes do direito brasileiro. **Revista do IHGB**, Rio de Janeiro, ano 178, v. 473, p. 105-124, jan./mar. 2017.

WIEACKER, F. **História do direito privado moderno**. 3. ed. Lisboa: Fundação Calouste Gulbenkian, 1980.

WOLKMER, A. C. Paradigmas, historiografia crítica e direito moderno. **Revista da Faculdade de Direito da UFPR**, Curitiba, n. 28, p. 55-67, 1994-1995.

*Cultura jurídica europeia sob as lentes
de António Manuel Hespanha: dos limites
do relativismo à força pós-colonial de
seu manual de história crítica*

Luís Fernando Lopes Pereira

Professor de História do Direito da Faculdade de Direito da Universidade Federal do Paraná (UFPR). Membro do Instituto Brasileiro de História do Direito e do Instituto Histórico e Geográfico do Paraná.

1
Questões preliminares

Lentes aqui são uma referência direta a dois textos que inspiram esta reflexão: de um lado, *A luneta mágica* de Joaquim Manoel de Macedo (1979), e de outro, *A sociedade transparente* de Gianni Vattimo (1989). Na obra do brasileiro, a personagem central, Simplício, que sofria de miopia, procura um mago armênio que lhe fez uma luneta, mas adverte que se fitasse alguém com ela por mais de três minutos veria o mal escondido em cada um. Desiludido com o mundo, quebra a luneta e, ao obter outra, o feitiço se inverte: veria agora apenas o lado bom. O italiano fala de formas de conhecimento e diz que a modernidade usou lentes unitárias para enxergar uma realidade complexa, o que a distorceu. A pós-modernidade teria lentes mais complexas e, portanto, mais adequadas a uma visão mais transparente.

Em tempos que parecem dominados por Simplícios, com suas verdades extremistas e cheias de certezas, o pensamento de António Manuel Hespanha é um vento de abertura e liberdade, uma inspiração e um norte para estes tempos sombrios.

A ideia que pretendo defender é a de que as lentes do professor Hespanha, não apenas no manual de história do direito que estará aqui em foco, mas na pluralidade de sua obra, demonstraram ter essa visão complexa, esse pensamento plural e aberto que o aproxima dos pós-coloniais e nos serve para repensar a modernidade e o colonialismo.

Inicialmente, é preciso esclarecer o lugar de fala, de onde o texto e seu autor falam, em particular posicionar o autor em um contexto que oferece elementos com os quais forma sua cultura e visão de mundo, afinal, não apenas os textos estão em contextos, mas também seus autores, como ensina Edward Said (1993).

Assim, o olhar aqui apresentado reflete as experiências em sala de aula e na pesquisa. Antes, é necessário um relato paralelo, mas determinante: há cinco anos, a Faculdade de Direito da Universidade Federal do Paraná, sob a direção do setor de Ricardo Marcelo Fonseca, promoveu uma experiência que alterou profundamente esse espaço universitário. Em convênio com o Instituto Nacional de Colonização e Reforma Agrária (Incra), abriu uma turma específica para alunos de assentamentos da reforma agrária. A *turma do Pronera* (Programa Nacional de Educação na Reforma Agrária), como ficou conhecida, ou turma Nilce de Souza Magalhães, coloriu a faculdade e demandou de nós, professores e pesquisadores, um reposicionamento para sairmos de nossa muito confortável posição.

Como não fui o professor da disciplina que ministro, resolvi preparar uma disciplina tópica que tivesse pertinência com as expectativas e realidades dessa específica turma. Retomei, então, os passos de meu mestre, Francisco Moraes Paz (SCHNEIDER; VASCONCELOS, 2019), que, na década de 1990, iniciou-nos as leituras pós-coloniais, em particular com o já citado Edward Said (1993) e o indiano Hommi Bhabha (1998). Recuperando as leituras pós-coloniais, aprofundando-as e ampliando seu espectro para a África, formou-se uma disciplina de pensamento pós-colonial indiano e africano.

Tais leituras me impactaram e fizeram com que eu percebesse o peso do eurocentrismo em minha formação, em minha fala, em minhas pesquisas.

Nas palavras de Aimé Césaire (1978): "A Europa é indefensável! Na raiz da Europa está Hitler!". Hitler apenas levaria para dentro da Europa a política que os europeus praticavam já há tempos na África e nas Américas. Daí o grito forte presente nos textos, em particular da primeira geração de pan-africanistas. Afinal, como destaca Achile Mbembe (2014, p. 65), "o grito nasce do sentimento de perda cuja função é salvar da decadência absoluta aquilo que foi condenado à insignificância".

Aparentemente, isso dificultaria falar de uma obra que tem como tema central a Europa, mas o recorte escolhido permitirá, ao contrário, reflexões convergentes entre o pensamento do professor António Manuel Hespanha e o pensamento pós-colonial!

Não se pretende, aqui, descolonizar o autor, como faz Gayatri Chakravorty Spivak (2010) mesmo com Karl Marx, por exemplo, mas destacar os aspectos pós-coloniais do pensamento de Hespanha e de sua metodologia.

A pretensão desta breve reflexão é, portanto, de pensar no método e na obra em foco, um manual de história do direito, e estabelecer um diálogo metodológico entre ela e algumas leituras pós-coloniais.

Uma última observação introdutória diz respeito a uma dificuldade de distanciamento em relação ao objeto, o que não causa desconforto, na medida em que o objetivismo é um sonho ilusório. Mas as dificuldades em se falar de António Hespanha são ainda maiores, pois quem quer que tenha convivido com ele sabe de seu espírito generoso, de sua afetividade sedutora, de seu humor ácido e perspicaz, que faz com que o texto não consiga permanecer nos cânones acadêmicos, constantemente deslizando para afetos e envolvimentos.

A hipótese aqui levantada é a de que o pensamento do professor Hespanha supera seu lugar europeu e, por conta de seu potencial transformador e crítico, serve também para usos pós-coloniais, inspirando inovações metodológicas em vários temas que perpassam esse manual de história do direito e mesmo de reflexão quanto ao fenômeno jurídico, interesse central nas reflexões dele. A análise terá como base, portanto, a obra *Cultura jurídica europeia: síntese de um milênio* (HESPANHA, 2005). A edição usada aqui foi a primeira publicada no Brasil pela editora Boiteux, de Florianópolis, sem as atualizações feitas por Hespanha em sua nova edição, que, generosamente, a partir da citação de vários colegas de disciplina de História do Direito vinculados ao Instituto Brasileiro de História do Direito, incluiu a parte da reflexão sobre o direito e sua história no Brasil.

A escolha pelo livro foi feita a partir de um convite para um Seminário em homenagem ao professor Hespanha organizado por Mônica Dantas e Samuel Barbosa na Universidade de São Paulo e foi, entretanto, uma feliz coincidência, visto que foi o primeiro livro dele com o qual tomei contato.

2
A cultura jurídica europeia de António Hespanha e os limites do relativismo

O manual de história do direito produzido pelo professor Hespanha deu destaque central aos debates metodológicos e, nele, há uma longa discussão acerca da escrita da história e do fazer historiográfico que aproxima tais temas do acadêmico de direito.

Sua visão de história e seu suporte metodológico podem ser vinculados ao recente relativismo que as ciências humanas experimentaram nos últimos anos, em desconstruções que abalaram as bases dos grandes modelos explicativos, suas certezas e seus ideais de neutralidade e progresso, todos elementos que não escapam à cuidadosa crítica do mestre, que chega a defender explicitamente em seu texto o relativismo metodológico que seria compartilhado mesmo pelas ciências naturais. Contudo, o manual não se restringe a recepcionar o relativismo no fazer historiográfico, mas destaca seu impacto no mundo jurídico, afinal em relação ao jurista traz a impressão de que, "no meio de toda esta incerteza sobre o justo e o verdadeiro, parece não sobrar espaço para qualquer projeto de racionalização ou retificação da sociedade, tão típicos da política do direito e das intervenções dos juristas" (HESPANHA, 2005).

Essa diluição epistêmica, de forte impacto pós-moderno, levou a um questionamento das pretensões do saber moderno e de seus conceitos totalizantes e abstratos. Entre eles, a própria ideia moderna de *Estado-nação*, cuja unidade perfeita só se realizou em delírios psicóticos totalitários, passa a ser questionada. Aqui, o mestre Hespanha é pioneiro, pois é clássica sua pesquisa sobre os limites do Império Português[i] e de sua configuração polissinoidal, que quebra o idealismo nacionalista.

---

i   Ver: HESPANHA, 1994; 1998; 2010; 2012.

Esse debate está também presente no manual, afinal a opção que aparentemente encerra em si um conceito que poderia ser lido como *eurocêntrico* (a ideia de uma cultura jurídica europeia, apesar das observações feitas de que o recorte teria sido determinado pelo objeto, no caso o direito comum partilhado pelos europeus, excetuando-se, assim, o leste do continente e a tradição anglo-saxônica) não se desenvolve de maneira ufanista, mas de forma crítica como anteriormente anunciado.

Em verdade, a própria mobilização do recorte Europa foi feita para combater o recorte nacionalista e criticar sua artificialidade e seus equívocos, inserindo já aqui um potencial libertador e crítico.

O professor Hespanha percebe, como Arjun Appadurai (2009), os perigos desse "ethos nacional", ou da ideia de povo nacional, calcanhar de Aquiles das modernas sociedades liberais, como destaca Hanna Arendt (1989). Embora não trate aqui especificamente do assunto, Hespanha, em sintonia também com Mary Douglas (1988), destacava a passagem do *genius* nacional para uma cosmologia totalizada da nação sagrada e para a pureza e limpeza étnicas, afinal, como destaca Philip Gourevitch (2006, p. 87): "genocídio, afinal, é um exercício de construção de comunidades". Sua opção pelo recorte Europa tem, portanto, a pretensão de combater esses perigos e evitar que se alimente a paranoia nacionalista. Um dos últimos livros publicados pelo professor Hespanha (2019) demonstra, inclusive, sua preocupação antropológica com os habitantes das "sombras" do Império português.

Resta claro, portanto, que seus textos são bombardeados de desconstrução e relativismo, em forte linguagem crítica. O relativismo metodológico traria, inclusive, um risco pessoal, pois situaria os valores em cada um e os tornaria responsáveis por eles, o que destaca a responsabilidade e o papel do intelectual, elemento também muito evidente na personalidade do mestre, lembrando novamente as impressões de Edward Said (1994) sobre a necessidade de envolvimento por parte do intelectual.

E, de outro lado, o relativismo fomentaria um princípio de tolerância, afinal as opções e os valores seriam apenas evidências pessoais, fundamento da tolerância e do diálogo, facilitador do confronto de opiniões.

Mas, além disso, o relativismo metodológico não implicaria necessariamente um relativismo ético, político ou moral, ao contrário, contém forte carga ética, como sublinha o próprio autor, e aqui está o principal limite para os relativismos.

Como a preocupação do autor é com o jurídico, ele estabelece limites mesmo ao relativismo jurídico, pois, se os valores jurídicos não poderiam fundamentar-se mais na natureza, na razão ou na ciência, não significaria que estes dispensassem bases, mas que estas seriam menos rígidas e unitárias, visto que encontradas agora na crença, no senso comum e na tradição.

Dessa forma, apesar da adesão a elementos da cultura pós-moderna e ao relativismo metodológico, estabelece claramente limites para ele, debate muito intenso também em Edward Said. Este, que, em sua obra *Cultura e imperialismo* (1993), ao tratar do Coração das Trevas de Joseph Conrad e destacar as relações de poder e de interesses na produção dos textos, afirma:

> *O mundo, hoje, não existe como espetáculo sobre o qual possamos alimentar pessimismo ou otimismo, sobre o qual nossos "textos" possam ser interessantes ou maçantes. Todas essas atitudes supõem o exercício de poder e de interesses. Na medida em que vemos Conrad criticando e ao mesmo tempo reproduzindo a ideologia imperial de sua época, nessa mesma medida poderemos caracterizar nossas atitudes presentes: a projeção, ou a recusa, da vontade de dominar, a capacidade de prejudicar ou a energia para compreender e se comprometer com outras sociedades, tradições e histórias. (SAID, 1993)*

No entanto, Hespanha, muito longe de compactuar com tais discursos eivados da lógica de dominação (afinal, ele não era um imperialista interessado, como Spivak (2010) afirma, em seu *Crítica da razão pós-colonial*, serem Marx, Kant e Hegel), sabia, como Said, que o entorno tem relação direta com o que o cientista faz e combatia com veemência as tentativas de neutralização dos discursos, particularmente do jurídico.

Assim, segue os passos de Said, que, no livro *Orientalismo* (1990), questiona o conhecimento puro e imparcial, acadêmico e erudito, que é sustentado pelo consenso liberal geral de que o verdadeiro conhecimento é fundamentalmente apolítico (e de que, ao contrário, o conhecimento abertamente político não é conhecimento verdadeiro). Tal visão, este protocolo de pretensa objetividade, como diria Noam Chomsky (2005), obscurece as circunstâncias políticas extremamente organizadas, ainda que de modo obscuro, que predominam quando o conhecimento é produzido.

Afinal, a certeza de que textos existem em contextos já está razoavelmente consolidada (a questão da intertextualidade, das convenções e dos estilos retóricos que a linguística trouxe para as ciências humanas consolidou-se nas últimas décadas), mas há resistência em admitir que o autor também sofre pressões do contexto.

Para Said (1993), isso explica o porquê de Locke e Hume, por exemplo, esconderem as justificações da escravidão e da defesa da exploração colonial, usando o argumento especialista para bloquear a perspectiva mais ampla. Isso provocaria, segundo ele, um recuo das questões gerais e da responsabilidade e um conluio por um sistema que divide o conhecimento em especialismo para desautorizar o engajamento radical em temas gerais (SAID, 1993). Aqui, a opção do professor Hespanha por um recorte tão amplo e geral permite, ao contrário, desmascarar as relações de força na construção do direito, pois, em vários momentos, mostra sua conexão com outros campos sociais.

3
Os impactos na história: a força pós-colonial de um manual de história crítica

Começamos este item pela questão do caráter da obra, afinal, trata-se de um manual escrito por um professor, e é essa a faceta que ora destacamos, a do mestre que ensina, daí Hespanha ser chamado aqui, ao longo do texto, de mestre ou professor. Uma obra acabada, uma pesquisa que foi testada e aprovada, reconhecidamente por seus alunos, destinatários finais dessa obra que tem sua essência na preocupação com a formação dos estudantes! Uma obra que transcende o fato de ser um manual de história do direito para se transformar em um importante estudo de propedêutica jurídica como algo lapidado e fundamental para o ensino jurídico.

A história do Brasil e seu ensino sabem bem o impacto que um bom manual pode ter, como o recente livro *Brasil, uma biografia*, de Lilia Schwartz e Heloisa Starling (2015), que superou o clássico *História do Brasil* de Boris Fausto (1996) e que permite ao aluno uma visão crítica e fundamentada em um requintado trabalho historiográfico. Produzir uma literatura que se espalhe para além das bolhas de especialidades é, ainda hoje, uma tarefa árdua para a academia brasileira, tão acostumada ao requinte intelectual e a certo distanciamento da sociedade e do senso comum. Além disso, combinar um rigor metodológico e acadêmico com uma facilitação da linguagem que possa atrair um público diverso é outro desafio.

O manual do professor Hespanha faz o mesmo. Inicialmente, cumpre uma função informativa como todo bom manual. Contudo, para além disso, tem mais algumas vantagens: permite um esforço de síntese e uma linguagem mais acessível, tornando a obra, portanto, mais democrática. Sua primeira força é, assim, seu alcance e a preocupação com o leitor.

Confesso, inclusive, que foi esse o primeiro uso que fiz dessa obra ao entrar em contato com ela no I Congresso do IBHD, em Florianópolis, pouco antes de fazer o concurso público para professor da disciplina de História do Direito na UFPR. Para essa prova, a obra de Hespanha foi fundamental para meu aprendizado, combinada com o desenvolvimento de uma visão crítica também do fenômeno jurídico. Assim, a obra do mestre cumpre também a pretensão central de um bom manual: um conteúdo informativo de caráter crítico combinado com o uso extraordinário de fontes e uma metodologia apropriada e igualmente contestadora.

Quando a questão é método, e não conteúdo, Hespanha foi além. A quebra da tradição de certeza, das verdades duras da modernidade, foi recepcionada pelas ciências humanas com um forte impacto diluidor, que veio como uma onda da linguística. Um tsunami de interpretação das teorias da linguagem que pareciam tornar arcaico o método historiográfico.

Ao recepcionar tais teorias, o professor Hespanha começa por instigar a necessidade dessa forte consciência metodológica, destacando a urgência em se superar a ideia da narrativa objetivista do positivismo vulgar e encarar a história como um produto do historiador, uma criação sua, recepcionando, assim, a atribuição da autoria e o peso da subjetividade nas ciências, como destacado por Theodor Adorno (1972).

Os radicais questionamentos sobre tal objetividade têm levado autores a questionar a verdade histórica e a classificar o processo historiográfico como gênero literário, como em Hayden White (2019), que destaca a necessidade maior de uma coerência interna do discurso do que uma adequação à realidade (caráter performático do discurso histórico).

O alvo da ciência deixaria de ser a verdade e passaria a ser a performatividade (que tipo de pesquisa vai funcionar melhor, e não a verdade). Isso representa, em última instância, um abandono da perspectiva universal nas ciências, com a sociedade pós-moderna compreendendo a realidade como uma multiplicidade de jogos de linguagem diferentes e incompatíveis, cada qual com seus princípios de autolegitimação – uma autonomia fragmentadora das micronarrativas, como destaca Steven Connor (1993). A ciência pós-moderna produziria um conhecimento sobre si mesma que não depende da lógica, mas da paralogia (um raciocínio imperfeito e contraditório).

A partir dessa perspectiva, Hespanha questiona também a questão da temporalidade histórica, sua linearidade artificial e o vínculo de conceitos do passado ao presente. Assim, a alegada continuidade das categorias jurídicas atuais não se poderia comprovar, o que exige um questionamento firme do progresso linear que promove a sacralização do presente, ou, como diria Ricardo Marcelo Fonseca (2009), a glorificação da positividade jurídica vigente, ignorando a autonomia do passado.

Na mesma linha de Said, o professor Hespanha questiona também a naturalização do mundo jurídico feito pelas perspectivas tradicionais, ou seja, a apresentação da cultura jurídica como puramente técnica ou científica, desprovida de dimensão política. Chega mesmo a acusar que o medievalismo que entrou na moda pós-Kelsen teve como objetivo purificar a ciência jurídica de ingredientes políticos.

Por isso, na epígrafe de seu livro, está a referência a Michel Foucault, em debate com Noam Chomsky:

> *Creio que o verdadeiro trabalho político, numa sociedade como a nossa, é o de criticar o funcionamento das instituições que parecem neutrais e independentes: criticá-las de modo que a violência política que sempre se exerceu, obscuramente, por meio delas seja desmascarada e possa ser combatida. Michel Foucault – Natureza humana: justiça versus poder. (HESPANHA, 2005)*

Ora, Hespanha não apenas inicia sua obra com a referência a Foucault, sugerindo uma visão crítica das instituições, mas a faz de forma complexa, superando as dicotomias típicas de reducionismos, como os do marxismo vulgar, que tendem a simplificar as relações de sujeição, e os liberais, que pretendem autonomizar esse mesmo sujeito. Lembra aqui novamente as lentes deformadas do Simplício de Joaquim Manoel de Macedo.

Nesse sentido, sua preocupação central está no presente, e isso é confessado logo na introdução do livro, quando diz que, ao contrário do padrão para um livro de história do direito, não privilegiaria o passado remoto, mas o recente, o presente, quando não o futuro.

Afinal, o presente sempre ilumina o passado e o trabalho do historiador, como nos lembra Walter Benjamin (1988). Contudo, no caso da obra em questão, o presente está densamente ali. Isso não significa, obviamente, que se busque um diálogo histórico atualista, que é, em verdade, como destaca o próprio mestre Hespanha, um monólogo entre o historiador e alguns sujeitos históricos desprovidos de autonomia, na bela metáfora usada por ele dos bonecos de ventríloquo.

Sua intenção é despertar os leitores para uma reflexão sobre o direito de hoje e sobre seus problemas. Daí a disciplina de História do Direito, para ele, ser formativa e servir para problematizar o pressuposto implícito e acrítico das disciplinas dogmáticas, tirando o fenômeno jurídico de seu mundo idealizado e colocando-o na sociedade, afinal direito, reforçando Geertz (2006), é saber local.

Para tanto, a visão não pode ser aquela que, durante muito tempo, somou vozes para a construção de um discurso legitimador do direito estabelecido, incluídos entre eles o espírito nacional e a alma do povo. E não pode, igualmente, compartilhar da ingênua visão destes com relação ao fenômeno jurídico.

Como destaca Hespanha, é preciso eleger como objeto da história jurídica o direito em sociedade para perceber um direito vinculado aos diversos contextos (cultura, tradições literárias, estruturas sociais, convicções religiosas), não colocando, com isso, em risco a especificidade da história jurídica, mas ampliando a visão, alcançando os mecanismos de normação, os direitos cotidianos gerados pelo que Guattari (1981) chamaria de *poderes moleculares*, e Michel Foucault (1984), de *microfísicos*, percebendo as novas relações de poder em novos arranjos sociais. Viragem que permite uma atração pela pequena escala, uma revalorização dos componentes pessoais e da vida cotidiana, vendo o direito como um produto social e considerando a própria produção do direito como produção social.

Considerações finais: Hespanha pós-colonial

Dessa forma, a obra do professor António Manoel Hespanha, seus conceitos, seus instrumentais metodológicos, seu pensamento, sua vida, tem um potencial libertador, que permite um uso emancipatório que aqui estou chamando de *pós-colonial*.

De certa maneira, essa base de reflexão o trouxe para o sul, para as sombras do Império português, ou, mais precisamente, para os confins desse mesmo Império. Hespanha tornou-se professor *honoris causa* de Universidade Federal do Paraná e, anualmente, estava presente em Curitiba, no sertão curitibano, nesse espaço que nasceu como periférica vila portuguesa. Aqui, Hespanha intensificou seu veio pós-colonial.

Se, de um lado, a tese que aqui se defende é a de que nós, historiadores do direito, podemos fazer uso não apenas de sua obra *Cultura jurídica europeia*, mas também da integralidade de sua produção como ferramenta de emancipação. Mais ou menos como o uso que Theofile Obenga (2013) e Banza Mulundwe (2007) fazem ao se apropriarem da hermenêutica de Paul Ricoeur e combiná-la com a arqueologia do saber de Michel Foucault para falar de filosofia africana. Ou a adaptação do existencialismo de Simone de Beauvoir para falar da condição da mulher africana a partir da fenomenologia feita por Bibi Bakare-Yussuf (2003). Ou mesmo o uso que Spivak (2010) e Mbembe (2014) fazem de Derrida para, a partir da descolonização de suas ideias, aplicá-las ao contexto colonial. Os dois, igualmente, em diálogos profundos com Michel Foucault.

Em contrapartida, o mestre tornou-se periférico. Não apenas a atualização da obra *Cultura jurídica europeia* foi feita incorporando as questões brasileiras, mas também estas passaram a ocupar suas preocupações.

De suas treze últimas postagens nas redes sociais, sem contar a atualização da foto do perfil, que foi feita com a inserção do filtro "em defesa das universidades e institutos federais, contra os cortes e a perseguição", três apenas falam de Portugal (uma crítica à parceria público-privada, uma matéria sobre os incendiários e uma sobre dívida pública), uma fala de Cuba (bandeira de Cuba) e oito falam do Brasil.

Nelas, destaque para o incentivo dado por ele aos jovens pesquisadores – nesse caso, uma postagem do *podcast* do colega Thiago Hansen da UFPR sobre o Judiciário e o dossiê *História Direito Além das Fronteiras*, de Ricardo Sontag da UFMG; uma lembrança do recebimento do título de *honoris causa* da UFPR; uma matéria do presidente do Instituto Brasileiro de História do Direito, Christian Lynch; e as demais sobre Sérgio Moro e a Lava Jato. Em uma delas, um de seus últimos comentários, desse Hepanha pós-colonial:

> Sempre achei muito estranha a proximidade entre partes
> e equipa – juízes, assessores – usual no Brasil [...] Esta
> combinação – dissimulada, desleal, preparada e secreta
> (apaga, transmite e deleta) entre acusação e o julgador,
> contra a defesa, é o cúmulo de um julgamento parcial e
> orientado, demais baseado em delações de interessados.
> Um escândalo e uma aberração jurídica.

Referências

ADORNO, T. **Epistemología y ciencias sociales**. Madrid: Frónesis, 1972.

APPADURAI, A. **O medo ao pequeno número**: ensaio sobre a geografia da raiva. São Paulo: Iluminuras, 2009.

ARENDT, H. **Origens do totalitarismo**. São Paulo: Companhia das Letras, 1989.

BAKARE-YUSSUF, B. Beyond Determinism: The Phenomenology of African Female Existence. **Feminist Africa**, Issue 2, 2003.

BENJAMIN, W. **Magia e técnica**: arte e política. São Paulo: Brasiliense, 1988. v. 1: Obras escolhidas.

BHABHA, H. **O local da cultura**. São Paulo: Companhia das Letras, 1998.

CÉSAIRE, A. **Discurso sobre o colonialismo**. Lisboa: Livraria Sá da Costa, 1978.

CHOMSKY, N. **Para entender o poder**. São Paulo: Bertrand Brasil, 2005.

CONNOR, S. **Cultura pós-moderna**: introdução às teorias do contemporâneo. Rio de Janeiro: Loyola, 1993.

DOUGLAS, M. **Pureza e perigo**. Rio de Janeiro: Perspectiva, 1988.

FAUSTO, B. **História do Brasil**. São Paulo: Edusp, 1996.

FONSECA, R. M. **Introdução teórica à história do direito**. Curitiba: Juruá, 2009.

FOUCAULT, M. **Microfísica do poder**. Rio de Janeiro: Graal, 1984.

GEERTZ, C. **O saber local**: novos ensaios de antropologia interpretativa. Petrópolis: Vozes, 2006.

GOUREVITCH, P. **Gostaríamos de informá-lo que amanhã seremos mortos com nossas famílias**: histórias de Ruanda. São Paulo: Companhia das Letras, 2006.

GUATTARI, F. **Revolução molecular**: pulsações políticas do desejo. São Paulo: Brasiliense, 1981.

HESPANHA, A. M. **Cultura jurídica europeia**: síntese de um milênio. Florianópolis: Boiteux, 2005.

HESPANHA, A. M. O antigo regime. In: MATTOSO, J. **História de Portugal**. Lisboa: Estampa, 1998.

HESPANHA, A. M. **Caleidoscópio do antigo regime**. São Paulo: Alameda, 2012.

HESPANHA, A. M. **A política perdida**: ordem e governo antes da modernidade. Curitiba: Juruá, 2010.

HESPANHA, António Manuel. **As vésperas do Leviathan**: instituições e poder político (Portugal, séc. XVII). Lisboa: Almedina, 1994.

HESPANHA, A. M. **Filhos da terra**: identidades mestiças nos confins da expansão portuguesa. Lisboa: Tintas da China, 2019.

MACEDO, J. M. **A luneta mágica**. São Paulo: Ática, 1979.

MBEMBE, A. **Crítica da razão negra**. Lisboa: Antígona, 2014.

MULUNDWE, B. M.; TSHAHWA, M. Mythe, mythologie et philosophie africaine. **Mitunda Revue des Cultures Africaines**, v. 4, n. spécial, p. 17-24, oct. 2007.

OBENGA, T. **O sentido da luta contra o africanismo eurocentrista**. Luanda: Universidade Agostinho Neto, 2013.

SAID, E. **Cultura e imperialismo**. São Paulo: Companhia das Letras, 1993.

SAID, E. **Representations of the Intellectual**. New York: Congress Library, 1994.

SAID, E. **Orientalismo**: o Oriente como uma invenção do Ocidente. São Paulo: Companhia das Letras, 1990.

SCHNEIDER, A. L.; VASCONCELOS, J. A. **Paz & pensamento**: o legado de Francisco Moraes Paz. Jundiaí: Paço Editorial, 2019.

SCHWARCZ, L. M.; STARLING, H. M. **Brasil**: uma biografia. São Paulo: Companhia das Letras, 2015.

SPIVAK, G. C. **Crítica de la razón poscolonial**; hacia uan historia del presente evanescente. Madrid: Akal, 2010.

VATTIMO, G. **La società trasparente**. Milano: Garzanti, 1989.

WHITE, H. **Meta-história**; a imaginação histórica do século XIX. São Paulo: Edusp, 2019.

As perspectivas editoriais das últimas publicações de António Manuel Hespanha segundo o método da história do livro

---

i   Este texto é a versão final de palestra realizada no XI Congresso Brasileiro de História do Direito: Estado, Direitos, Liberdades: os Percursos Jurídicos da Ordem e da Emancipação (em homenagem a António Manuel Hespanha), na mesa "Relembrando António Manuel Hespanha", em Curitiba, no dia 13 de novembro de 2019.

Alfredo de J. Flores

Doutor em Direito e Filosofia pela Universitat de València (Espanha). Professor Associado de Metodologia Jurídica na Universidade Federal do Rio Grande do Sul (UFRGS). Professor Permanente do Programa de Pós-Graduação em Direito (PPGDir-UFRGS). Membro do Instituto Brasileiro de História do Direito (IBHD). Membro-correspondente do Instituto de Investigaciones de Historia del Derecho (IIHD, Argentina).

1
Introdução

Tendo-se em conta as indagações advindas da necessidade de manutenção da memória e da obra do professor António Manuel Hespanha, em particular no cenário brasileiro da história do direito, tão tributário à sua pessoa e aos seus estudos, optamos por elaborar, neste texto, um panorama preliminar a respeito das últimas publicações que nosso autor fez em vida, representando um conjunto em que se enquadrariam os livros publicados durante os anos 2015 e 2019 e como isso pode ser lido no contexto nacional[i].

Primeiramente, é relevante asseverar que a perspectiva que aqui será adotada não se centra inicialmente em um ponto de vista material, o qual já foi apresentado de várias formas por discípulos e colegas de Hespanha e que se configuraria na definição tanto de eixos materiais, que representariam as linhas mestras que foram trabalhadas em inúmeros textos por parte do autor em sua vasta obra, como de uma genealogia do pensamento de Hespanha. Notadamente, a função de catalogações de obras e artigos tem por objetivo buscar uma compreensão global da contribuição dada pelo ilustre historiador português. Tal dimensão objetiva[ii], em todo caso, nunca abarcará a dimensão humana

---

i   Do círculo vinculado a nosso autor português, produziu-se uma obra coletiva no ano de 2015 (SILVA; XAVIER; CARDIM, 2015), em cujo texto introdutório ("Introdução", p. 7-25) afirma-se que dois textos dessa obra de homenagem a Hespanha manifestam essa perspectiva do impacto de seu pensamento no Brasil. Entendemos que esses escritos poderiam ser vistos como inovadores nesse quesito. Falamos aqui de dois capítulos, um do professor José Reinaldo de Lima Lopes (2015) e outro de Airton Seelaender e Ricardo Fonseca (2015). Segundo a tese que defenderemos aqui, dita obra coletiva, que recorda a estratégia comum de textos como "Festschrift" ou "Mélanges", cumpre tal papel na análise da obra de Hespanha, pois se publica justamente no 70º aniversário de vida de nosso autor português, que é o mesmo ano em que se desencadeia a estratégia de síntese que ora defenderemos. Da mesma forma, os autores brasileiros já citados compreendem, em seus textos, o fator de síntese que esse círculo de amigos e discípulos buscam com tal obra, o que seguramente impactaria o ânimo do próprio autor homenageado.

ii As obras publicadas por António Manuel Hespanha no período estudado (2015-2019) são as seguintes, em ordem cronológica, em que tentaremos dar um sentido objetivo para este conjunto: 2015-03 – HESPANHA, A. M. *Como os juristas viam o mundo (1550-1750)*: direitos, Estados, coisas, contratos, ações e crimes. Lisboa: Amazon (AMH), 2015; 2017-03 – HESPANHA, A. M. *A ordem no mundo e o saber dos juristas*: um imaginário do antigo regime europeu. Lisboa: Amazon (AMH), 2017; 2017-06 – HESPANHA, A. M. *O direito imaginado para um Estado imaginário*: mitos doutrinais e realidades institucionais do modelo constitucional do liberalismo monárquico português. Lisboa: Amazon (AMH), 2017; 2017-08 – HESPANHA, A. M. *Sacerdotes do direito*: direito, juristas e poder social no liberalismo oitocentista. Lisboa: Amazon (AMH), 2017; 2018-09 – HESPANHA, A. M. *O direito democrático numa era pós-estatal*: A questão política das fontes do direito. Lisboa: Amazon (AMH), 2018; 2019-01 – HESPANHA, A. M.

de Hespanha, a qual escapa a qualquer esquadrinhamento, uma vez que sua trajetória e sua *performance* como professor, orientador, mestre e colega foi inigualável. Por outro lado, o critério metodológico adotado, uma aproximação à história do livro, traz uma contribuição relevante para este trabalho, já que a ideia central é de que a estratégia editorial definiu um padrão das obras do autor no final de sua vida.

2
Proposta de enquadramento da obra de Hespanha

No sentido de buscar uma orientação para a análise do conjunto da obra de Hespanha, vale recordar uma proposta que foi apresentada recentemente pelo professor Ricardo Marcelo Fonseca[i] na abertura do XI Congresso Brasileiro de História do Direito, que ocorreu em novembro de 2019 na cidade de Curitiba. Em tal evento, que acompanhamos, falou-se de quatro eixos temáticos, os quais foram apresentados, e entendemos que realmente correspondem às áreas de atuação e repercussão da obra de Hespanha no cenário acadêmico, ao menos como se desenvolveu no Brasil. Em vista disso e acompanhando a proposta do professor Ricardo Fonseca, pode-se afirmar que António Manuel Hespanha deixou sua marca indelével em pelo menos quatro áreas em que atuou durante sua vida como professor e autor.

Correspondendo ao começo impactante da carreira de António Manuel Hespanha, como foco central de sua obra, estaria **(a)** a história

---

Filhos da terra: identidades mestiças nos confins da expansão portuguesa. Lisboa: Tinta da China, 2019; 2019-03 – HESPANHA, A. M. *Uma monarquia constitucional*: a Constituição monárquica oitocentista. Lisboa: Amazon (AMH), 2019; 2019-03 – HESPANHA, A. M. *Uma monarquia tradicional*: imagens e mecanismos da política no Portugal seiscentista. Lisboa: Amazon (AMH), 2019; 2019-05 – HESPANHA, A. M. *Pluralismo jurídico e direito democrático*: prospectivas do direito no séc. XXI. 4. ed. Coimbra: Almedina, 2019.

i   No mesmo Congresso do IBHD, na Mesa inaugural de título "António Manuel Hespanha, seu legado", que ocorreu no dia 11 de novembro de 2019, uma versão anterior do raciocínio feito na apresentação por parte do professor Fonseca já foi publicada anteriormente, em que são apresentados alguns dos elementos da fala do Congresso: FONSECA, 2018. Aqui, Fonseca (2018, p. 721) menciona que haveria "três etapas ou três lados mais visíveis da pirâmide que compõe a sua trajetória".

do Antigo Regime, de modo especial do português. Conforme já indicava Fonseca em texto anterior, esse ponto material é o original[i] e cuja contribuição dada pelo autor é reconhecida possivelmente como a mais relevante, podendo-se afirmar, com segurança, que o autor recebeu muito reconhecimento no Brasil nesse quesito (mas não só no Brasil, obviamente), o que explica o êxito de sua carreira como autor, professor e pesquisador, uma vez que esta sempre foi a perspectiva inicial de nosso autor português.

A partir de uma mudança de orientação de pesquisas se definiria o segundo ponto material de estudos de Hespanha, **(b)** a história do Constitucionalismo liberal do séc. XIX. Recorda Fonseca[ii] que também se trata aqui de um segundo momento na vida acadêmica do historiador português, em que no final se desdobra a ponto de converter-se em área de grande relevância no conjunto da obra desse autor, mesmo que trabalhada um pouco mais tardiamente, mas que fora produzida de forma muito original, representando um novo momento da vida de Hespanha nos inícios do século XXI.

Em sua palestra, Fonseca insere (diferenciando assim um fator que anteriormente colocara em plano mais secundário) como terceiro tópico **(c)** a teoria e a metodologia da história. Na verdade, uma temática

---

i   Fonseca (2018, p. 721-722) afirmava, no primeiro esboço de ordenação das obras de Hespanha, que o tema do Antigo Regime é também o ponto forte de sua obra: "Uma primeira época em que, a grosso modo, seu foco de preocupações teóricas se concentrava em desvendar o papel dos discursos jurídicos, dos juristas e das instituições na época do antigo regime: aqui, caminhando ao lado de uma vertente historiográfica cujo prestígio crescia na Europa [...] e na contra-mão de uma tradição que então era muito forte sobretudo na Espanha e em Portugal, Hespanha defendeu o caráter plural, local e descentralizado do poder nesse período, valorizando as várias formas de normação social sem perder, entretanto, a medida da importância do discurso dos juristas nesse contexto".

ii Assim, acrescenta Fonseca (2018, p. 722): "Uma segunda época, que coincide temporalmente com o período em que Hespanha retorna com força à vida acadêmica após o período em que esteve à frente da Comissão Nacional para as Comemorações dos Descobrimentos Portugueses, na virada do século XX para o XXI, é aquela em que o autor português desloca suas atenções para o século XIX e se concentra nos temas do constitucionalismo moderno (português mas não só), com preciosas observações (entre tantos outros 'insights') sobre as continuidades e permanências do *Ancien Régime* no momento burguês".

muito presente[i] na obra de Hespanha, vista, muitas vezes, com elementos de inovações, em razão da necessidade de fazer-se uma adequação à matéria jurídica a partir dos critérios advindos das ciências sociais e da historiografia. Vale recordar que nosso autor discutiu tal temática desde longa data e sempre com critérios que foram reconhecidos por pares como seguros e justificados.

Por fim, estaria o último ponto material, **(d)** a teoria do direito[ii], a qual era vista em momento anterior por Fonseca por uma terceira etapa, isso porque representaria o último desafio na carreira de nosso autor, quando teve de enfrentar tal domínio teórico a partir de meados da primeira década do século XXI. É possível asseverar que se tratava de um desafio da maturidade, quando se deparou com disciplinas propedêuticas do direito e, com isso, retomar leituras de autores que tinham influenciado o pensamento jurídico mais contemporâneo, os quais o próprio Hespanha comentava que percebera pessoalmente que seria oportuna a aproximação, também para efeitos de aprofundar seus estudos e o aparelho conceitual de seus trabalhos.

Conforme afirmamos, concordamos com o entendimento de Ricardo Marcelo Fonseca no sentido de que, nessas quatro áreas, Hespanha realmente atuou, seja publicando livros e artigos, seja exercendo o magistério superior, de graduação e de pós-graduação, o que o habilitava para tanto em qualquer um desses cenários. Dito isso, o que resta aclarar é que esse ponto de vista material, que entendemos já ter sido esclarecido pelo professor Ricardo Marcelo Fonseca, não precisaria de maiores detalhes, não sendo, portanto, o que devemos apresentar neste estudo. Dessa maneira, tomamos essa classificação, com o desdobramento que Fonseca veio a definir em dois momentos: o artigo publicado nos *Quaderni* e a conferência de abertura do Congresso do IBHD de 2019, como suposta, ainda que necessite de aprimoramento

---

i   O ponto de vista de Fonseca (2018, p. 722-723) sobre os demais tópicos é apresentado nesse texto inicial da seguinte forma: "Claro que essa periodização um tanto esquemática e não linear deve também levar em conta o fato de que Hespanha jamais deixou de se preocupar até hoje com os temas do Antigo Regime ou que toda a sua trajetória sempre foi atravessado [sic] também por textos e análises metodológicos além dele sempre ter tido a escolha pela produção de densos manuais".

ii   Comenta Fonseca (2018, p. 722): "E finalmente uma terceira época em que Hespanha se debruça sobre a Teoria do Direito e coloca os pés no tempo presente e enfrenta problemas contemporâneos (mas sem abandonar jamais as suas lentes de historiador)".

a ponto de discernir em tal volume de trabalhos de nosso autor em que categorias entram cada texto que ele produziu[i].

Além do mais, a julgar pela proximidade do passamento do professor Hespanha (ocorrido em julho de 2019), faz-se mister, em ocasião como esta, avaliar o conjunto da obra de nosso autor. Contudo, a proposta aqui apresentada não poderia representar simplesmente um apanhado geral da relevância do autor, até porque outros autores já fizeram isso de uma maneira ou de outra, muitos tendo autoridade em razão da proximidade que tiveram com nosso autor português.

Falaremos agora desde um ponto de vista que designaremos como "formal", dizendo isso no sentido de que, nas últimas obras do professor António Manuel Hespanha, podem ser encontrados vários elementos que identificam a quase totalidade das publicações em uma mesma finalidade e, com isso, representariam uma forma de manifestação desses quatro eixos materiais em uma perspectiva de síntese. Logo, defendemos que haveria um *status* diferenciado desse conjunto final, isso em razão da adoção de um ponto de vista que entendemos ser de ordem formal, em que os eixos materiais são retomados com um sentido de consolidação de sua obra. Mas tal afirmação precisaria vencer alguns tópicos que podem problematizar tal conclusão preliminar. Vejamos.

3
Hipóteses de problematização: a análise desse o autor

Não há forma melhor para analisar um autor que justamente problematizando suas estratégias e críticas. Uma das bandeiras reconhecidas

---

i   A lista mais exaustiva do conjunto da obra de António Manuel Hespanha entendemos que está no livro coletivo em sua homenagem, em que aparecem, inclusive, os recursos informáticos (mas não suas participações em gravações e outras mídias): SILVA; XAVIER; CARDIM, 2015, p. 29-47. Contudo, tal lista claramente já indica que foi elaborada até o mês de julho de 2014, sendo, portanto, incompleta; ou seja, há cinco anos de publicações de Hespanha, justamente o período que gostaríamos de ressaltar neste estudo, sem uma versão mais oficial de lista de obras. Consultando a página do autor na Wikipedia (https://pt.wikipedia.org/wiki/António_Manuel_Hespanha), não há um cenário melhor, pois carece de incremento e atualização, em todos os sentidos, desde o que tange à biografia como à bibliografia do autor.

de Hespanha foi a de questionar, no sentido de criticar para depois aprimorar, os modelos prosopográficos[i] em voga nas últimas décadas, ou ainda, algo que seria um pouco mais complicado em razão do baixo reconhecimento acadêmico, o uso do gênero da biografia. Mas os elementos que normalmente se delineiam quando se faz a análise de um autor têm sua serventia, ao menos no momento em que se quer discutir e valorizar o legado intelectual de um grande autor. Nesse sentido, é possível apresentar algumas hipóteses sobre o assunto em que se fará uma aproximação ao questionamento sobre um sentido de síntese de sua obra, ao final de sua vida.

Falando em termos objetivos, pode-se afirmar, com muita segurança, que, inegavelmente, há **(a)** um fator existencial da parte de António Manuel Hespanha para a constatação de que houve separação do conjunto das obras publicadas a partir do ano de 2015 no conjunto do acervo bibliográfico desse autor. Desse modo, no ano de 2015, o autor completava 70 anos de vida[ii] e, no convívio, durante as conversas, já demonstrava que era o momento de preocupar-se mais detidamente com a sequência de seus ensinamentos, bem como com a finalização de alguns projetos e a apresentação[iii] de novas metodologias; mas

---

i   Exemplo foi sua crítica à nova história política como história biográfica, na qual Hespanha comenta, ironicamente, que a "'grande biografia' exige, em princípio, um 'grande biografado' (pressupondo, naturalmente, que é escrita por um grande biógrafo)" (HESPANHA, 2003, p. 839). Entretanto, nosso autor retomou ultimamente a discussão fazendo alusão aos trabalhos prosopográficos feitos por seus colegas José Subtil, Nuno Camarinhas e Joana Estorninho de Almeida e que se vincularam inicialmente ao projeto Storia Iurisprudentiae Lusitaniae Antiquae (S.I.L.A.): "Therefore, one can fairly say that the current state of the prosopographical study of jurists in Portugal was born from this collective enterprise of the late 1980s and early 1990s" (HESPANHA, 2019c, p. 22).

ii   Em conversas informais tanto no Brasil quanto na Europa, em que fomos testemunhas em algumas ocasiões, percebia-se que António Manuel Hespanha se perguntava sobre o que seria de sua biblioteca em Portugal, em particular seus livros e todo o material que havia recolhido em vida.

iii   Empregando ainda a menção ao testemunho dos eventos, no VIII Congresso do IBHD, que igualmente havia ocorrido em Curitiba, agora no ano de 2015, há uma impressão desse impacto na vida de Hespanha, principalmente quando foi o responsável pela conferência de encerramento do evento. Nessa ocasião, apresentou uma palestra de título "De novo aos fatos: proposta de retorno ao *serial* numa fase pós-positivista da historiografia jurídica", na qual trouxe novos métodos e uma preocupação, partindo de uma perspectiva de hoje, diríamos nós que lhe preocupava a sequência de seu legado.

Além disso, haveria um segundo fator relevante: **(b)** o seguido trânsito em direção ao Brasil, em que se poderia dizer que tenha ficado muito intensificado nos últimos 10 anos de sua vida e que fez com que o próprio autor se desse conta da existência de dificuldades em divulgar boa parte de sua obra, pensando principalmente em seus artigos, tendo vista problemas comuns que ocorriam desde o início do século XXI. Nesse quesito, poderíamos dizer que alguns pontos devem ser levados em conta nesse cenário final: (α) o conjunto das separatas foi escasseando-se com o tempo e continuava o problema de que vários textos não estavam disponíveis; muitas vezes, tratava-se de publicações em vários países e em livros coletivos ou revistas de baixa tiragem, sem falar em versões que o próprio autor não tinha certeza de exemplares da publicação, pelas dificuldades de controlar o resultado, se havia ocorrido de modo efetivo; (β) algumas vezes, o professor Hespanha solicitou cópia de texto seu já digitalizado por alguém, porque não tinha em mãos o original ou a versão digital[i]; e, ainda, (γ) adotou a estratégia de abrir uma página na internet com textos seus, o que viria a colaborar de alguma forma para a divulgação de sua obra, ainda que, talvez por questão de direitos autorais ou de outra ordem, alguns textos se encontravam em suas versões preliminares (ou em versão Word, ou em versão em editoração do PDF Adobe), o que dificultava a citação da obra; infelizmente o citado *site* não está mais disponível[ii].

---

que já vinha de épocas anteriores, de que se aprofundasse o uso de mecanismos novos, tecnológicos, para a história do direito. Tomamos a liberdade de comentar que aquilo que havíamos percebido naquela ocasião, diante do autor em sua palestra e nos debates, não seria o mesmo do que se depreende da versão final do texto que Hespanha opta por apresentar em uma das recentes obras, em que chega a modificar o título e atribui edição diferente da do Congresso, o que seria um mero equívoco material que não prejudica o argumento. Na versão nova da pesquisa, o título do texto foi outro: "A estatística judicial pré-contemporânea: um programa pós-positivista para a história do direito" (HESPANHA, 2017b, p. 389-413).

i   Anedoticamente, lembro-me que uma vez me perguntou por cópia digitalizada de seu magnífico *A história do direito na história social*, de 1978.

ii Tratava-se do *site*: https://sites.google.com/site/antoniomanuelhespanha/home/textos-selecionados. O *link* não habilita mais acesso, e o *site* não

Um terceiro quesito relevante deve levar em conta (**c**) sua adesão às novas tecnologias, o que ocorria desde ao menos os anos 1990 e explica a razão de que Hespanha viesse a concorrer também a outros meios de divulgação, como as gravações e postagens em YouTube e em sua página no Facebook, que agora vemos que poderiam e deveriam ter sido muito mais exploradas. Quanto a esse ponto, entendemos que se deve proceder a organização desse vasto material – isso porque inúmeras aulas suas foram gravadas, quando de sua condição de professor visitante em várias universidades, mesmo do Brasil, assim como foram gravadas conversas e feitos *posts*, que necessitariam, de alguma maneira, de uma ordenação e listagem final, com a disponibilização talvez em *site* institucional, com a devida autorização dos familiares do autor. Suas aulas e entrevistas são o que é de mais vivo de sua presença, o que precisa ser reavivado neste momento no Brasil.

Por fim, o critério definitivo para tal encaminhamento, justificando a diferenciação das obras finais de Hespanha, (**d**) a guinada, justamente no ano de 2015, às publicações pela empresa Amazon. Em virtude da tradicional presença do professor Hespanha em eventos relevantes e em circuitos com vínculos para publicação, é possível conhecer as estratégias que o autor adotou, isso porque a bibliografia que produziu antes de 2015 também circulava. Com isso, em primeiro lugar, nota-se sua presença (α) em revistas científicas importantes de vários países, ou mesmo em revistas de cunho mais institucional – como as de corporações que, muitas vezes, apoiavam sua vinda e permanência no país (do que se entende o envio de material para abrilhantar a edição de tais revistas e o convite de colegas para publicar). Juntando-se aí (β) o conjunto de editoras tanto do Brasil quanto da Europa, as quais haviam publicado seus textos antes de 2015 e que representaram a demonstração de que houve grande êxito em seus empreendimentos editoriais. Contudo, diante de inúmeros fatores em jogo, Hespanha optou por mudar sua estratégia e empregar a sistemática desenraizada em círculos acadêmicos e editoriais – com isso, firmou contratos com a empresa Amazon para publicar (γ) livros como edições do próprio autor, imaginando que, com isso, haveria de incrementar a divulgação[i]

---

        está mais disponível. Por sorte, alguns chegaram a baixar o material ali antes disponível.

i   Quem por primeiro indica tal leitura foi o professor Ricardo Fonseca (2018, p. 723): "E é por essa razão que deve ser digno de nota que num só ano, em 2017, foram publicados três notáveis livros deste autor que são ao mesmo tempo retomada e sistematização de temas que lhes são caros e também a oportunidade de trazer textos inéditos e reflexões mais

de sua obra. É de se presumir que tenha ocorrido alguma contribuição financeira inicial da parte do próprio professor Hespanha, ou então de cessão de direitos. Entretanto, o que interessa ressaltar é que se consolida aqui um critério editorial novo no conjunto da obra desse autor e que vai dominar a quase totalidade de sua obra final, uma vez que os livros já eram publicados na Amazon, tendo, ao mesmo tempo, a disponibilização de adquirir a versão *on-line* dos livros, ou seja, de leitura no sistema Kindle da mesma empresa[i].

4
Elementos de justificação

Essas hipóteses, após a consulta às obras que foram publicadas nesse período, intuitivamente são perceptíveis. Além disso, a julgar pelos vários prólogos que o professor Hespanha construiu para cada livro, a análise do ponto de vista material ainda continua sendo a mais consentânea e próxima do que o autor definiu, pois ele mesmo, em várias oportunidades nesses prólogos, estabelece ligações entre as obras com alguns textos anteriores, definindo uma genealogia de textos de sua própria autoria, normalmente se conformando nos quatro eixos apresentados por Ricardo Fonseca. Faz isso também internamente em cada obra, justificando a ligação entre os textos, tanto os antigos que são publicados novamente, às vezes com modificações, quanto os textos inéditos,

---

recentes sobre um arsenal que não pode e não deve passar despercebido pela historiografia jurídica mais atualizada. Como já havia ocorrido em 2015 na publicação do seu monumental *Como os juristas viam o mundo. 1550-1750: direitos, estados, coisas, contratos, ações e crimes* (uma espécie de Vademécum do *ius commune* português), todos esses novos livros, por uma opção recente tomada pelo autor, foram publicados pela Amazon Books, com sua facilidade para a aquisição pela via digital (mas também com a opção física em papel), certamente na esperança de uma circulação mais ágil e efetiva". Aqui Fonseca (2018) fez uma breve apresentação das obras iniciais desse último período, em especial os livros de 2015 a 2017 que foram publicados por Hespanha.

i   É importante fazer uma diferenciação, mesmo que falemos de uma mesma empresa: que o *site* estadunidense é o mais recomendado para a aquisição de livros do autor, pois ali normalmente se encontram as versões impressas dos livros novos. No *site* brasileiro da empresa, muitas vezes, o que ocorre é que as obras disponibilizadas estão somente nas versões Kindle, ainda que as condições de pagamento sejam melhores para o público.

acrescentados para efeitos de cada uma das obras novas. Porém, fica ainda a questão: Tendo em conta as problematizações que foram identificadas antes, no que tange às estratégias do autor, o ponto de vista formal continuaria sendo avaliável? Ou essa visão de síntese é um *insight* viável, mas ainda não justificável?

Algumas razões precisam ser levantadas: inicialmente, faz-se mister recordar que **(a)** os próprios colegas e discípulos de Hespanha reconhecem uma falta de sistematicidade característica da obra de nosso autor. Nesse sentido, essa estratégia empregada por Hespanha nas últimas obras poderia servir como um alento, uma vez que nosso autor sentiu que poderia dar uma organicidade a um corpo de inúmeros textos. Não se deve olvidar que sua tendência quanto a textos de sua autoria normalmente seria de reescrever, reinterpretar, ainda que alguns dos textos publicados nesse conjunto último fossem exatamente os mesmos de décadas antes, fato este que o próprio autor reconhecia normalmente em frase inicial do primeiro parágrafo do texto[i] ou na primeira nota de rodapé. Nesse espectro, a sistematicidade que se buscou a partir de 2015 não era *ab origine*, ou seja, não foi um projeto que se enquadraria em um modelo mais filosófico. O projeto de síntese levou em conta toda a experiência do autor na construção de sua obra.

Um segundo aspecto **(b)** seria que a publicação dos livros pela Amazon deveria trazer duas consequências imediatas. (α) A primeira, para quem de modo exaustivo se preocupava com os meios institucionais dos debates e de construção do discurso jurídico e, também, com os instrumentos de difusão do discurso, a generalização mercantil projetada pela empresa de comércio eletrônico viria a desfigurar a estratégia institucional anterior de publicar onde se apresentavam condições (em razão de vinculação a eventos em que participava, ou a lugares e editoras em que havia penetração de suas ideias). Esse fenômeno é perceptível porque quase todos os livros de Hespanha desde 2015 resultam dessa estratégia editorial. Por outro lado, uma segunda consequência imediata (β) foi o barateamento[ii] dos preços dos livros e o incremento

---

i   Um exemplo claro dessa estratégia é o capítulo XII da obra *Sacerdotes do direito*, que tem por título "A construção jurídica da propriedade liberal"; na epígrafe do capítulo, Hespanha (2017a, p. 415) afirma: "este texto corresponde – salvo em detalhes formais – ao que foi publicado, numa versão escolar policopiada, em 1978. Mantêmo-lo na sua versão original pelas razões que referimos na *Apresentação*".

ii   Mediante as consultas ao *site* da Amazon desde 2015, seria possível constatar que a empresa estadunidense colocara como quase preço fixo das vendas, pois a estratégia de venda da Amazon seguramente viria a facilitar a compra dos exemplares, em uma sistemática em que todas as etapas – tanto a edição quanto a diagramação, a impressão e o depósito, tudo estaria conforme uma eficaz estratégia, sem falar na versão Kindle, que facilitaria ainda mais a difusão. Talvez aqui, novamente buscando aproximar um método de inspiração na prosopografia, haveria uma resposta às dificuldades de impressão de suas obras, às diferenças de preço entre Portugal e Brasil, aos problemas de edições mal resolvidas, que o citado professor teve de enfrentar nos anos anteriores à associação com a Amazon.

Por último, cabem algumas considerações – consentindo (**c**) que sempre se fez presente um critério subjetivo por parte de Hespanha na construção de seus textos, seja em razão das demandas que recebia (palestras, circuitos, disciplinas universitárias), seja porque muitas vezes não se dava por satisfeito com seus próprios textos, fica a impressão de que nosso autor não era adepto propriamente ao empreendimento monumental da publicação de uma *opera omnia*, uma obra crítica de todos os seus textos. Nesse sentido, dois são os encaminhamentos a partir desse momento: (α) deve-se recordar que a família do professor Hespanha tem muita confiança no trabalho feito no Brasil, no carinho que os brasileiros sempre tiveram para com o professor, o que manifesta a certeza de que os brasileiros são copartícipes dessa responsabilidade de averiguar e levantar todo o conjunto das obras já publicadas. Além disso, tal responsabilidade deve estender-se igualmente a ter de elaborar uma lista daquilo que ainda não teve publicação em língua portuguesa (seja porque está naqueles textos *on-line* em Word; ou os ainda presentes no computador pessoal do professor). Pensando na necessidade também de traduzir alguns desses textos para o português (porque Hespanha elaborou textos diretamente em outras línguas), ou de encontrar as versões originais do próprio autor que porventura tenha ele feito em língua portuguesa, será preciso, com o apoio de colegas brasileiros que trabalharam diretamente com o professor Hespanha, levantar os textos, os capítulos, para que se tenha a dimensão de todo o edifício intelectual de nosso autor.

Ademais, outro aspecto (β) percebe-se a partir de comentários e conversas com colegas e discípulos de Hespanha, tanto no Brasil quanto em Portugal, algumas vezes naqueles centros em que o pensamento e o trabalho de Hespanha estão presentes, construindo história, como a

---

o valor de 25 dólares para essas obras novas. Tal política muda, dependendo do momento e da disponibilidade da obra.

Universidade Nova de Lisboa, ou a Autónoma, ou o ICS, locais estes de vinculação com Hespanha ou agora com seus discípulos portugueses. No lastro do que se comentou da procura por textos de Hespanha, daqueles que estariam inacabados, há ainda os que configuram uma universalidade de saberes na obra de Hespanha, abarcando, inclusive, matérias de política; nesse caso, busca-se a disponibilidade de publicar tais escritos, demonstrando a dimensão do "cidadão"[i] Hespanha, e não somente do autor, do pesquisador em história do direito.

Conclusão

Concluindo essa análise do autor e de sua obra, em que fizemos a problematização da proposta de reunir em um conjunto os livros finais de Hespanha, poderemos apontar que seria justificável[ii] afirmar isso tendo

---

i Nesse sentido, os discípulos que comentam isso agora já o faziam a partir da interlocução com o próprio professor, de longa data. Isso porque Hespanha sempre recordava sua trajetória de vida, marcada pela participação política em grupos e partidos desde sua juventude. Exemplo cabal dessa dimensão, que entendemos uma projeção da personalidade do autor e que influencia os discípulos, é a estratégia empregada por quatro colegas (Mafalda Soares da Cunha, Teresa Pizarro Beleza, Nuno Gonçalves Monteiro e Rita Garnel) quando elaboram e entrevistam António Manuel Hespanha. A versão impressa da entrevista está em obra coletiva já mencionada; e o interessante a ressaltar, tanto no texto quanto em contatos diretos com o autor em vida, era que Hespanha não gostava de misturar os âmbitos acadêmico e político. Por exemplo, a entrevista citada pergunta sobre a diferenciação: "De que modo a consciência política ou o empenhamento cívico-político circunscreveram, balizaram, o seu trabalho de historiador (do Direito, do poder, das instituições)?", e responde o próprio Hespanha: "Eu acho que não muito. Ou seja, nunca fiz fretes com o que escrevi a qualquer de minhas opções políticas e ideológicas. Nunca penso em como é que a minha investigação serve os meus enredos políticos. Mas, é claro, não sou esquizofrénico. Os interesses dirigem o conhecimento e, cá dentro, as coisas acabam por se acomodar [...]. Tal como a revalorização do direito que se pode notar nos meus trabalhos mais recentes corresponderá à experiência recente, muito traumatizante, de uma política sem direito e contra o direito. O paralelismo destes meus ciclos teóricos com os meus ciclos políticos não é uma simples coincidência" (HESPANHA, 2015b, p. 53).

ii Quanto a isso, deve-se recordar que a dimensão de uma existência de "projetos", os quais muitas vezes se apresentariam em textos inacabados, têm também a sua utilidade, pois em pesquisa exaustiva que pode ser feita para efeitos de um mestrado, poderiam tais projetos colaborar para a consolidação de uma dimensão mais institucional do próprio

o apoio de dois argumentos finais, que explicam o sentido de conjunto das obras, servindo de elemento para as futuras pesquisas sobre o pensamento de António Manuel Hespanha no que tange à metodologia da história e à própria história do direito.

Primeiramente, **(a)** a preocupação pessoal que tinha o próprio professor Hespanha quanto aos jovens investigadores, fato esse que era notório desde longa data e que se acentuou nos últimos anos, sendo testemunho cabal sobre isso declarações do mesmo professor e ainda testemunhos de colegas[i]. Pode-se dizer que a sensibilidade que tinha o professor Hespanha e a percepção quanto às dificuldades que a juventude vinha enfrentando (não só no Brasil) para o contato com a história, nesse novo cenário de domínio do entretenimento eletrônico, talvez pudesse reforçar a escolha pela tentativa nova de um empreendimento didático, mais orgânico, disponível na internet, a baixo custo e de fácil acesso, como acabou sendo a estratégia Amazon.

O desafio, entretanto, não se reduziria a mero expediente de divulgação de sua obra, o que poderia ter um encaminhamento distinto depois – deve-se ter em conta que **(b)** a fórmula apresentada nas obras do professor Hespanha não se resumiriam a mera coletânea de suas

---

IBHD, com base no que se poderia buscar uma definição ante esse novo cenário, em que finalmente o Instituto teria projetos comuns, de cunho institucional, porque Hespanha une a todos nós, repercutindo e incentivando a elaboração da Revista (que demanda apoio de todos nós, porque não é fácil fazer uma revista de referência). Uma pesquisa ordenada dos projetos haveria de indicar objetivos, finalidades novas, novos desafios que o professor Hespanha buscava enfrentar, como também o contato com textos antigos, abandonados pela metade, ou porque Hespanha era crítico ante seus textos, ou por outros motivos, em que nosso eixo de contato se voltasse finalmente a Portugal, nossa pátria-mãe, ou então que levássemos essas questões para a Alemanha e outros centros de referência em história do direito no circuito mundial atual, mas sem perder a referencialidade lusitana.

i Fundamental foi o testemunho feito pelo colega Christian Lynch, atual Presidente do IBHD, quando de sua visita neste mesmo ano de 2019 à casa do professor Hespanha, enquanto este estava enfrentando a situação de enfermidade. Neste *post* de Lynch, que foi relatado nas mídias sociais como uma homenagem ao autor quando de seu passamento, fica bem claro que até os últimos momentos, Hespanha demonstrava carinho para com o Brasil e preocupação com o futuro da história do direito no país. Parte de tais testemunhos e notas de pesar podem ser encontrados no *site* do Facebook do IBHD (https://www.facebook.com/IBHDbrasil/).

separatas. Fosse isso, qualquer um de seus discípulos e amigos, tendo alguma autonomia em nossas universidades, haveria de fazer – os textos têm realmente muitas versões antigas de seu pensamento, com textos de elaboração de décadas atrás, mas igualmente há inúmeros textos novos, com vigor de quem tem uma noção de conjunto e que precisa discutir, ao menos consigo mesmo, seu legado intelectual. Aqui se mostra a originalidade desse conjunto de síntese que Hespanha empreende desde o ano 2015; esses textos foram habilmente concatenados pelo autor, em sequências que somente quem tivesse um ponto de vista interno, porque teria acompanhado o professor Hespanha por anos a fio, haveria de conseguir explanar de modo cabal, ao estilo do próprio autor. Então, surge a questão do porquê de uma obra final sobre o pensamento de Hespanha, empreendimento a que todos deveremos dedicar atenção um dia, havendo articulação, como de fato já existe a partir desse momento. Contudo, quando do empreendimento de tal análise mais abrangente do pensamento do autor português, fica a proposta defendida neste trabalho de que o modo de circulação e divulgação, os critérios de editoração e de venda, em síntese, os detalhes que seriam mais próprios dessa estratégia de Hespanha na fórmula Amazon deverão ter seu lugar no momento em que se avalia o legado do historiador português.

Visualizada essa etapa da unicidade formal das últimas obras, os textos que configuram dito conjunto, buscando assim dar uma noção de ordem a eles, esperam uma análise profunda, mais atinente a cada estratégia empreendida pelo autor, conjugando os eixos temáticos e o momento em que o poder de síntese do autor se manifesta. É nesse norte que, mesmo com mistura de elementos, poderemos nos aproximar mais daquela compreensão que haveria de ter o próprio António Hespanha quando da publicação de seus últimos textos.

Referências

FONSECA, R. M. A delicada costura de um legado analítico do antigo regime à era do constitucionalismo. **Quaderni Fiorentini per la Storia del Pensiero Giuridico Moderno**, n. 47, p. 721-728, 2018.

HESPANHA, A. M. A construção jurídica da propriedade liberal. In: HESPANHA, A. M. **Sacerdotes do direito**: direito, juristas e poder social no liberalismo oitocentista. Lisboa: Amazon (AMH), 2017a. p. 415.

HESPANHA, A. M. A estatística judicial pré-contemporânea: um programa pós-positivista para a história do direito. In: HESPANHA, A. M. **Sacerdotes do direito**: direito, juristas e poder social no liberalismo oitocentista. Lisboa: Amazon (AMH), 2017b. p. 389-413.

HESPANHA, A. M. **A ordem no mundo e o saber dos juristas**: um imaginário do antigo regime europeu. Lisboa: Amazon (AMH), 2017c.

HESPANHA, A. M. Categorias: uma reflexão sobre a prática de classificar. **Análise Social**, v. XXXVIII, n. 168, p. 823-840, 2003.

HESPANHA, A. M. **Como os juristas viam o mundo (1550-1750)**: direitos, Estados, coisas, contratos, ações e crimes. Lisboa: Amazon (AMH), 2015a.

HESPANHA, A. Entrevista. In: SILVA, C. N. da; XAVIER, Â. B.; CARDIM, P. (Orgs.). **António Manuel Hespanha**: entre a história e o direito. Coimbra: Almedina, 2015b. p. 53.

HESPANHA, A. M. **Filhos da terra**: identidades mestiças nos confins da expansão portuguesa. Lisboa: Tinta da China, 2019a.

HESPANHA, A. M. **O direito democrático numa era pós-estatal**: a questão política das fontes do direito. Lisboa: Amazon (AMH), 2018.

HESPANHA, A. M. **O direito imaginado para um Estado imaginário**: mitos doutrinais e realidades institucionais do modelo constitucional do liberalismo monárquico português. Lisboa: Amazon (AMH), 2017d.

HESPANHA, A. M. **Pluralismo jurídico e direito democrático**: prospectivas do direito no séc. XXI. 4. ed. Coimbra: Almedina, 2019b.

HESPANHA, A. M. **Sacerdotes do direito**: direito, juristas e poder social no liberalismo oitocentista. Lisboa: Amazon (AMH), 2017e.

HESPANHA, A. Thirty Years of Studies on Prosopography of Portuguese Early Modern Jurists. **Rechtsgeschichte**, n. 27, p. 22-50, 2019c.

HESPANHA, A. M. **Uma monarquia constitucional**: a Constituição monárquica oitocentista. Lisboa: Amazon (AMH), 2019d.

HESPANHA, A. M. **Uma monarquia tradicional**: imagens e mecanismos da política no Portugal seiscentista. Lisboa: Amazon (AMH), 2019e.

LOPES, J. R. de L. História das ideias, das instituições e teoria do direito. In: SILVA, C. N. da; XAVIER, Â. B.; CARDIM, P. (Orgs.). **António Manuel Hespanha**: entre a história e o direito. Coimbra: Almedina, 2015. p. 199-207.

SEELAENDER, A. C.-L.; FONSECA, R. M. Exemplos, repercussões, mudanças: uma visão brasileira sobre o contributo de Hespanha à história e ao direito. In:

SILVA, C. N. da; XAVIER, Â. B.; CARDIM, P. (Orgs.). **António Manuel Hespanha**: entre a história e o direito. Coimbra: Almedina, 2015. p. 143-153.

SILVA, C. N. da; XAVIER, Â. B.; CARDIM, P. (Orgs.). **António Manuel Hespanha**: entre a história e o direito. Coimbra: Almedina, 2015.

*António Manuel Hespanha e a história
quantitativa do direito: observações
metodológicas testemunhais*

Walter Guandalini Junior

Mestre e doutor em Direito do Estado pela Universidade Federal do Paraná. Professor de História do Direito na Universidade Federal do Paraná e no Centro Universitário Internacional. Advogado na Companhia Paranaense de Energia.

1
Introdução: "de novo aos fatos"

Em setembro de 2015, foi realizado em Curitiba o VIII Congresso Brasileiro de História do Direito, organizado pelo Instituto Brasileiro de História do Direito (IBHD). O encontro tinha como tema *As Astúcias da Memória Jurídica: Métodos, Teorias e Balanços* e pretendia debater a historiografia jurídica brasileira sob o ponto de vista da teoria, da metodologia e do uso das fontes de pesquisa, avaliando as possibilidades de relações da disciplina com as demais humanidades e outras áreas do direito. A conferência de encerramento foi proferida por António Manuel Hespanha, que a intitulou "De novo aos fatos: proposta de retorno ao serial numa fase pós-positivista da historiografia jurídica"[i]. Como o próprio título já indicava, Hespanha defenderia que passássemos a nos dedicar a uma história quantitativa do direito e que empregássemos os instrumentos tecnológicos disponibilizados pela revolução dos *big data* para identificar os movimentos de conjunto, as grandes permanências e a longa duração das instituições, dos discursos e das práticas jurídicas. O texto da conferência foi posteriormente publicado, com modificações, no Capítulo X de *Sacerdotes do direito: direito, juristas e poder social no liberalismo oitocentista*, sob o título "A estatística judicial pré-contemporânea: um programa pós-positivista para a história do direito" (HESPANHA, 2017a)[ii].

A recomendação tinha um quê de disruptiva. Não somente pelo espírito tecnológico da proposta, dirigida ao público duplamente conservador de historiadores e juristas – além de pouco familiarizados, também ativamente resistentes ao emprego de novas tecnologias –, mas principalmente por sugerir a história quantitativa de um objeto até então avesso à análise numérica: o pensamento jurídico.

O próprio Hespanha (1986b, p. 17) já havia esclarecido, quase três décadas antes, a repulsa tradicional: é que os métodos de pesquisa quantitativa propostos pela Escola dos Annales se desenvolvem justamente como reação à história política com a qual a história do direito sempre se havia identificado. A ênfase combativa dos esforços de superação do factualismo positivista contribuiu para ampliar os hiatos existentes entre o novo método e o objeto tradicional, levando a que nem os historiadores dos Annales desenvolvessem interesse pelo objeto jurídico, nem os historiadores do direito se atentassem às possibilidades de pesquisa abertas pelo novo método. Comentando Hespanha, Ricardo Fonseca (2009, p. 82) enumera o "inventário das divergências": em primeiro lugar, os Annales surgem como reação à história factual e

---

i   Programação disponível no endereço eletrônico <http://congresso2015.ibhd.org.br/programacao.php>, acesso em: 10 dez. 2019.

ii   Em outro texto integrante desta coletânea Alfredo Flores (2020, p. 81) observa que o teor da palestra proferida não é exatamente o mesmo do texto apresentado. Embora não haja registro consultável da palestra, o texto parece ter incluído uma extensa descrição sobre as características do projeto de pesquisa em que Hespanha então trabalhava, intitulado "Litigiosidade do Antigo Regime" (HESPANHA, 2017a, p. 7.096), e talvez tenha excluído alguns comentários de ordem mais prática quanto aos instrumentos tecnológicos passíveis de ser empregados na pesquisa quantitativa, apresentados na palestra, se a memória não nos falha.

política centrada no Estado e no direito, usualmente reduzido à história das normas ou da doutrina; em segundo lugar, a separação teórico-jurídica entre fato e norma impossibilitaria o emprego do quantitativismo sociológico na compreensão do fenômeno jurídico; em terceiro lugar, a história do direito privilegia a curta duração, ao passo que a história quantitativa se ocupa de estruturas ou permanências de longa duração; em quarto lugar, o confinamento institucional da história do direito nas faculdades de direito dificulta a interlocução com os historiadores sociais e a renovação metodológica que dela poderia advir; em quinto lugar, a linearidade harmônica do discurso histórico-jurídico tradicional acaba limitando a abertura do historiador-jurista aos métodos quantitativos típicos das ciências sociais.

Apesar do distanciamento tradicional, em 2015, quando foi proferida a conferência, o esforço de aproximação entre história do direito e história social já não era exatamente uma novidade. O próprio Hespanha então reconhecia que a revolução paradigmática tinha ao menos 40 anos, relacionando-se às transformações ocorridas nos critérios de explicação dos atos humanos após o descentramento do sujeito e às mudanças na compreensão teórica do poder e do direito após o antiformalismo e o antiestatalismo dos anos 1970 (HESPANHA, 2017a, p. 7.073).

De fato, pelo menos desde a década de 1970, verifica-se um movimento recíproco de historiadores e juristas no sentido de buscar pontos de contato e um campo de diálogo comum entre suas disciplinas; talvez o monumento emblemático desses esforços tenha sido o Incontro di Studio Storia Sociale e Dimensione Giuridica: Strumenti di Indagine e Ipotesi di Lavoro, ocorrido em abril de 1985 em Florença, que contou com a participação de pesquisadores como Paolo Grossi, Mario Sbriccoli, Jacques Le Goff e António Hespanha. O encontro teve seus anais organizados por Grossi e publicados pela Giuffrè em 1986 (GROSSI, 1986a) e até os dias de hoje permanece uma referência teórica e metodológica para os debates acerca dos limites e da autonomia da história do direito[i].

Contudo, o esforço sincero dos congressistas em aprofundar o diálogo entre história jurídica e história social não levou, na ocasião, a uma reflexão consequente sobre a possibilidade de emprego dos métodos

---

i   Não por acaso, a última edição da *Revista Sequência*, vinculada ao Programa de Pós-Graduação em Direito da UFSC, publicou a tradução realizada por Ricardo Sontag da conferência pronunciada por Sbriccoli no congresso (SBRICCOLI, 2019).

quantitativos na pesquisa histórico-jurídica; talvez a empolgação com a *Nouvelle Histoire* capitaneada por Le Goff e a revalorização das mentalidades como objeto tenham contribuído para eclipsar as oportunidades de pesquisa quantitativa no campo jurídico, fazendo com que os debates se concentrassem no "profundo enraizamento do direito nos alicerces da civilização" (GROSSI, 1986a, p. 14), em sua caracterização "como elemento fundamental da estrutura e da vida das sociedades" (LE GOFF, 1986, p. 28) e em sua relação com "a prática cotidiana dos rústicos" (HESPANHA, 1986c, p. 326).

Mesmo Hespanha, que na referência à "história das mentalidades" da "prática cotidiana dos rústicos" elipsava a densa estrutura empírica que lhe servia de base, composta por suas pesquisas quantitativas sobre a estrutura político-administrativa de Portugal no Antigo Regime, não chegava a propor uma história que fosse simultaneamente quantitativa e jurídica, em sentido estrito; suas pesquisas aproximavam-se mais de uma "história social do direito", promovendo a quantificação de seus aspectos empíricos, mas reservando a análise teórica aos métodos qualitativos e interpretativos.

A tese de doutorado que materializou essa pesquisa (publicada em 1987 sob o título *As vésperas do Leviathan: instituições e poder político – Portugal séc. XVII*) ressaltava a importância da análise da documentação empírica massiva para o estudo das "pequenas coisas", buscando nos "dados gerais e padronizados" da pesquisa estatística fontes capazes de fornecer "molduras gerais sobre a situação social, política e administrativa" de Portugal no século XVII (HESPANHA, 1987, p. 10). O resultado foi uma ampla descrição dos poderes periféricos do reino, que permitiu a revisão da interpretação até então consagrada sobre a natureza do Estado português no século XVII, demonstrando-se que a "monarquia absolutista" portuguesa era limitada, como realidade prática e institucional, por um conjunto de autonomias corporativas e senhoriais que caracterizavam de fato uma situação de pluralismo político no antigo regime (HESPANHA, 1987, p. 760). Tratava-se ainda de uma história quantitativa que se pode chamar, na falta de palavra melhor, de *tipicamente "social"*.

Realmente, em *As vésperas do Leviathan*, os instrumentos quantitativos empregados por Hespanha não dissecam os elementos característicos do pensamento jurídico do período, mas descrevem os efeitos empíricos de sua existência social – complementados pela análise da doutrina jurídica somente quando faltassem os dados empíricos necessários. O próprio Hespanha (1987, p. 10) explica: "as lacunas da investigação conduzida no plano empírico foram colmatadas com a utilização da informação contida na literatura jurídica". Nessa perspectiva, a história jurídica e a história social são combinadas, como aliadas, para a obtenção de uma descrição mais completa e profunda dos fenômenos investigados: se a história do pensamento jurídico pode ser importante para a compreensão do "papel conformador das teorias dos juristas", é insuficiente sem a contribuição de uma história social que nos informe "acerca das razões (sociológicas) que tornam a sociedade medieval permeável a essas teorias, e que permitem ou provocam o seu enraizamento institucional" (HESPANHA, 1987, p. 11). Com isso, a distinção de métodos permanece: o pensamento jurídico continua sendo examinado pelos métodos qualitativos e interpretativos da história das mentalidades, preocupados em identificar sua "natureza aforística" e a capacidade dos juristas de acumular "ideias-força de regulação social em fórmulas concentradas e plásticas" (HESPANHA, 1987, p. 325), ao passo que a experiência social do direito é submetida aos métodos estatísticos da análise quantitativa.

Essa dualidade metodológica não é uma peculiaridade exclusiva de António Hespanha; Hall e Wright a identificam como padrão nos esforços empíricos de pesquisas jurídicas, geralmente incapazes de desenvolver métodos empíricos especificamente jurídicos:

> *Acadêmicos do direito, os tordos da academia, são grandes emprestadores de métodos acadêmicos. Nós experimentamos as ferramentas de historiadores, economistas, sociólogos, teóricos da literatura, filósofos morais e outros, geralmente com ótimos resultados. No entanto, apesar desses esforços inovadores em estudar doutrinas jurídicas e instituições através de lentes diferentes, ainda precisamos identificar nossa própria metodologia empírica. Em vez disso, os métodos empíricos jurídicos são geralmente aplicações padrão de métodos de ciência social básica a objetos de interesse (às vezes, insignificante) jurídico. Ao fazer esse tipo de trabalho, professores de direito podem usar com habilidade os trajes de cientistas sociais, mas os seus métodos não são especialmente métodos jurídicos. [...] Cientistas sociais treinados em disciplinas distintas do direito podem fazer a mesma coisa que os juristas empíricos fazem, igualmente bem ou até melhor. (HALL; WRIGHT, 2008, p. 64, tradução nossa)*

Nesse sentido, a palestra de 2015 e o texto de 2017 representam uma importante inovação metodológica: neles, Hespanha defende o uso da análise quantitativa não somente para a compreensão das dimensões práticas da realização cotidiana do direito, mas também para a análise do próprio pensamento jurídico, materializado em "corpos textuais de argumentação jurídica popular e erudita" ou em "sistemas específicos de comunicação jurídica". E o instrumento por excelência proposto para esse tipo de investigação é o método da análise de conteúdo. Nas palavras do autor:

> *Seja como for, têm sido propostos novos objetos de estudo, adequados a uma visão não formalista e não estadualista do direito – usos e rotinas sociais, processos não estaduais de composição de conflitos e litigiosidade, maneiras quotidianas de falar do direito e de o imaginar. A natureza prática e quotidiana destes objetos apontaria para uma revalorização de dados massivos que dessem conta das dimensões práticas da realização quotidiana do direito – dados seriais sobre litigiosidade, estudados com instrumentos estatísticos poderosos; corpos textuais sobre a argumentação jurídica, popular ou erudita, estudados com recurso a métodos de análise de conteúdo; indicadores massivos de práticas político-jurídicas como a atividade parlamentar – ou burocráticas; dados sobre os sistemas de comunicação jurídica – desde o movimento editorial no domínio do direito até a composição das bibliotecas jurídicas ou as modalidades de produção documental. (HESPANHA, 2019, p. 7.093)*

O emprego do método de análise de conteúdo para a investigação "massiva" de corpos textuais de argumentação jurídica popular e erudita abre um imenso novo campo de pesquisa histórico-jurídica, que permite a análise estatística de um aspecto do fenômeno jurídico até então impermeável aos métodos quantitativos: o pensamento jurídico. O método permite superar a dicotomia tradicional entre uma história (qualitativa e interpretativa) do pensamento jurídico e uma história (quantitativa e empírica) social do direito, combinando métodos quantitativos e qualitativos para a análise do direito em sua encarnação mais etérea – e talvez por isso, mais tipicamente jurídica: a reflexão abstrata sobre a ordenação simbólica e normativa da vida social[i].

---

i   Hall e Wright (2008, p. 64) argumentam no mesmo sentido, sugerindo que a análise de conteúdo pode formar a base para uma metodologia empírica especificamente jurídica.

A sugestão de Hespanha não era vazia ou inconsequente; formalizava esforços de pesquisa que já duravam alguns anos e propunha a adoção de métodos de investigação previamente testados e aprovados pelo autor. Cinco anos antes, Hespanha já havia publicado nos *Quaderni Fiorentini* seu ensaio de pesquisa quantitativa sobre o modo como as doutrinas jurídicas portuguesa e brasileira do século XIX abordavam a motivação das decisões judiciais[i]. Nele, empregava o método de análise de conteúdo para examinar as fontes jurídicas citadas por juristas portugueses e brasileiros em suas argumentações, buscando identificar qual era, segundo a doutrina, o direito efetivamente aplicado após a promulgação das primeiras constituições nos dois países (HESPANHA, 2010, p. 111). À época, o autor pretendia fazer o mesmo para a análise da jurisprudência do período, o que dependia da obtenção de corpos textuais adequados à pesquisa (HESPANHA, 2010, p. 112).

Esses corpos textuais foram finalmente obtidos em 2016 e consistiam nas coletâneas de acórdãos dirigidas por Barros Corte Real e Cardoso Castello Branco para Portugal (1859-1884) e Manuel da Silva Mafra para o Brasil (1867). Com base nessas decisões, o grupo de pesquisa liderado por Hespanha no Programa de Mestrado do Centro Universitário Internacional Uninter deu continuidade ao projeto iniciado em 2010, realizando a pesquisa intitulada "Análise textual da estrutura, legibilidade e fundamentação doutrinal e normativa de textos judiciais brasileiros e portugueses: um contributo para a análise da justiça de última instância, a partir do estudo de uma série de decisões dos STJ brasileiro e português"[ii]. Tendo ingressado como docente do programa em 2017, e graças à generosidade de Hespanha, tive a oportunidade de trabalhar com ele sobre os dados coletados até poucos dias antes de seu falecimento, e o resultado das pesquisas foi publicado sob a forma de artigo (HESPANHA; GUANDALINI JUNIOR, 2020).

Como se vê, na última década de sua vida, Hespanha realmente "retornava aos fatos", mas retornava aos fatos de outro jeito: não mais os fatos empíricos da realidade social do direito, mas os fatos simbólicos das mentalidades ordenadoras da vida social. As "observações metodológicas testemunhais" que apresento neste trabalho são o resultado

---

i   O estudo também foi posteriormente republicado, com modificações, em *Sacerdotes do direito* (HESPANHA, 2017b).

ii   O projeto foi desenvolvido com o trabalho dos então mestrandos, hoje já mestres, Antônio Marcos Quinupa, Bernardo Bechtlufft, Eduardo Mazarotto, Lívia Teixeira, Luana Rosa, Marta Savi, Sandra Barwinski, Thaís Brodbeck, Tiemi Saito e Vanessa Fransozi.

desse convívio e do aprendizado que tive ao observar sua prática de pesquisa e um esforço de formalização das características e dos problemas desse "novo jeito" de retornar aos fatos na "fase pós-positivista da histórica jurídica". Afinal, a novidade do método exige um esforço de estruturação de técnicas e princípios metodológicos que possam ser tomados como pontos de partida de pesquisas semelhantes, e a experiência de pesquisa de Hespanha pode fornecer uma base teórico-metodológica sólida a jus-historiadores que desejem seguir seu caminho. Como apontam Hall e Wright (2008, p. 75):

> *Juristas que empregam a análise de conteúdo geralmente descrevem os seus passos em lentidão excruciante, de uma maneira que os cientistas sociais veriam como absurda. Os artigos publicados comumente se aproximam ou excedem cem páginas, laboriosamente detalhando como o autor desenvolveu suas técnicas e resolveu dilemas. Outros observam que isso resultou em uma "área acadêmica confusa, com poucas normas claras ou padrões para guiar os pesquisadores". A profusão de técnicas de pesquisa "faça-você-mesmo" aponta para a necessidade de princípios metodológicos que juristas possam compartilhar, aprender, refinar e citar brevemente.*

Passemos, então, ao exame desses princípios iniciando pela compreensão do método de análise de conteúdo utilizado por Hespanha.

2
O método da análise de conteúdo

O *método da análise de conteúdo* é definido por Klaus Krippendorff (2013, p. 39, tradução nossa) como "uma técnica de pesquisa empregada na produção de inferências válidas e replicáveis construídas a partir de textos (ou outro material significativo) para a compreensão dos contextos do seu uso". Como explica o autor, o método permite uma análise quantitativa de textos e informação que não os trate somente como "eventos físicos", mas como significados dirigidos à interpretação e à ação de outras pessoas, o que permite levar a sério o caráter essencialmente comunicativo da vida social humana (KRIPPENDORFF, 2013, p. 16). O método tem algumas vantagens em relação às outras formas de análise quantitativa de discursos (como o questionário, a observação e a entrevista), decorrentes especialmente do fato de se tratar de uma técnica "não intrusiva", na medida em que não depende da intervenção do pesquisador ou de uma estruturação racional dos significados comunicados previamente à sua coleta e análise pelo pesquisador. Pelo contrário, ele permite a análise de informação relativamente não estruturada em face dos significados, quantidades simbólicas e conteúdos expressivos transmitidos, bem como das funções comunicativas que tais discursos desempenham espontaneamente nas vidas das fontes de informação (KRIPPENDORFF, 2013, p. 64). Como explica Krippendorff (2013, p. 66), seus principais objetivos são: descrever características manifestas da comunicação; fazer inferências quanto aos antecedentes da comunicação; fazer inferências quanto às consequências da comunicação.

A abertura de possibilidades gerada pelo método o torna uma ferramenta especialmente valiosa para a pesquisa histórica, na qual o acesso aos significados comunicados é inevitavelmente indireto em razão da impossibilidade fática de intervenção do pesquisador no processo de coleta e de estruturação dos significados comunicados. Além disso, permite filtrar a subjetividade dos próprios objetos de pesquisa, superando a autocompreensão que tendem a ter de seus próprios discursos para encontrar, nas características manifestas da comunicação, os elementos que objetivamente os definem.

Era justamente essa a principal preocupação de Hespanha ao empregar o método em suas pesquisas: estabelecer processos de controle das percepções subjetivas que os doutrinadores objeto de seu estudo tivessem sobre seus próprios trabalhos. Buscando identificar as principais "razões de decidir" mobilizadas pelas doutrinas portuguesa e brasileira no século XIX, o autor pretendia superar a imagem que os juristas tinham das fontes jurídicas que utilizavam para encontrar, na objetividade da pesquisa empírica, uma percepção mais próxima da realidade factual quanto à sua valoração e hierarquização. Em suas palavras:

> *É justamente esta percepção subjetiva que deve ser hoje controlada por processos que, com todos os défices que possam ter, nos informem sobre o que os próprios textos, eles mesmos, nos transmitem. Um destes métodos é o da análise de conteúdo que, tomando o próprio texto e prescindindo das intenções dos autores ou dos enviesamentos da leitura, extrai a informação bruta que o texto nos pode dar. (HESPANHA, 2010, p. 110)*

Embora a análise de conteúdo se tenha tornado cada vez mais corrente na história geral (GUSTAFSON, 1998), e em textos jurídicos o método se tenha proliferado com mais força a partir dos anos 1990 (HALL; WRIGHT, 2008, p. 70), ainda é rara sua aplicação à história do direito (HESPANHA, 2010, p. 111), que tem preferido valorizar métodos qualitativos e interpretativos da história das mentalidades ou os instrumentos tradicionais da história social. Nesse contexto, o campo de pesquisa permanece vasto; afinal, ainda que a história social possa empregar seus métodos para estudar questões "relacionadas" ao direito, como suas causas e seus efeitos externos, ou a realidade empírica das práticas e instituições jurídicas, a análise de conteúdo permite, como explicam Hall e Wright (2008, p. 64), a compreensão científica do discurso jurídico em seus próprios termos tal como encontrado em decisões judiciais, textos doutrinários ou outros discursos de natureza jurídica (ou seja, preservando o caráter jurídico, simbólico-normativo, da pesquisa histórico-jurídica), ao mesmo tempo em que lhe assegura uma base empírica de repetibilidade e falseabilidade que costuma faltar à ciência jurídica interpretativa.

É claro que essas qualidades dependem também da qualidade da fase de preparação da pesquisa, usualmente dividida em três etapas: a seleção dos casos, a codificação dos casos e a análise dos resultados, geralmente por métodos estatísticos (HALL; WRIGHT, 2008, p. 79). A primeira etapa consiste no trabalho de seleção dos casos que serão submetidos à análise de conteúdo. Se o método interpretativo permite ao jurista que simplesmente selecione os casos mais úteis à demonstração de sua tese, a análise de conteúdo exige não só a definição explícita dos critérios de seleção (condição de sua replicabilidade), mas também sua justificação teórica (condição de sua validade explicativa). Diante da necessidade de justificação, é sempre mais simples que os casos selecionados compreendam a totalidade do universo objeto da pesquisa, mas nem sempre isso é possível; quando a quantidade de casos disponíveis exige sua restrição para a pesquisa, é necessário empregar algum critério racional que assegure a representatividade da amostra, o que pode ser assegurado, por exemplo, por técnicas estatísticas de seleção (KRIPPENDORFF, 2013, p. 100).

A segunda etapa consiste em estabelecer critérios de codificação das informações coletadas na análise de conteúdo, conforme a questão de pesquisa proposta ao objeto empírico examinado (HALL; WRIGHT, 2008, p. 80). Segundo Krippendorff (2013, p. 101), a codificação incrementa a objetividade da análise, na medida em que reduz a distância entre a informação objetiva do texto e a compreensão subjetiva de seu intérprete. É claro que a completa eliminação da subjetividade da interpretação é impossível, na medida em que os próprios critérios de codificação são também resultado da interpretação subjetiva do pesquisador – especialmente nas pesquisas que não possam contar com um consenso científico previamente estabelecido quanto às formas aceitas de codificação das informações obtidas[i]. Nesses casos, recomenda-se uma atenção especial à justificação, inevitavelmente teórica e interpretativa, dos critérios de codificação da amostra selecionada.

Por fim, a terceira etapa é a análise propriamente dita do material selecionado. As informações obtidas pela análise de conteúdo devem ser traduzidas de acordo com o código previamente estabelecido e tabuladas em uma planilha que permita exercícios de quantificação e comparação ou cálculos estatísticos. É claro que esses exercícios de quantificação não elidem a necessidade de interpretação qualitativa dos dados obtidos, que permitirá a extração de inferências e o teste empírico das hipóteses teóricas formuladas (HALL; WRIGHT, 2008, p. 83). Como explica Krippendorff (2013, p. 101), a inferência abdutiva permite mover a análise para além dos dados coletados, superando a mera descrição dos textos em prol de uma compreensão de seu significado no contexto específico em que circulam. Essas inferências podem ser formalizadas em um texto narrativo, que empregue os recursos teóricos disponíveis para explicar o significado dos textos coletados.

Como se vê, a proposta é extremamente interessante para a pesquisa preocupada em compreender o direito como fenômeno empírico, mas que não deseja abrir mão de seu caráter especificamente jurídico. Como argumenta Hespanha, ao transformar os discursos em dados quantificáveis, permite superar a subjetividade dos métodos interpretativos, que, além de tenderem a selecionar os textos aptos a comprovar a hipótese levantada, ainda conduzem ao inevitável elitismo dos grandes autores, das grandes obras e dos grandes textos legislativos. A pesquisa quantitativa de massa, ao contrário, constrói indicadores e coeficientes globais com base nos quais se torna possível avaliar a real significância do caso exemplar (regra ou exceção?), além de incluir na análise os níveis discursivos e de regulação das camadas inferiores e populações anônimas – considerando-se a produção literária dos juristas como uma rede quase anônima de textos, produtores e leitores (HESPANHA, 2017a, p. 7.514).

---

i   É o caso, por exemplo, da codificação *realidade*, empregada para a análise do discurso jurídico administrativo brasileiro do século XIX em: GUANDALINI JUNIOR, 2019, p. 22.

Além disso, na perspectiva diacrônica da análise histórica os resultados quantitativos da análise de conteúdo podem ser um poderoso instrumento na identificação de macrorrupturas da cultura jurídica, tanto com relação aos comportamentos empíricos das populações quanto no que se refere aos discursos eruditos e populares produzidos sobre o fenômeno jurídico.

É claro que nenhum método de pesquisa é perfeito e a análise de conteúdo tem suas limitações. Em primeiro lugar, como qualquer método de pesquisa que dependa da coleta de uma imensa quantidade de dados, também a análise de conteúdo é onerosa em termos de tempo e dinheiro. No caso das pesquisas histórico-jurídicas, a onerosidade é acrescida pelo fato de que os bancos de dados nunca estão amplamente disponíveis e, ou devem ser construídos pelo historiador, ou são elaborados por instituições que não costumam ter o mesmo interesse dos historiadores (tribunais, parlamentos etc.), o que faz com que sejam estruturados com base critérios de seleção e tratamento pouco claros, pouco flexíveis quanto às possibilidades de parametrização e pouco compatíveis com as preocupações tipicamente historiográficas. Isso faz com que projetos ambiciosos e de longa duração geralmente tomem muito tempo, o que contraria a estratégia produtivista de financiamento da pesquisa científica contemporânea (HESPANHA, 2017a, p. 7.514). O trabalho é dificultado também pelo fato de as fontes de pesquisa histórico-jurídica geralmente não serem digitalizadas, o que dificulta a elaboração de tabulação informatizada, pois demanda uma fase prévia de digitalização dos casos selecionados para possibilitar seu tratamento com instrumentos de computação. Mesmo a digitalização nem sempre é suficiente, pois a transformação dos documentos em imagem muitas vezes é incompatível com a leitura automática por *softwares* de análise de conteúdo e acaba demandando a leitura pessoal, muito mais lenta e sujeita a erros, do próprio pesquisador na produção dos bancos de dados. Por fim, a análise de conteúdo permanece dependente dos métodos interpretativos da análise qualitativa, necessários para a delimitação do universo de pesquisa, para a codificação dos dados coletados, para a propositura das questões de pesquisa, para a interpretação do significado dos dados coletados e para sua contextualização teórica em um período histórico determinado.

Apontadas essas limitações teóricas do próprio método, passemos à avaliação dos dilemas práticos da pesquisa em análise de conteúdo com base no exemplo das pesquisas conduzidas por Hespanha.

3
Observações metodológicas testemunhais

Ao colaborar, entre 2017 e 2019, como coordenador do projeto de pesquisa liderado por Hespanha no Centro Universitário Internacional Uninter, observei algumas dificuldades metodológicas de ordem prática que tiveram de ser enfrentadas durante o desenvolvimento. Apesar da distância[i], Hespanha manteve-se presente durante todo o processo de coleta, tabulação e análise de dados, auxiliando na identificação de obstáculos e na descoberta de soluções que, embora não tenham chegado a ser formalizadas no relatório final da pesquisa, constituem-se em orientações valiosas a quem pretenda aventurar-se no mundo da pesquisa quantitativa pelo método da análise de conteúdo. Considerei pertinente concluir este breve estudo com a avaliação de algumas dessas questões e orientações.

Uma das primeiras decisões a serem tomadas pelo pesquisador que pretenda empregar o método de análise de conteúdo diz respeito ao caráter individual ou coletivo da empreitada: trabalhar sozinho ou em grupo? Durante a execução do projeto "Análise textual da estrutura, legibilidade e fundamentação doutrinal e normativa de textos judiciais brasileiros e portugueses...", tivemos as duas experiências e pudemos avaliar comparativamente os benefícios e prejuízos de cada uma delas. Na primeira fase do projeto, optamos pelo trabalho coletivo: dois professores coordenaram as atividades de oito pesquisadores de mestrado, que realizaram a coleta preliminar dos dados que viriam a ser examinados posteriormente. Embora se tratasse de estudantes em nível de pós-graduação, somente dois deles tinham alguma experiência prévia com a pesquisa empírica e historiográfica, o que exigiu um nivelamento teórico preliminar. Nessas condições, a estruturação e a organização das atividades exigem sempre um trabalho um pouco maior e mais formalizado, e a grande quantidade de envolvidos impossibilita o improviso e restringe a flexibilidade de eventuais ajustes que se façam necessários nos caminhos da pesquisa. A execução tende a ser rápida: os oito pesquisadores levaram aproximadamente dois meses para tabular todos os dados coletados. Hall e Wright (2008, p. 110) observam que a separação entre as atividades de codificação e interpretação gera resultados mais rigorosos, pois evita que as hipóteses

---

i   Hespanha liderava o projeto de Lisboa, realizando reuniões presenciais semestrais com os integrantes do projeto de pesquisa, tendo delegado a mim a responsabilidade por coordená-lo presencialmente.

preliminares do intérprete afetem o resultado da codificação. Em contrapartida, o trabalho em grupo exige um grau mais elevado de disciplina em comparação com o trabalho individual: o próprio Hespanha as enumerava no relatório que sintetizava os resultados da pesquisa para o acompanhamento administrativo pelo PPGD Uninter e avaliava negativamente os estudantes pela "falta de atitudes indispensáveis para o trabalho em grupo", como recorrer ao auxílio dos outros, estabelecer protocolos comuns e cumprir prazos, sobretudo no caso em que isso condiciona o trabalho dos outros (HESPANHA; GUANDALINI JUNIOR, 2018, p. 31).

Além disso, a falta de nivelamento teórico entre os pesquisadores, que tinham graus variados de formação teórica e experiência prática com a pesquisa empírica e em história do direito, também gerou dificuldades. Hespanha novamente criticava o "amadorismo e a falta de empenho" dos pesquisadores, apontando falta de rigor na descrição e no registro, decorrentes do habitual descuido dos trabalhos jurídicos, inaceitável na pesquisa de dados. Observava ainda a dificuldade dos pesquisadores em elaborar resumos das decisões atendo-se rigorosamente ao conteúdo das fontes e à observação dos códigos de registro dos dados, bem como à falta de preparação da formação especificamente jurídica para o emprego de ferramentas de análise automatizada de dados – mesmo as mais simples, como o Excel (HESPANHA; GUANDALINI JUNIOR, 2018, p. 31)[i].

Nessas condições, Hespanha não se sentia seguro quanto à qualidade dos dados coletados e, por isso, evitou sua publicação[ii]. A circunstância exigiu uma revisão completa dos dados obtidos, realizada na segunda fase de execução do projeto, individualmente por mim. É claro que nessas condições o trabalho foi mais lento: aproximadamente seis meses para a completa revisão dos dados. No entanto, a realização do trabalho por apenas uma pessoa reduz as divergências de interpretação e codificação dos dados, aumentando a confiabilidade do resultado final – sem eliminá-las completamente, pois pode haver variações de interpretação em razão da grande quantidade de tempo decorrido entre

---

i   As críticas de Hespanha refletem as percepções usuais de quem emprega o método. Hall e Wright (2008, p. 111) observam que inúmeros pesquisadores enfatizaram a surpreendente quantidade de erros cometidos por estudantes, mesmo quando se tratava de critérios simples e objetivos como datas.

ii   Hall e Wright (2008, p. 112) sugerem também, para evitar esse problema, a condução de testes estatísticos de confiabilidade nos resultados obtidos.

a primeira e a última coleta realizada. Além disso, o trabalho individual permite maior flexibilidade de ajuste nos parâmetros de codificação: o contato direto com as fontes contribui para a identificação de eventuais imprecisões ou inadequações nos critérios de codificação inicialmente adotados, e o trabalho individual facilita seu ajuste durante a realização da pesquisa – sem a necessidade de reuniões prévias de nivelamento ou risco de afetar a codificação realizada por outros membros da equipe. Apesar dessas vantagens, o trabalho individual pode tornar-se inviável diante de bancos de dados muito grandes, ou para pesquisas de longa duração, o que reduz os benefícios da pesquisa quantitativa e aproxima seus resultados daqueles obtidos pela pesquisa interpretativa tradicional.

Uma maneira de resolver esse problema é apontada por Hall e Wright (2008, p. 117), que sugerem o emprego de formas completamente mecânicas de codificação, por meio de *softwares* de contagem de palavras. Embora se trate de um instrumento útil para lidar com grandes quantidades de dados, ele também tem duas limitações importantes: exige o tratamento prévio das fontes para tornar suas informações acessíveis ao programa (aqueles atualmente existentes têm grandes limitações para a análise de imagens não transformadas em texto) e dificulta a análise contextual, restringindo a possibilidade de compreensão interpretativa dos dados obtidos. Como afirma Hespanha (2010, p. 110), "a simples contagem ou frequência de palavras é, naturalmente, muito menos informativa e muito mais sujeita a equívocos do que a contextualização de palavras-chave", pois impossibilita a reconstrução de "estruturas semânticas e conceituais complexas de textos". Tais limitações apenas podem ser superadas pelo contato humano direto com as fontes, individual ou por equipes. Somente a interpretação humana subjetiva é capaz de contextualizar adequadamente os dados obtidos, identificando ocorrências positivas ou negativas, citações contraexemplares, repetições estilísticas que não refletem a valoração do tema[i] e mesmo o uso irônico ou sarcástico da linguagem. Ainda assim, a codificação automatizada pode ser uma forma de evitar as irregularidades do trabalho em equipe sem inviabilizar a pesquisa com a necessidade de análise individual das fontes.

De qualquer modo, a opção pelo trabalho em equipe exige, como requisito básico, algum trabalho preliminar de nivelamento teórico e metodológico entre os pesquisadores. Todos devem partir de quadros

---

i   Por exemplo em citações de dispositivos legais quando comparados com citações doutrinárias. Ver: GUANDALINI JUNIOR, 2019.

teóricos semelhantes quanto à natureza do direito, à compreensão do período histórico estudado e às características a que se deve atentar para a adequada interpretação das fontes analisadas. Todos devem também dominar os fundamentos da metodologia empregada, tanto no que se refere às cautelas a serem adotadas no emprego dos instrumentos quanto no que diz respeito à fluência nos critérios de interpretação das fontes, classificação e codificação dos dados coletados. Esse trabalho é especialmente importante quando se trata de pesquisadores provenientes de uma formação caracteristicamente jurídica, pouco afeita à pesquisa de dados e mais voltada à especulação que à descrição de fenômenos empíricos – Hespanha também enfatizava isso em seu relatório de pesquisa (HESPANHA; GUANDALINI JUNIOR, 2018, p. 31). Embora essa "fluência" no vocabulário teórico e metodológico seja também necessária ao pesquisador que trabalhe individualmente, nesse caso, eventuais incompreensões são menos graves, pois não afetam a regularidade da codificação durante a pesquisa: uma possível falha de classificação repete-se ao longo de todo o trabalho e pode ser facilmente corrigida por ajustes interpretativos ou identificada em avaliações realizadas por outros pesquisadores. Mais difícil é quando ocorre variação de critérios decorrente de divergências de interpretação e classificação entre as diversas partes do mesmo trabalho, impossível de ser corrigida a não ser mediante a reanálise dos dados primários – como ocorreu no caso concreto do projeto "Análise textual da estrutura, legibilidade e fundamentação doutrinal e normativa de textos judiciais brasileiros e portugueses…".

Aliás, outra decisão importante a ser tomada na organização de um projeto de pesquisa como esse refere-se à quantidade de tempo e esforço a serem dedicados ao trabalho de nivelamento teórico preliminar. Confesso ter-me espantado com a velocidade com que Hespanha passou, durante a organização do projeto de pesquisa, à coleta e à codificação dos dados. Após uma ou duas reuniões de nivelamento e a indicação de meia dúzia de textos teóricos e metodológicos relativos à atuação do STJ no império, ao recurso de revista e ao método de análise de conteúdo, Hespanha já determinou aos estudantes que passassem à análise dos dados pela leitura e classificação das decisões selecionadas para a pesquisa. Talvez a pressa tenha sido prejudicial, na medida em que os pesquisadores, em sua maioria iniciantes, não foram capazes de construir um banco de dados coerente o suficiente para a análise; apesar disso, o modelo de pesquisa empírica proposto pelo método da análise de conteúdo de fato exige do pesquisador que se dirija primordialmente aos fatos, empregando a teoria somente como quadro geral no interior do qual eles deverão ser interpretados.

É comum, especialmente aos pesquisadores com formação originalmente jurídica, um excesso de zelo com a fase teórica da pesquisa e uma preocupação excessiva com a compreensão das teorias, o domínio do estado da arte e a problematização dos instrumentos metodológicos a serem empregados; é claro que tudo isso é importante, mas de nada vale o desenho completo do quadro teórico sem qualquer informação empírica relevante que contribua para a maior compreensão do objeto de pesquisa. Se é preciso escolher (e sempre é preciso escolher), é mais prudente preservar os dados e sacrificar a teoria que fazer o contrário. Mesmo para iniciantes, até porque a pesquisa científica é uma daquelas atividades que só se aprende praticando.

Avaliamos, anteriormente, a forma de coleta dos dados comparando as vantagens e as desvantagens da pesquisa coletiva, da pesquisa individual e dos meios de coleta automática por programas computacionais. Consideramos elementos como a agilidade e a padronização das informações coletadas, mas deixamos de avaliar um elemento que também deve ser considerado quando se toma essa decisão: a possibilidade de contato direto com as fontes. Não há solução para o fato de que a colocação de intermediários entre as fontes em estado bruto e seu intérprete faz inevitavelmente com que o acesso do intérprete aos fatos seja um acesso de segunda mão. Mesmo que os "coletores de dados" consigam desempenhar com perfeição seu trabalho, o pesquisador responsável por interpretá-los sempre será obrigado a lidar predominantemente com números – ou seja, com uma transcrição simplificada da realidade que pretende observar. Isso faz com que o resultado da pesquisa seja predeterminado pelos critérios de codificação da informação definidos no início das investigações, e não há possibilidade de revisão desses critérios para sua melhor adequação às descobertas decorrentes do contato direto com as fontes. Mesmo assistentes de pesquisa atentos e capazes poderão falhar nessa identificação na medida em que, por ter seu contato limitado a parcelas restritas do universo de pesquisa, podem deixar de perceber as tendências gerais somente observáveis no contato com os grandes números. De fato, apenas quando o pesquisador entra em contato direto com os dados em estado bruto e com o universo de pesquisa em sua integralidade torna-se possível o *"insight* dos grandes números" – aquela percepção abstrata, e em alguma medida inconsciente, de que há tendências e regularidades merecedoras de atenção. O mesmo vale para a descoberta de casos específicos – peculiares, exemplares, contraintuitivos – que só podem ter sua natureza adequadamente identificada pelo confronto com o universo geral de casos em que se enquadram.

A própria delimitação dos casos que comporão o universo da pesquisa exige também alguma reflexão. É comum que não seja factível observar a totalidade do objeto pesquisado, o que pode exigir a construção de algum critério racional de seleção representativa ou aleatória de casos. Hall e Wright (2008, p. 102) sugerem o emprego de procedimentos como a amostragem aleatória (que pode, inclusive, ser realizada por computador), a amostragem sistemática (por critérios arbitrários de seleção randômica – ex.: um a cada cinco), a amostragem por cotas (por critérios racionais de delimitação do objeto – ex.: somente o ano X), ou a amostragem por seleção qualitativa (textos mais relevantes, de mais qualidade, etc.). Critérios de representatividade estatística também podem ser empregados. O mais comum é que haja uma combinação de todos esses métodos; seja como for, o fundamental é que haja alguma racionalidade no critério de seleção dos casos e que essa racionalidade seja explicitada para o posterior controle científico dos resultados.

Resolvido o problema da seleção dos dados, faz-se necessária outra decisão importante quanto à definição das categorias de interpretação da realidade. Este é talvez o aspecto mais delicado do trabalho de preparação metodológica: ele exige, em primeiro lugar, uma pré-compreensão do universo de fontes que será examinado, pois as categorias correspondem a uma grelha de análise que deve, obrigatoriamente, antecipar as características que se pretende encontrar na realidade a ser examinada. Justamente por esse motivo, é muito comum que essas categorias tenham de ser revistas durante a realização da pesquisa, quando se verifica que alguns dos elementos pressupostos não são encontrados nas fontes ou que há elementos não previstos originalmente que se tenham mostrado relevantes. Outro problema diz respeito ao grau de generalidade ou especificidade das categorias: categorias excessivamente genéricas podem impedir a observação de divergências e peculiaridades em seu interior; categorias excessivamente específicas podem inviabilizar a abstração e a comparação, levando à elaboração de um mapa do tamanho do reino da China – conforme a conhecida metáfora de Borges (1982). Uma solução arguta pode ser o emprego simultâneo de categorias gerais e subcategorias, para que, ao final da pesquisa, possa-se avaliar a forma mais adequada de análise dos dados obtidos; Hall e Wright (2008, p. 108) o recomendam explicando que a adoção de categorias mais detalhadas permite que o pesquisador teste diferentes esquemas de categorização durante o exame dos dados obtidos. De uma forma ou de outra, é importante que as categorias sejam mutuamente exclusivas, sob pena de se sobreporem e causarem dificuldades no momento da tabulação e da análise dos dados. Além disso, as categorias devem ser compatíveis com a questão de pesquisa proposta e com a hipótese de pesquisa levantada; deve-se avaliar se as categorias apresentadas são adequadas à produção das informações que se deseja obter como resultado da pesquisa. Após serem definidas, devem ser formalizadas em um "manual de instruções", que pode servir para a consulta posterior em caso de pesquisa individual, para a nivelação de informações em caso de pesquisa coletiva e para a replicabilidade do estudo em todos os casos. A adoção de formulários com respostas predeterminadas pode contribuir para a redução de erros, mas também limitar a flexibilidade de interpretação dos dados.

Por fim, uma última observação metodológica para a análise de conteúdo, pertinente especialmente para os trabalhos historiográficos, refere-se à valorização do movimento diacrônico na análise dos dados coletados. Se a análise sincrônica pode contribuir para uma fotografia geral do período estudado, permitindo a construção de interpretações gerais a partir dos grandes números coletados, é sempre prudente não esquecer de adotar uma marcação de data no momento da tabulação para viabilizar a identificação de tendências históricas, movimentos de conjunto, rupturas e periodizações nos dados coletados.

De qualquer forma, não há um manual de instruções para a resolução de todas as dificuldades práticas que podem surgir durante a pesquisa. As recomendações aqui indicadas são apenas sugestões que antecipam possíveis problemas e indicam caminhos de solução, contribuindo para economizar o tempo do pesquisador interessado em aplicar o método da análise de conteúdo, mas insuficientes para prepará-lo para todos os obstáculos que se apresentarão durante a realização da pesquisa empírica. O método de análise de conteúdo, como todo método de pesquisa, é apenas uma bússola: ele diz mais ou menos em que direção caminhar; mas o caminho a ser tomado e os obstáculos a serem superados deverão ser descobertos durante a própria jornada.

Conclusões

O "retorno aos fatos" proposto por Hespanha abre um novo campo de investigações para a pesquisa em história do direito. O emprego do método de análise de conteúdo permite superar as dicotomias tradicionais da área, encontradas, inclusive, em seus trabalhos de juventude, entre o uso de métodos quantitativos para a descrição do direito como fenômeno social e o uso de métodos interpretativos para a compreensão de suas dimensões simbólica e normativa. A análise de conteúdo abre a possibilidade de pesquisas quantitativas acerca do direito em sua dimensão abstrata, como discurso normativo para a ordenação simbólica da realidade social. Dessa forma, tem o potencial de se caracterizar como o método de pesquisa jurídica empírica por excelência, a ser empregado pelos juristas para a compreensão do direito em seus próprios termos.

Apesar de recente, a proposta de Hespanha já tem encontrado ecos em outras pesquisas histórico-jurídicas. O próprio Hespanha mencionava que as ferramentas por ele desenvolvidas, inicialmente para emprego no projeto de pesquisa intitulado "Análise textual da estrutura, legibilidade e fundamentação doutrinal e normativa de textos judiciais portugueses. Um contributo para o aperfeiçoamento da justiça", aprovado e financiado em 2009, mas não iniciado por motivos pessoais, foram posteriormente empregadas por Sidney Machado para a análise de decisões no âmbito do direito do trabalho e por Andrea Slemian (2017) para seus estudos sobre a motivação das sentenças do STJ brasileiro (HESPANHA; GUANDALINI JUNIOR, 2019, p. 21).

O método também foi utilizado em minhas pesquisas sobre a história do direito administrativo, para a análise das fontes do direito administrativo na doutrina brasileira do século XIX (GUANDALINI JUNIOR, 2019). Os resultados foram muito interessantes e abriram um novo *front* de investigações nesse projeto de pesquisa: o próximo passo, um pouco mais desafiador em termos metodológicos, será empregar a análise de conteúdo para identificar os principais temas do direito administrativo no período. Também tenho recomendado enfaticamente a metodologia a pesquisadores iniciantes em história do direito, pois ela não exige tanto conhecimento teórico prévio para a produção de resultados inovadores, sendo especialmente útil para o tempo limitado das pesquisas de mestrado (24 meses para a conclusão do trabalho). É o caso da pesquisa de Jean Carlos Martins Rodrigues sobre a fé pública atribuída aos agentes de segurança púbica pelo Tribunal de Justiça de Santa Catarina durante os anos finais da ditadura militar e da pesquisa de Lívia Solana Pfuetzenreiter de Lima Teixeira sobre as fontes do direito administrativo na doutrina brasileira do século XX – ambas em andamento.

Tudo indica que continuaremos colhendo por muitos anos os frutos das sementes plantadas em terra boa por António Manuel Hespanha – que mesmo em seus últimos anos de vida, já adoentado, continuava não só realizando pesquisas de ponta, mas também desenvolvendo novos métodos, abrindo campos de pesquisa originais e influenciando os trabalhos de pesquisadores jovens e experientes. Essa é a marca do bom semeador, essa é a marca do grande mestre.

Referências

BARROS CORTE REAL, A. X.; CARDOSO CASTELLO BRANCO, J. M. (Dir.). **Collecção dos accordaos que contêem materia legislativa proferidos pelo Supremo Tribunal de Justiça desde a epocha da sua instalação**. Lisboa: Imprensa Nacional, 1895-1884.

BORGES, J. L. Sobre o rigor na ciência. In: BORGES, J. L. **História universal da infâmia**. Tradução de Flávio José Cardozo. Porto Alegre: Globo, 1982.

FLORES, A. de J. As perspectivas editoriais das últimas publicações de António Manuel Hespanha segundo o método da história do livro, *in: Estudos de história e historiografia do direito em homenagem ao professor António Manuel Hespanha* (André Peixoto de Souza, org.). Curitiba: Marcial Pons e Intersaberes, 2020, p. 73-91.

FONSECA, R. M. **Introdução teórica à história do direito**. Curitiba: Juruá, 2009.

GROSSI, P. **Storia sociale e dimensione giuridica**: strumenti d'indagine e ipotesi di lavoro (a cura di Paolo Grossi). Milano: Giuffrè, 1986a.

GROSSI, P. Storia sociale e dimensione giuridica. In: GROSSI, P. **Storia sociale e dimensione giuridica**: strumenti d'indagine e ipotesi di lavoro (a cura di Paolo Grossi). Milano: Giuffrè, 1986b. p. 5-19.

GUANDALINI JUNIOR, W. **Raízes históricas do direito administrativo brasileiro**: fontes do direito administrativo na doutrina brasileira do século XIX (1857-1884). Curitiba: Appris, 2019.

GUSTAFSON, W. N. Content Analysis in the History Class. **The Social Studies**, London: Routledge, v. 89, n. 1, p. 39-44, 1998.

HALL, M. A.; WRIGHT, R. F. Systematic Content Analysis of Judicial Opinions. **California Law Review**, California: University of California, v. 96, n. 63, p. 63-122, 2008.

HESPANHA, A. M. A estatística judicial pré-contemporânea: um programa pós-positivista para a história do direito. In: HESPANHA, A. M. **Sacerdotes do direito**: direito, juristas e poder social no liberalismo oitocentista. Lisboa: Amazon (AMH), 2017a. p. 7.073-7.569.

HESPANHA, A. M. **As vésperas do Leviathan**: instituições e poder político (Portugal – séc. XVII). Lisboa: António Manuel Hespanha, 1987.

HESPANHA, A. M. L'interdisciplinarità di fronte a uma definizione relazionale dell'oggetto della storia giuridica. In: GROSSI, P. **Storia sociale e dimensione giuridica**: strumenti d'indagine e ipotesi di lavoro (a cura di Paolo Grossi). Milano: Giuffrè, 1986a. p. 313-315.

HESPANHA, A. M. Nova história e história do direito. **Vértice**, Coimbra, v. 46, n. 470-472, p. 17, abr./jun. 1986b.

HESPANHA, A. M. Razões de decidir na doutrina portuguesa e brasileira: um ensaio de análise de conteúdo. In: HESPANHA, A. M. **Sacerdotes do direito**: direito, juristas e poder social no liberalismo oitocentista. Lisboa: Amazon (AMH), 2017b. p. 527-1.401.

HESPANHA, A. M. Razões de decidir na doutrina portuguesa e brasileira do século XIX: um ensaio de análise de conteúdo. **Quaderni Fiorentini per la Storia del Pensiero Giuridico Moderno**, Milano: Dott. A. Giuffrè Editore, n. 39, 2010, p. 109-151.

HESPANHA, A. M. Une 'nouvelle histoire' du droit? In: GROSSI, P. **Storia sociale e dimensione giuridica**: strumenti d'indagine e ipotesi di lavoro (a cura di Paolo Grossi). Milano: Giuffrè, 1986c. p. 315-340.

HESPANHA, A. M.; GUANDALINI JUNIOR, W. **A motivação das decisões sobre revista nas primeiras décadas dos STJs no Brasil e em Portugal**. Relatório de pesquisa apresentado ao PPGD-Uninter, 2018.

HESPANHA, A.M.; GUANDALINI JUNIOR, W. A motivação das decisões sobre revista nas primeiras décadas dos STJs no Brasil e em Portugal (1834-1866), *in: Revista da Faculdade de Direito da UFPR*, vol. 65, n° 1, jan./abr. 2020, p. 185-224.

KRIPPENDORFF, K. **Content Analysis**: an Introduction to its Methodology. Los Angeles: Sage, 2013.

LE GOFF, J. Histoire medievale et histoire du droit: um dialogue difficile. In: GROSSI, P. **Storia sociale e dimensione giuridica**: strumenti d'indagine e ipotesi di lavoro (a cura di Paolo Grossi). Milano: Giuffrè, 1986. p. 23-63.

MAFRA, M. da S. **Jurisprudência dos tribunais**: compilada dos acórdãos dos tribunais superiores desde 1841. Rio de Janeiro: B. L. Garnier, 1867.

SBRICCOLI, M. (2019). História do direito e história da sociedade: questões de método e problemas de pesquisa. **Sequência**, Florianópolis: UFSC, n. 82, p. 288-312, ago. 2019.

SLEMIAN, A. As monarquias constitucionais e a justiça, de Cádis ao Novo Mundo: o caso da motivação das sentenças no Império do Brasil (c.1822-1850). **Dimensões**, v. 39, p. 17-51, jul./dez. 2017.

Por que (e até onde) "matar o Estado"?
Reflexões sobre a história institucional, o direito
e a democracia em António Hespanha

Cristina Nogueira da Silva

Doutora em História do Direito pela Universidade Nova de Lisboa (2005). Professora da Universidade Nova de Lisboa.

    Antes de iniciar estas reflexões, é importante explicar que elas são o um primeiro passo de uma tentativa de reconstituir de forma integrada o pensamento de António Hespanha sobre o direito e sua história. A unidade desse pensamento foi atravessada por tensões que lhe deram a complexidade, riqueza, profundidade e amplitude que tanto fascinou e surpreendeu alunos, discípulos e amigos, entre os quais eu me conto. Uma dessas tensões é a que resulta de uma dualidade que me parece ser uma das chaves para a compreensão densa de sua obra: aquela que separa o historiador-antropólogo do cidadão preocupado com o direito nas sociedades europeias contemporâneas. Tentarei mostrar, de forma ainda experimental e muito incompleta, que também há unidade nessa dualidade[i].

---

i   Tudo o que aqui vou escrever resulta da leitura que fiz de seus textos ao longo de muitos anos, embora aqui cite poucos. O essencial dessa bibliografia até 2015 está disponibilizada em: SILVA; XAVIER; CARDIM,

Nos muitos testemunhos que se escreveram, nos últimos meses, sobre António Hespanha e sua obra, todos os autores recordam, além da grandeza humana e académica do mais querido dos Mestres, o modo radical como rompeu com o que ele próprio designou ser um "paradigma estadualista" na (in)compreensão das formas políticas e institucionais da Época Moderna (sécs. XV-XVIII), nomeadamente na historiografia portuguesa. Todos os autores desses testemunhos situam também o início dessa ruptura em obras suas publicadas nos anos 1980. Primeiro, a *História da instituições: épocas medieval e moderna* (1982) e o *Poder e instituições na Europa do Antigo Regime* (1984). Depois, sua tese de doutoramento, publicada pela primeira vez em 1986, com o título *As vésperas do Leviathan: instituições e poder político (Portugal, século XVII)*, com várias edições nacionais e internacionais. Com esse livro consumou, como é por todos reconhecido, uma ruptura epistemológica na história institucional e política do Antigo Regime português, com repercussões em Espanha e em toda a historiografia do Sul da Europa e, mais tarde, da América hispânica[i].

Nesse mesmo ano de 1986, António Hespanha publicou um artigo que intitulou "A historiografia jurídico-institucional e a 'morte do Estado'", no qual se encontra uma primeira explicação completa de seu "antiestadualismo", bem como uma descrição muito rica de suas primeiras fontes de inspiração teórica e metodológica, que aí expôs de forma densa, identificando inclusivamente os autores e os textos com quem tinha dialogado, ou cuja leitura, até aquela altura, mais tinham marcado sua investigação (Otto Brunner, Michel Foucault, Pierre Bourdieu , J.-M. Scholz, Jacques le Goff, Francisco Tomás y Valiente, Bartolomé Clavero , Clifford Geertz, Pierre Legendre, Niklas Luhman, entre muitos outros que aí refere)[ii]. Lendo esses parágrafos somos literalmente conduzidos a uma viagem ao mundo intelectual do primeiro marxismo e de seus desenvolvimentos, do estruturalismo dos anos 1960 e 1970, da linguística e da semiótica, assim como das primeiras escolas institucionalistas e sociologistas, sobretudo da sociologia weberiana. Uma viagem na qual António Hespanha mostra como cada uma dessas correntes contribuiu historicamente, de forma diversa, para desvendar sentidos e lógicas ocultados pelas abordagens estadualistas sobre as

---

2015, p. 29-47. Resulta também de longas conversas que tive com ele, da assistência às suas aulas, da visualização de suas entrevistas e de peças audiovisuais.

i   Sobre essas repercussões ver: CARDIM, 2017, p. 23-34.
ii   Ver: HESPANHA, 1986.

sociedades do passado e contemporâneas. Ficamos também a conhecer melhor os impactos de noções como a microfísica do poder e as tecnologias disciplinares de Michel Foucault e, em geral, dos estudos antropológicos, na compreensão dos fenómenos jurídicos e do poder, bem como o enriquecimento nestes proporcionado pelos métodos da história massiva e serial da Escola dos Annales, cuja presença na investigação de António Hespanha foi igualmente notável. Também ficamos a compreender melhor a importância da historiografia pós-moderna na problematização da ideia da omnipresença do Estado, no incentivo à pesquisa das fontes menos visíveis (não oficiais, não estaduais) do poder e na rejeição de ideias finalísticas sobre o percurso da história. Essa importância deveu-se, explica-nos Hespanha, ao privilégio que aquela historiografia concedeu ao particular, às perspectivas micro (em vez da "eficácia da perspectiva macro"), ao acaso e ao arbitrário (em vez do necessário ou funcional), assim como ao "informalismo", ao "poli-centrismo" e à "dispersão" dos mecanismos do poder (HESPANHA, 1986, p. 192).

O que resultou dessas incursões foi, como António Hespanha concluiu, um "alargamento do objecto da história jurídico-institucional a todos os fenómenos sociais que condicionaram duravelmente os comportamentos" (HESPANHA, 1986, p. 222). Ou, como concluem seus leitores, um ambicioso programa de história total do poder, de um poder que se infiltra "em todos os cantos da sociedade, perdendo um lugar institucional privilegiado" (HESPANHA, 1986, p. 218). Esse lugar era, tradicionalmente, o Estado, seu direito e suas instituições, objectos cuja história passou a ser "apenas um sector da história político-institucional" (HESPANHA, 1986, p. 226).

O que aqui irei analisar é apenas uma parte desse universo de motivações que levaram António Hespanha a reflectir sobre a necessidade de "matar o Estado" para compreender melhor o Direito e sua história. Pareceu-me importante, no entanto, começar por uma referência àquele universo maior de referências, pois é nele que se encontram os alicerces teóricos mais profundos de sua maneira de fazer a história jurídica, institucional e do poder. Uma história que, como acabou de se ver, pretendia ir (e foi) muito além das fronteiras traçadas pela história tradicional do direito.

Uma das coisas que aquele primeiro texto sobre a historiografia jurídico-institucional e a "morte do Estado" nos permite compreender é que o "antiestadualismo" de António Hespanha era de natureza metodológica e estava muito ligado à sua faceta de historiador (embora não se esgotasse nela), assim como a uma crítica acutilante ao modo tradicional de fazer a história do direito e das instituições nas Faculdades de Direito. Os historiadores-juristas que ensinavam nessas faculdades, diz-nos, "transportavam para a démarche histórica os conceitos e os dogmas da Ciência do direito positivo" (HESPANHA, 1986, p. 193), ou seja, conceitos e modos de classificar actuais, associados a sentidos e noções que, no essencial, não tinham existido nas épocas que aqueles historiadores descreviam. Era o caso dos conceitos de propriedade, de pessoa jurídica, ou do próprio conceito de Estado e das noções a este associadas, tais como a concentração exclusiva do poder em um "centro", nomeadamente do poder de "dizer" o direito, e, em consequência disso, a ideia de que a lei estadual seria a única ou a principal fonte do direito (o legalismo).

O resultado dessa contaminação da historiografia pelos "hábitos intelectuais e cognitivos dos juristas" foi, como António Hespanha demonstra, com vários exemplos, o anacronismo, a incompletude e, finalmente, a destruição da alteridade das sociedades do passado. A história tradicional do direito ocultava, diz-nos, aspectos fundamentais para a compreensão do direito em geral, entre estes avultando a génese social e cultural das normas e dos conceitos jurídicos ou o pluralismo jurídico e político das sociedades do passado (e do presente). Pois se, nas abordagens tradicionais, o direito se confundia e se esgotava "no conjunto de normas editadas ou reconhecidas pelo Estado (máxime, pelas leis)", tal significava, então, que "a história jurídica não seria senão a história desta ordem jurídica oficial (nomeadamente, a história dos seus modos de revelação – as 'fontes do direito')". Por outro lado, se – agora de acordo com a abordagem conceitualista também inscrita no que designou, apoiando-se nas categorias sociológicas de Pierre Bordieu, por *habitus* dos juristas – "o direito era o conjunto das construções intelectuais dos juristas, das categorias com as quais estes classificavam a realidade em vista de certas necessidades valorativas" (HESPANHA, 1986, p. 193-195), tal significava, então, que a história do direito era a história da evolução das construções intelectuais dos juristas, como se estas nada tivessem que ver com os "factos", com os contextos sociais, culturais e textuais nos quais essas construções emergiam. Fora dessa história tradicional do direito ficavam, como consequência desses postulados, objectos que para António Hespanha eram absolutamente centrais para a compreensão do direito:

> *A génese social das normas jurídicas, as peripécias da sua aplicação (ou não aplicação), as contra-medidas implementadas autonomamente pela sociedade para anular ou iludir os efeitos legais, os mecanismos de regulação social*

> não oficiais. Tudo isto seriam objectos legítimos de uma
> história social, mas essencialmente estranhos a uma história do direito. O mundo do direito era reduzido ao mundo
> do direito "oficial" e este, progressivamente, ao mundo
> "estatal". Fora do mundo "oficial-estatal", como objecto da
> história jurídica, apenas a doutrina do direito – a dogmática, a ciência do direito, o pensamento jurídico –, pois
> esta, na prática jurídica contemporânea, constitui irremediavelmente o complemento natural do direito legislativo
> [...]. (HESPANHA, 1986, p. 196)

A esses efeitos de ocultação e à incompletude juntava-se, como resultado desta "restrospecção do presente sobre o passado", um outro efeito: a legitimação da ordem jurídica do presente, como mais tarde voltou a insistir, na parte introdutória de sua *Cultura jurídica europeia: síntese de um milénio,* publicada pela primeira vez, em 1997, com o título "Panorama da história da cultura jurídica europeia" (Lisboa, Europa-América)[i]. António Hespanha considerou que esse papel legitimador da história do direito efectuava-se de duas formas. Uma delas consistia na naturalização das categorias mentais do presente, no estabelecimento equivocado de continuidades que sugeriam que essas categorias teriam existido desde sempre; que decorreriam, portanto, "de categorias eternas da justiça e da razão jurídica" (HESPANHA, 2012, p. 17). Outra forma de legitimação do direito e de suas categorias actuais a partir da história consistia, diz-nos ainda, em "usar a história para provar a linearidade do progresso (neste caso, do progresso jurídico)" (HESPANHA, 2012, p. 19), contando-a de tal modo que, no final, essas categorias surgissem como inevitáveis e definitivas:

> como o resultado de um movimento inelutável e desejável
> de "modernização" social. Todas as mudanças históricas
> no sentido dos actuais paradigmas do poder são, portanto,

---

[i] Pode considerar-se que a última versão do texto de 1986 que temos vindo a referir, muito completada e reelaborada, encontra-se nas páginas introdutórias das edições mais recentes de sua *Cultura jurídica europeia: síntese de um milénio,* editada em várias edições e idiomas e cuja última edição data de 2019, o ano em que António Hespanha nos deixou. Esse foi o livro que constituiu a base de suas aulas de História do Direito em várias universidades, portuguesas e internacionais. Aí esclarece ideias menos desenvolvidas no texto de 1986 e acrescenta novas referências teóricas e novos autores marcantes em sua obra mais recente, tais como Zygmunt Bauman e H. L. A. Hart. Neste texto, citarei a edição de 2012.

> *consideradas como sinónimos de um natural progresso da vida comunitária (e não como modificações aleatórias no sentido de matrizes políticas hoje, também aleatoriamente, dominantes). O efeito desta interpretação da evolução histórica é uma nova falsificação do passado: não porque a sua especificidade não seja reconhecida [ao contrário do que sucedia com a legitimação pela naturalização], mas porque ela é inserida num esquema evolutivo em que o carácter aleatório da evolução histórica é negado e em que todo o passado aparece como uma antecipação do presente ou este como a consumação da história. (HESPANHA, 1986, p. 220-221)*

Nessa história, que classificou como "progressista", Hespanha identificou duas ordens de problemas. Por um lado, sua articulação com uma filosofia da história que remetia o passado para a esfera do primitivo, do arcaico e do incompleto, olhando-o como mera antecipação do presente, sem autonomia (o que, além da deformação do passado, comportava o risco de se passar a compreender assim todas as sociedades do presente que não fossem "modernas"). Por outro, o facto de esta ser uma história que "promove a sacralização do presente, glorificado como meta, como o único horizonte possível da evolução humana", uma evolução na qual "o modelo de organização política e jurídica das sociedades do Ocidente (direito legislativo, codificação, justiça estadual democracia representativa, etc.) é proposto como um objectivo universal de evolução sociopolítica, paralelo à abertura do mercado no plano das políticas económicas" (HESPANHA, 2012, p. 20). Com isso "matava-se" a imaginação sobre o futuro, sugeria-se o fim da história, ilusão para o qual Hespanha também chamou tantas vezes a atenção.

Como costumava fazer, Hespanha (1986, p. 221) forneceu, logo no texto de 1986, exemplos precisos do impacto dessas teorias da modernização na historiografia:

> *Eis algumas manifestações da teoria da modernização no domínio da história das instituições. Apresentação como fenómenos (forçosos) de modernização social: a construção do "Estado moderno" e a consequente "racionalização" das relações de poder; uma alegada "revolução legal" da época moderna; a "juridificação" das relações sociais (antes reguladas "pela força") na mesma época; a transição de um direito costumeiro para um direito legal e codificado; a substituição da justiça comunitária pela*

justiça judiciária; a "professionalização" da administração e da jurisdição, etc.

As pré-compreensões estadualistas constituíam um obstáculo à compreensão dos fenómenos jurídicos e do poder em qualquer sociedade, mas ainda mais nas sociedades do passado, que elas deformavam. Como a área de investigação primeiramente escolhida por António Hespanha foi a da Europa do Antigo Regime (séculos XV-XVIII) e sua história institucional e política, foi nela que concentrou inicialmente todos os esforços para, libertando-se do *habitus* antes identificado, desvendar as lógicas e as racionalidades próprias do modelo político do Antigo Regime. Devolvendo-lhe – na senda de outros trabalhos inspiradores, entre os quais referia sempre os de Otto Brunner, nos anos 1930, ou os de Bartolomé Clavero, seu contemporâneo e amigo – autonomia em relação ao presente. Ou, usando uma expressão que preferia, "devolvendo-lhe alteridade"[i]. O quadro que desenhou, nomeadamente em *As vésperas do Leviathan,* mas que completou em inúmeros outros textos e livros, foi, em traços muito largos, o que a seguir sintetizo.

Nas sociedades do Antigo Regime, que se autoimaginavam como conjunto de corpos sociais, o que fazia sentido, em vez de indivíduos com direitos civis e políticos iguais, eram estatutos jurídicos diferenciados e formas corporativas de representação. Por outro lado, em vez do poder soberano do Estado, o poder dispersava-se por uma multiplicidade de estruturas autónomas, ainda que organizadas em uma hierarquia e com enorme capacidade de condicionar a vida das pessoas. A Igreja tinha tribunais próprios e um direito próprio, que vigorava ao lado do direito dos reis, além de tributar os crentes. A família era uma célula autónoma, em cuja esfera "doméstica" outros poderes não intervinham. O *paterfamilias* castigava filhos e mulher, tal como, enquanto senhor de escravos, julgava e castigava, quase sem limites, seus escravos. Outra corporação que funcionava de modo autónomo eram os municípios, que António Hespanha chegou a designar por "pequenas Repúblicas", com poder normativo próprio e escassamente vigiados por oficiais de uma "administração periférica da Coroa" que eram poucos (foram exaustivamente contados e geograficamente cartografados em *As vèsperas do Leviathan*), que tinham regimentos próprios e, por

---

i   A amizade que uniu António Hespanha e Bartolomé Clavero foi recentemente recordada por este último, em um artigo sugestivamente intitulado "El cimiento de nuestra amistad: lembrança de António Manuel Hespanha jovem".

isso, grande autonomia corporativa; e que, além disso, envolviam-se facilmente em lógicas locais de poder, pois parte de seus emolumentos eram pagos localmente. Finalmente, esses oficiais actuavam em um território cuja divisão para efeitos de administrar as populações estava longe de obedecer a critérios do que hoje chamaríamos de *racionalidade administrativa*. É que, mais do que "disciplinar" a sociedade, a missão que a cada um desses poderes, e em particular o dos Reis, atribuía-se eram a Justiça e a Paz, a preservação de uma "ordem natural" na qual, se tudo corresse bem, a diversidade dos interesse e dos poderes estavam – ou deviam estar – em harmonia[i].

Mas, além de todos esses aspectos – que António Hespanha identificou nas fontes escritas e que quantificou, a partir de registros administrativos, judiciários e prosopográgicos –, na cultura jurídica do Antigo Regime a lei não era nem a única fonte do direito nem a mais importante. A pluralidade de poderes articulava-se com o pluralismo jurídico pelo que, como também explicou sempre aos alunos de História do Direito, coexistiam, nas sociedades do Antigo Regime, diversas ordens jurídicas. Além dos direitos mais gerais, o canónico e o romano, os vários direitos próprios – dos reinos, municipais, os costumes das terras, o "direito dos rústicos", dos que não sabiam ler nem escrever e eram julgados por juízes igualmente analfabetos, de que tratou em um de seus textos mais conhecidos: "Savants et rustiques: la violence douce de la raison juridique" (HESPANHA, 1983). Em uma sociedade cuja fonte de legitimação era a tradição, o que valia mais eram as fontes que a exprimiam, a doutrina jurídica, a jurisprudência ou os costumes. Os textos jurídicos mais importantes não eram códigos civis, administrativos, ou outros, mas os Evangelhos, o *Corpus Iuris Civilis* de Justiniano, uma compilação de direito romano do século VI, os usos locais, as regras do mundo doméstico. Como Hespanha explicou na introdução de um de seus livros mais recentes, "o direito compreendia então esferas normativas que hoje já lhe escapam, como a religião, a moral, a *prudentia*, a virtude" (HESPANHA, 2015, p. 4).

Parece estranho. Mas foi a essa estranheza que Hespanha quis sublinhar. Mais do que uma vez afirmou que o historiador era um antropólogo que observava distantes sociedades do passado. E a paixão

---

i Todos esses temas, sobre os quais escreveu dezenas de artigos e livros, tendo igualmente orientado inúmeros trabalhos de investigação neles inspirados, foram retomados em um livro recente que intitulou: *Uma monarquia tradicional: imagens e mecanismos da política no Portugal seiscentista* (HESPANHA, 2019).

por esse passado, sua imersão nele – como se realmente de um antropólogo fazendo observação participante se tratasse –, o esforço que desenvolveu para encontrar as racionalidades próprias dessas concepções "pré-modernas" – por contraposição ao anacronismo e à teleologia, à ideia de um processo histórico contínuo, de modernização, de um caminhar do "irracional" para o cada vez mais racional – permitiu, até, que chegasse a ser classificado por alguns dos que o leram como um autor "neotomista". Ou, até, como alguém que nutria alguma nostalgia pela "pré-modernidade". Não é difícil encontrar, disseminados em seus textos, frases ou parágrafos que explicam essa interpretação de seu pensamento. O modo como se referia ao pluralismo jurídico dessas sociedades europeias "pré-modernas", que descreveu como sociedades "em que o Direito do rei convivia com uma infinidade de direitos espontaneamente gerados na sociedade" (HESPANHA, 2010, p. 139), em que existia o que descreveu como uma "explicação optimista dos laços de submissão", de acordo com a qual a "aparente insignificância" dos humildes escondia "uma dignidade igual à do poderoso (HESPANHA, 2012, p. 104). E, por isso, o duro tratamento discriminatório no plano social (na ordem da natureza, do direito) é acompanhado por uma profunda solicitude no plano espiritual (no plano da graça, da caridade, da misericórdia)", como ainda pela "protecção jurídica e a solicitude paternalista para com os mais humildes" (HESPANHA, 2012, p. 106) pode fazer pensar, a quem o lê, na adesão a algumas das categorias do passado que descreveu. Em outros momentos pareceu mesmo sugerir que algo desse passado pudesse ser recuperado com benefício para as gerações actuais. Por exemplo, quando recordou aos teóricos da "modernização" aquilo que, por causa do progresso (quer o "progresso científico técnico da cultura europeia", quer "as aquisições político-sociais no sentido da libertação do indivíduo") "se fechou como oportunidade de evolução ou que se perdeu. Como, por exemplo, o equilibro do ambiente, os sentimentos de solidariedade social" (HESPANHA, 2012, p. 20). A sensibilidade com relação à ideia do primado da comunidade e da solidariedade, ideia que entendia dever ser valorizada (ou recriada, mas não reproduzida) em ambientes contemporâneos, estava presente quando assumiu posições críticas relativamente a noções como as de "direitos fundamentais", quando conotados com a de "prevalência absoluta dos direitos individuais", pois

> *como a vida em comum é impossível, se os direitos pessoais, mesmo os mais eminentes, forem intangíveis, não pode haver direitos incomensuráveis, ou seja, não pode haver direitos que escapem, no seu exercício, a um confronto, a*

uma ponderação, com os direitos dos outros (individuais ou de grupo), ou com os direitos da própria comunidade, como garante do conjunto dos direitos de todos. (HESPANHA, 2010, p. 149)

Nesses últimos momentos, como se irá ver melhor mais à frente, o historiador-antropólogo, aquele que, para fazer uma história critica do direito, abdicou, como o antropólogo, do distanciamento crítico relativamente às sociedades que estudava, gerando até a ilusão da "adesão" às categorias dessas sociedades, desapareceu (ou quase desapareceu), e foi substituído por um cidadão, preocupado com o direito nas sociedades europeias contemporâneas. Em nenhum desses momentos estamos, porém, perante uma nostalgia conservadora dos tempos pré-modernos. Quanto ao neo-tomismo, em uma entrevista recente, o próprio António Hespanha contou, a sorrir, que, a certa altura, o tinham apresentado, em um Congresso na Espanha, como um "marxista convertido ao tomismo". E explicou, nessa mesma entrevista, os equívocos que em torno dessa ideia se tinham gerado e por quê. Não, não era um neotomista. Aquilo de que não gostava era do capitalismo e do individualismo em suas versões extremas e em seus impactos negativos sobre a vida das pessoas. Mas tal não significava um qualquer desejo nostálgico de regressar ao passado[i].

António Hespanha foi sempre, e em primeiro lugar, um historiador-antropólogo. Mas, em momentos mais recentes, uma parte importante de suas reflexões dirigiram-se, como acabou de se constatar, para o presente e para o direito e a política do direito nas sociedades contemporâneas. Nessas reflexões, manteve sua crítica com relação ao monismo jurídico das abordagens estadualistas e voltou a insistir em uma normatividade social que vem de muitos lugares e em um direito que não se esgota na lei, mas tem origens plurais: "O pluralismo normativo é, assim, um facto, antes mesmo de ser ou um ideal, ou um perigo; qualquer que seja o modo como avaliamos os seus custos ou benefícios, ele está aí" (HESPANHA, 2010, p. 163). Contudo, como se irá ver, essas últimas reflexões aproximaram-no muito mais dos valores jurídicos da "modernidade", isto é, da lei e do direito do Estado[ii].

---

i   Ver entrevista conduzida por Alejandro Agüero: <https://www.youtube.com/watch?v=58IjWGdC7bw>.

ii   Sobre o modo como se posicionava perante essas categorias – modernidade, pré-modernidade, pós-modernidade – vejam-se as páginas que escreveu em: HESPANHA, 2012, p. 143-147. E, já muito inspirado nas

António Hespanha também foi um historiador-jurista. Sua formação original era em direito e, por isso, também foi professor de direito, tendo leccionado cadeiras como Introdução ao Direito e Análise do Discurso Jurídico. Nessas disciplinas, ele explicava aos alunos que também a observação das sociedades contemporâneas estava contaminada por olhares estadualistas. Em parte, porque o direito estadual apresentava-se como central na realização da ordem social, menorizando o papel das normas não jurídicas na regulação da sociedade, tais como as normas de cortesia, as normas religiosas, éticas e morais, ou as que regulavam a vida familiar, os grupos de amigos ou uma sala de aula. Dizia também, sobre o Direito do Estado, que era um direito artificial, distante das necessidades da sociedade, por vezes autoritário, revelado (pelos juristas) em fórmulas obscuras que os leigos não podiam compreender e com cujas normas muitas vezes não se identificavam. Era, além disso, um direito que se supunha sustentado em princípios científicos, racionais e universais quando, recordava sempre aos alunos, as normas e os princípios jurídicos são sempre locais, contextuais, contingentes e explicáveis pelos (mutáveis) contextos sociais e culturais em que são criados.

Outra coisa que ensinou sobre as sociedades contemporâneas foi que a realidade do direito estava cada vez mais distante daquelas ficções estadualistas. O direito vigente já não era principalmente o direito do Estado porque, como escreveu no texto intitulado "Será que a legitimação democrática do direito vai desaparecer?" (HESPANHA, 2018c),

> *As pessoas – juristas ou leigos – parece tenderem a procurar o direito "autêntico" noutros lugares. Na organização da vida corrente (por exemplo, na vida das famílias, nas regras comunitárias de convívio); nas práticas estabelecidas ou nos usos assentes dos negócios (v.g., as "leis do mercado"); nas regras geralmente seguidas em certo setor de atividade – as chamadas "regras da arte" [...]; naquilo que é considerado como correto em certo ramo de atividade – as "boas práticas" [...]; nas normas que estão estabelecidas pelas organizações representativas de um setor específico do trato social (normas de "autorregulamentação", no desporto, na regulação da concorrência [...]. (HESPANHA, 2018c, p. 55)*

---

leituras de Zygmund Bauman, no texto "Jurists as gamekeepers" (HESPANHA, 2018a).

Poder-se-ia esperar, recordando sua visão crítica do estadualismo, que Hespanha celebrasse agora esses direitos que brotavam da "vida". Ou que se limitasse a uma descrição antropológica desse pluralismo, sem valorações, como fez enquanto historiador das sociedades do passado. Mas, em vez disso, ele concentrou-se, nesse e em outros textos – por exemplo, em *O caleidoscópio do direito: o direito e a justiça nos dias e no mundo de hoje* (HESPANHA, 2007; 2009) –, em uma análise muito crítica sobre a vida de que brotavam esses direitos. Por outro lado, concentrou-se também em distinguir, nesse universo amplo de normas, aquelas que são jurídicas das que o não são. Essa é uma preocupação que, a meu ver, ganha uma importância nova em seus trabalhos mais recentes. Até certa altura, a preocupação em demarcar de forma clara as fronteiras entre o que era e o que não era direito não parece ter sido central. Possivelmente porque descrevia sociedades nas quais essa fronteira não era clara, ou sequer importante.

Vejamos, antes de analisar essa crítica (e a metodologia que propôs para avaliar a juricidade das normas), os pontos de partida que a vão sustentar.

Na teoria jurídica clássica, recorda-nos, o Estado era, desde as revoluções liberais, a única entidade com legitimidade para dizer o direito (ou o que era direito) porque havia processos que permitiam que se afirmasse que o direito do Estado era o produto da vontade dos cidadãos. António Hespanha considerou que essa era uma aquisição civilizacional a manter, não obstante reconhecer seus limites, que expôs exaustivamente e que constituíam, de resto, outras das razões pelas quais entendeu que um direito verdadeiramente democrático não podia esgotar-se no direito do Estado:

> *em certas circunstâncias, a democracia representativa está tão afastada do sentir jurídico da comunidade que é vantajoso, mesmo do ponto de vista do carácter democrático do direito, admitir que este se possa exprimir por formas não estaduais (como o costumes, os códigos de boas práticas consensualmente aceites, os sentimento notórios e incontroversos de justiça. (HESPANHA, 2010, p. 163)*[i]

---

i   Esse é um dos textos em que analisa exaustivamente os limites da democracia representativa, separando até os argumentos que considera válidos dos que entende ser obsoletos.

O problema que agora colocava, contudo, era o de saber como é que, "nesta conjuntura pós-estatal, em que os direitos fora do Estado não surgem de órgãos ou de processos representativos?", podia-se "manter viva a legitimação democrática do direito" (HESPANHA, 2018c, p. 52). Como garantir, em sociedade desiguais, que esse direito não fica nas mãos de poderes sociais hegemónicos ou de especialistas sectoriais? Como evitar atribuir o poder de decidir dos destinos coletivos a entidades – entidades de autorregulação, agências de acreditação e de notação, cartéis económicos, elites tecnocráticas, comités de "sábios" – cujas motivações são pouco transparentes, cuja neutralidade social é mais do que problemática e cuja legitimidade política é uma mistificação bem evidente ("os que realmente sabem do assunto, "os interessados", "a sociedade ela mesma"). Ou, perguntado de outra forma, "agora, sem referência ao Estado, que condições tem o direito que cumprir para ser democrático?" (HESPANHA, 2018c, p. 63-64). Essa pergunta, que não colocou enquanto historiador antropólogo das sociedades do Antigo Regime (formulando-a de outro modo, evidentemente, pois a legitimidade democrática não fazia parte das estuturas de legitimação dessas sociedades; de resto, não é o tipo de questões que um antropólogo coloque em suas investigações), formulou-a, depois, enquanto jurista e cidadão, vivendo em uma sociedade europeia do século XXI. E procurou respostas para ela. E avançou nessa procura, fazendo depender a democraticidade do direito (e dos direitos) de dois processos. O primeiro deles consistia em uma restrição do conceito de pluralismo, quando, inspirando-se em H. L. A. Hart, propôs que fosse necessário, para que uma norma que vigorasse fosse considerada direito, que se observasse "seu efectivo reconhecimento comunitário alargado como direito. Não basta a vigência, é necessário que esta seja acompanhada da validade", ou seja, "tem que ser genericamente reconhecida como jurídica [...] pela comunidade". O outro seria um enriquecimento do conceito de democracia, "no sentido de abranger mais do que os processos formais de expressão da vontade popular que conduzam à lei ou à constituição; incorporando agora também processos de consensualização, a diferentes níveis e segmentos da vida comunitária, e que esta vai reconhecendo como adequados a identificar o direito" (HESPANHA, 2018c, p. 74).

Chegar-se-ia, pela conjugação dessas duas vias, a uma abordagem do direito capaz de respeitar "a vida de todos, atenta aos pontos de vista, interesses e valores de todos, reconhecendo como direito o conjunto de normas estabilizadoras e consensuais para todos" (HESPANHA, 2018c, p. 74). Como? Por meio de diálogo "inclusivo, alargado, justo e isento de argumentos absolutamente decisivos ou de terrorismo argumentativo", capaz de gerar consensos que pudessem ser observáveis, susceptíveis de ser descritos, discutidos e comprovados (HESPANHA, 2018c, p. 89). As boas normas de direito seriam, então, aquelas que fossem fundadas em consensos informados e reflexivos, que correspondessem à satisfação de expectativas gerais ou que gerassem "a possibilidade de produção de conhecimento e de modelos experimentais de solução" (HESPANHA, 2018c, p. 86). As que não obedecessem a esses requisitos não seriam boas:

> *uma norma de direito do trabalho não é boa apenas pelo seu processo de feitura ter obedecido aos requisitos formais previstos nas constituições dos Estados democráticos. Tão pouco é boa por na sua feitura terem intervido os melhores técnicos de direito, os melhores consultores jurídicos, os mais famosos escritórios de advogados. Ou porque, no processo de consulta prévia a que for sujeita foi aceite (pelos gestores) no universo da prática gestionária das empresas, mas não no universo das práticas dos trabalhadores [...]. Suplementarmente, deve ainda concitar o consenso de outros grupos de cidadãos que sofrem o seu impacto colateral (candidatos a empregos, contribuintes [...]). (HESPANHA, 2018c, p. 86-87)*

António Hespanha manteve-se sempre mais do lado do pluralismo jurídico do que do primado absoluto da lei do Estado. Só que, agora, como o terreno do pluralismo jurídico surge minado de perigos e de dificuldades, há uma nítida revalorização desse direito do Estado, das leis e da Constituição como fontes do Direito. Tendo em vista que reconhece que não é fácil determinar a democraticidade das normas não estaduais, perceber quais delas suscitam "um consenso mais alargado, reflectido, logo, sustentável" (HESPANHA, 2018c, p. 80), então, considera que, em caso de conflito, "as normas jurídicas provenientes de órgãos democraticamente legitimados e funcionando segundo princípios democráticos (como a Constituição e as leis dos Estados democráticos) devem merecer uma consideração especial face a outras normas, em que tal condição de validade não seja tão clara" (HESPANHA, 2018c, p. 91). Essa ideia, que aflora no texto que estamos a citar, foi depois desenvolvida, de forma particularmente clara, em outro texto já aqui referido "Estadualismo, pluralismo e neorrepublicanismo: perplexidades dos nossos dias" (HESPANHA, 2010). Aqui, volta a reconhecer que a democracia "se situa ainda muito na esfera da Constituição e da lei". Que, enquanto não estiverem garantidas as condições de democraticidade do pluralismo,

> *os ordenamentos jurídicos que garantam uma maior democraticidade e participação, como é o caso da ordem jurídico-constitucional (e, em geral, da própria ordem legal) dos Estados democráticos, deverão merecer, nesse confronto de pontos de vista, uma particular atenção. Não no sentido de se lhes garantir o exclusivismo ou uma primazia automática e de princípio sobre as outras ordens jurídicas, nem do de se lhes atribuir a competência para decidir sobre a competência dos outros direitos; mas no sentido de se ter em conta que as suas soluções mereceram um maior consenso, avaliado por processos que, não sendo isentos de defeitos, são, pelo menos, os mais transparentes e participados que a experiência política tem conseguido fazer funcionar. (HESPANHA, 2010, p. 155)*

O pluralismo seria, concluiu, "um complemento para a democracia, e não um seu substituto" (HESPANHA, 2010, p. 156).

Esse último texto foi também um dos textos em que identificou mais exaustivamente os riscos associados ao pluralismo nas sociedades contemporâneas e seu corolário, a admissão de fontes não estatais do direito. Nessa identificação, considerou que tais riscos vêm, por exemplo, da possibilidade de, por efeito da crença na existência de um direito natural, racional ou certo (justo), que, tradicionalmente, só os juristas seriam capazes de descobrir, substituir-se "um direito de raiz democrática, fundado na sensibilidade comunitária da justiça, expressa pelos processos democraticamente estabelecidos, por um outro de raiz aristocrática, baseado numa pretensão de sabedoria" (HESPANHA, 2010, p. 158). Vêm também das normas impostas pela "natureza" do mercado, em sociedades de capitalismo avançado, nas quais "valores como o da rentabilidade económica, da expansão do mercado [...] seriam tão incontornáveis que contra eles não poderia valer a soberania popular ou o princípio da decisão democrática do direito" (HESPANHA, 2010, p. 148).

> *Os liberais em economia têm por certo que as leis do mercado, a liberdade de indústria, de propriedade e de comércio levam, automaticamente, ao maior bem-estar coletivo e às regras de convivência mais adequadas a chegar a esse estado; por isso creem que o Estado não deve regular quase nada, devendo limitar-se a garantir que esses vários aspectos da liberdade de escolha e acção*

efetivamente vigorem, valendo "por cima" da lei. (HESPANHA, 2018c, p. 57)

Outro risco é o da prevalência absoluta dos direitos individuais, "comum entre as mais radicais correntes ideológicas liberais", contra as quais não valeriam os "deveres criados pela convivência no seio da República" (HESPANHA, 2010, p. 150).

António Hespanha entendia que esses deveres (solidariedade, bem comum, direitos de outras pessoas) podiam legitimamente limitar o alcance de certos direitos. Colocou também, ainda a esse propósito, o problema de encontrar um catálogo de direitos que não fosse arbitrário ou de origem elitista, mas, em vez disso, fosse capaz de traduzir "aquilo que uma comunidade acha que deve ser reconhecido como prerrogativas ligadas à dignidade humana" (HESPANHA, 2018c, p. 84). E considerou também arriscada, referindo-se, agora, ao direito comunitário no âmbito da União Europeia, "a submissão do direito querido e positivado por uma comunidade a um direito real ou alegadamente querido por uma comunidade mais globalizada" (HESPANHA, 2010, p. 150).

Quanto mais investiu na identificação desses e de outros riscos, mais fortemente Hespanha aproximou-se da segurança democrática garantida pelos mecanismos tradicionais de alcançar a democracia no direito, pesquisando também formas de enriquecer esses mecanismos[i]. Essa aproximação não podia ter deixado de gerar perplexidades, como aquela que surge em um texto em que André Belo, outro antigo aluno, orientando e amigo, traça um de seus mais ricos e carinhosos retratos. Confessando a dificuldade que tinha em escrever sobre seu mestre querido, André Belo (2019, p. 157) lamenta não ter chegado a falar sobre como é que o Hespanha que tinha conhecido, "desconstrutor da ideologia do Estado e do Direito, acabou, nos anos da crise e do neoliberalismo, a defender o Estado enquanto serviço público e o papel regulador do Direito". A verdade é que o próprio Hespanha já tinha falado sobre isso, antecipadamente, quando, a certa altura, foi questionado: "De que modo a consciência política ou o empenhamento cívico-político circunscreveram, balizaram, o seu trabalho de historiador

---

i   Talvez por tudo isso uma boa parte de suas reflexões mais recentes se tenham também dirigido à necessidade de se fazer leis "realmente democráticas" do que aos métodos a seguir na averiguação da democraticidade de outras fontes do direito. Foi isso que fez no texto que intitulou "Leis bem feitas e leis boas" (HESPANHA, 2018b).

(do Direito, do poder, das instituições)?" (SILVA; XAVIER; CARDIM, 2015, p. 53). Nesse momento, respondeu:

> *Eu acho que não muito. Ou seja, nunca fiz fretes com o que escrevi a qualquer das minhas opções políticas e ideológicas. Nunca penso em como é que a minha investigação serve os meus interesses políticos. Mas, é claro, não sou esquizofrénico. Os interesses dirigem o conhecimento e, cá dentro, as coisas acabam por se acomodar. O que escrevi sobre o "anti-estadualismo" acomodava-se com a crítica da esquerda aos mitos estadualistas dos anos '60 e '70, que eu subscrevia. E a minha actual tomada de distâncias em relação ao "pluralismo" político (ou seja, à ideia de que há muitos centros de poder, e não apenas um, o Estado) acompanha a minha progressiva desconfiança política – hoje, enorme – relativamente ao anti-estadualismo neoliberal. (SILVA; XAVIER; CARDIM, 2015, p. 53)*[i]

Mais tarde explicou ainda, de outra forma, que, como não era clara a validade democrática de todas as normas, então, "apesar de tudo, o Estado democrático poderá ser democraticamente mais legítimo do que a sociedade desregulada e darwinista" (HESPANHA, 2008, p. 19).

Uma última questão, que deixarei em aberto: quando identificou os riscos do pluralismo jurídico nas sociedades contemporâneas, Hespanha tomou sempre uma posição a favor do pluralismo multicultural, constatável no próprio momento em que identificou contradições e omissões no pluralismo jurídico contemporâneo de matriz liberal. Por exemplo, quando verificou que o pluralismo jurídico defendido pelos cultores do direito europeu não abrange "o direito dos colonizados, dos imigrantes, das minorias étnicas das Igrejas (p. ex. , o caso do direito canónico, católico ou protestante, nos Estados europeus), ou do cidadão comum" (HESPANHA, 2010, p. 152), nem se estende "ao reconhecimento e à legitimação de outras ordens jurídicas particulares (as dos ciganos, dos imigrantes turcos ou chineses, das comunidades sexualmente dissidentes, das comunidades dos *bidonvilles*, das favelas ou dos bairros 'de barracas')" (HESPANHA, 2010, p. 154)[ii]. Ou

---

i   António Manuel Hespanha entrevistado por Mafalda Soares da Cunha, Tereza Pizarro Beleza, Nuno Gonçalo Monteiro e Rita Garnel.

ii Embora tenha reconhecido que a litigância supranacional tem protegido grupos desfavorecidos.

quando denunciou, nos finais do século XX, a apropriação do pluralismo por um liberalismo que reclamava para os "grupos surgidos no ambiente dos negócios e de outros sectores da sociedade esse estatuto de produtores autónomos de normas sociais", mas que não reconhecia "a grupos subalternos (como os emigrantes, as organizações de trabalhadores, os movimentos ecologistas, etc.) a mesma legitimidade para criar normas jurídicas" (HESPANHA, 2018c, p. 70).

Para António Hespanha, o pluralismo verdadeiro, além de ser democrático, tem também de considerar normas esquecidas ou subalternizadas pelos defensores de formas "aristocráticas" de pluralismo, enfrentar esses "outros direitos", não necessariamente liberais. Não pode ser etnocêntrico, ou seja, demasiadamente fundado nos valores do direito ocidental contemporâneo. Não pode excluir "outras formas de organizar o direito ou de o relacionar com outras ordens normativas, como a tradição, a feitiçaria, a religião, os bons costumes" (HESPANHA, 2007, p. 164-165). Contudo, nesse conjunto importante de textos mais recentes, Hespanha não identificou como risco a dificuldade que constitui encontrar, nas sociedades ocidentais contemporâneas, consensos democráticos em torno da validade dessas outras formas. Ou, por outro lado, o risco da possível não democraticidade dessas formas, no interior das comunidades em que elas se geram. Não reflectem essas outras formas de organizar o direito ou de relacioná-lo com outras ordens normativas, pelo menos em muitos casos, desequilíbrios de poder e relações de domínio nessas comunidades?

Termino este texto com essas questões e com a certeza que António Hespanha também procurou para elas uma resposta, pois eram questões que discutia no dia a dia da academia e sobre as quais conversámos muitas vezes. É preciso, portanto, continuar a pesquisar sua obra.

Referências

BELO, A. Por terras de Hespanha. **Manifesto Temas Sociais e Políticos**, n. 4, 2ª série, p. 157, 2019.

CARDIM, P. António Manuel Hespanha. In: SILVA, I. C. da; MONTEIRO, N. G. M. (Orgs.). **História e historiadores no ICS**. Lisboa: Imprensa de Ciências Sociais, 2017. p. 23-34.

HESPANHA, A. M. A historiografia jurídico-institucional e a "morte do Estado". **Anuario de Filosofia del Derecho**, n. 3, p. 191-227, 1986.

HESPANHA, A. M. **Como os juristas viam o mundo (1550-1750)**: direitos, estados, coisas, contratos, ações e crimes. Kindle Edition, 2015.

HESPANHA, A. M. **Cultura jurídica europeia**: síntese de um milénio. Coimbra: Almedina, 2012.

HESPANHA, A. M. Estadualismo, pluralismo e neorrepublicanismo: perplexidades dos nossos dias. In: VOLJKMER, A. C.; VERAS NETO, F. Q.; LIXA, I. M. Lixa (Orgs.). **Pluralismo jurídico**: os novos caminhos da contemporaneidade. São Paulo: Saraiva, 2010.

HESPANHA, A. M. Jurists as gamekeepers. In: HESPANHA, A. M. **O direito democrático numa era pós-estatal**: a questão política das fontes de direito. 2018a. p. 7-47.

HESPANHA, A. M. Leis bem feitas e leis boas. In: HESPANHA, A. M. **O direito democrático numa era pós-estatal**: a questão política das fontes de direito. 2018b. p. 95-114.

HESPANHA, A. M. **O caleidoscópio do direito**: o direito e a justiça nos dias e no mundo de hoje. Coimbra: Almedina, 2007.

HESPANHA, A. M. **O caleidoscópio do direito**: o direito e a justiça nos dias e no mundo de hoje. 2. ed. Coimbra: Almedina, 2009.

HESPANHA, A. M. Os juristas mais característicos fazem parte do problema e não da solução. Entrevista. **Prisma**, v. 7, n. 1, p. 19, 2008.

HESPANHA, A. M. **Uma monarquia tradicional**: imagens e mecanismos da política no Portugal seiscentista. Kindle Edition, 2019.

HESPANHA, A. M. Savants et rustiques: la violence douce de la raison juridique. **Ius Commune**, Frankfurt/Main, v. 10, p. 1-48, 1983.

HESPANHA, A. M. Será que a legitimação democrática do direito vai desaparecer. In: HESPANHA, A. M. **O direito democrático numa era pós-estatal**: a questão política das fontes de direito. 2018c. p. 51-92.

SILVA, C. N.; XAVIER, A. B.; CARDIM, P. C. (Eds.). **António Manuel Hespanha**: entre a história e o direito. Coimbra, Almedina, 2015.

Democracia e direito no Brasil:
lições a partir de António Hespanha

Thiago Hansen

Professor Adjunto de Teoria e História do Direito da Universidade Federal do Paraná.

1
Introdução

Em um texto de 2013, publicado como separata na *Revista Scientia Ivridica*, intitulado "Terão os juízes voltado ao centro do direito?", António Hespanha (2013) escreveu à mão uma dedicatória para este autor com um detalhe diferente do habitual. Além do abraço fraterno escrito com sua caligrafia inconfundível, deixou inscrito na capa do artigo uma recomendação, na verdade um imperativo, daquele que é dado pelo mestre aos alunos: "Ler e reler!". Em um primeiro momento não entendi o porquê do destaque àquele artigo. António o havia entregue junto com vários outros artigos em separata e alguns de seus livros antigos ou de edições menores, como um presente, todos autografados e com dedicatórias, mas somente esse trazia tal recomendação imperativa.

Depois de um tempo, quase me esquecendo da obrigação, li o artigo e entendi sua ordem: o texto trata do Brasil e da Argentina e, em especial, da ascensão do Poder Judiciário como um ator fundamental da política nesses países e as consequências desse processo para a legitimidade democrática do direito.

O texto, de 2013, é de uma clarividência magnífica, pois escrito antes do estouro da Operação Lava-Jato, revela um António Hespanha capaz de sentir no faro do presente um movimento mais longo que se vinha desdobrando historicamente desde o fim da Segunda Guerra Mundial e que estouraria – mal sabia ele – como um terremoto na América do Sul no início do século XXI.

O artigo, com pouco menos de 30 páginas, sumaria questões de teoria do direito e de história do direito e retoma reflexões já desenvolvidas em outros textos seus, como o importante artigo "Um poder um pouco mais que simbólico: juristas e legisladores em luta pelo poder de dizer o direito" (HESPANHA, 2010), ou o artigo "Rumos do constitucionalismo no séc. XXI: constitucionalismo, pluralismo e neoliberalismo" (HESPANHA, 2014), e especialmente as ideias desenvolvidas em seu livro, pensado como um manual de introdução ao direito, *Pluralismo jurídico e direito democrático* (HESPANHA, 2019).

Em uma tentativa de sumariar a discussão comum entre esses três textos, pode-se destacar os seguintes eixos argumentativos:

a. Hespanha sempre deu atenção e ênfase às estratégias e astúcias que o corpo de profissionais do direito, sejam acadêmicos-doutrinadores, sejam o prático e o juiz, desenvolveu como maneira de se manter com o poder de dizer o direito apesar do paradigma legislativo, em que vários autores destacam a perda de poder do jurista em relação ao poder político.

b. O fato de a arquitetura jurídica da modernidade impor a prevalência do Poder Legislativo como o representante direto da vontade popular e o Poder Judiciário como mero aplicador dessa mesma vontade nunca retirou da leitura de Hespanha a atenção para o fato de esse discurso moderno ter sido utilizado a favor dos próprios juristas, que se posicionaram a partir de então como uma espécie de "sábio neutral", capaz de dizer o direito para além das vontades políticas, visto que teria apenas uma atividade técnico-interpretativa, pretensamente independente dos jogos políticos cotidianos. Essa condição, em vez de reduzir o poder dos juristas, blindou-o e elevou-o acima dos interesses imediatos da política contingente e recuperou sua condição sacerdotal.

c. A jurisprudência, *topoi* da doutrina e da argumentação judicial, sempre foi assim uma fonte imediata do direito na prática, independentemente da abstrata hierarquia superior que as leis e a Constituição assumem no esquema formal e piramidal do direito.

d. Isso fez com que os juristas mantivessem em suas mãos o desenvolvimento de técnicas interpretativas que condicionam o direito, como se vê, por exemplo, desde os trabalhos no século XIX de Friedrich Carl von Savigny.

e. Não obstante, Hespanha aponta em seus textos a falha de grande parte dos manuais de introdução ao estudo do direito e de teoria do direito em insistir em uma leitura clássica e oitocentista até hoje que sistematizam o direito dentro do paradigma estadualista e legislativo sem se atentar como deveria para o fenômeno das fontes não estaduais e corporativas do direito, como é o caso da *Lex Mercatoria,* das regras das corporações e dos ofícios ou mesmo das regras informais do funcionamento dos tribunais.

Com essas lições, António Hespanha foi fundamental para demonstrar que o poder político e o pensamento jurídico sempre estiveram intimamente conectados na história, mesmo naqueles momentos em que os juristas parecem ser meros burocratas frente à imensidão do Estado. Essa condição exige, a partir de então, uma reflexão crítica sobre a democraticidade do direito, desde sua criação até sua aplicação. Sendo os juízes aplicadores e também criadores do direito na prática interpretativa e argumentativa, as perguntas que surgem são: Como legitimar democraticamente essa atividade? Isso sequer é possível?

Partindo desses eixos gerais que são capazes de produzir inúmeras reflexões e trabalhos, propõe-se, no presente artigo, uma análise do desenvolvimento do judiciarismo como um movimento político, para tanto, traçaremos um paralelo histórico entre o Brasil da década de 1920 e o Brasil de hoje.

Tal proposta de história comparada leva em conta as óbvias lições de que a história não se repete e que distâncias de um século não podem ser conectadas como meras consequências entre um período e outro. Entretanto, não se pode, em nome dessa regra metodológica, não se notar que uma série de rimas históricas são possíveis de ser apresentadas entre um movimento político específico da história do Brasil, o tenentismo, e o judiciarismo brasileiro das primeiras décadas do século XXI.

2
Do tenentismo fardado ao tenentismo togado: crise democrática e o direito brasileiro

Primeiramente, o que é o tenentismo e como pode ele estar ligado ao campo do direito e judiciário para justificar a expressão *tenentismo togado*, atualmente utilizada por alguns cientistas sociais[i]?

O tenentismo foi um movimento de jovens militares que questionaram a ordem político-legal formada na Primeira República (1889-1930) e materializada na Constituição de 1891, expressa pelas práticas da chamada *política de governadores*, ou *política dos Estados*, desenvolvida pelo Presidente Campos Salles.

Seu histórico remonta ao desastroso governo do Presidente Hermes da Fonseca (1910-1914). Como resultado de um acordo temporário entre as elites rejeitadas do sistema político tradicional, Hermes subiu ao poder com o objetivo de acabar com o sistema oligárquico por meio das chamadas *políticas de salvações*. Tal política consistia em utilizar o Executivo federal como instrumento de imposição de uma específica moralidade legislativa nos estados federais que elegessem políticos contrários à União. Sua prática falhou, deixando o país sob estado de sítio e realizando várias intervenções militares e catastróficas nos estados, como é o caso do famoso bombardeio da cidade de Salvador, na Bahia. Apesar dessa instabilidade, Hermes da Fonseca deixou um legado duradouro ainda que inicialmente não explícito: reformou as Escolas Militares para o Treinamento de Oficiais e possibilitou com isso a ascensão de uma nova elite técnico-política: a dos jovens tenentes.

Na prática, essas escolas eram a única forma de um jovem promissor de classe média ou baixa ter acesso ao ensino superior, em uma altura em que as universidades eram escassas, caras e pouco profissionais. Na educação militar, além de um soldo, um lar e um uniforme, os jovens tiveram contato com áreas de geologia e engenharia, o que

---

i   Exemplos: Christian Lynch, Luis Werneck Viana e Pedro Dória.

os transformou em técnicos capazes de avaliar o potencial do Brasil em termos econômicos e geopolíticos e contribuir para um discurso de renovação do processo de desenvolvimento. Como esperado, esses jovens oficiais militares rapidamente começaram a misturar seus estudos técnicos com propostas políticas e jurídicas.

Apontando as contradições entre o "Brasil real" e o "Brasil legal", esses jovens começaram uma escalada política e golpista fundamentada na limpeza e no saneamento do sistema político e eleitoral, superando as diferenças estaduais e locais em favor de uma política de desenvolvimento nacional e uma mudança radical no sistema constitucional.

O principal alvo dessas críticas foi o Presidente Epitácio Pessoa, o perfeito representante do sistema oligárquico brasileiro de então: um sujeito que foi senador, ministro, procurador-geral da República, ministro do Tribunal Constitucional, juiz do Tribunal Internacional de Justiça e, finalmente, presidente da República. A necessidade de mudar o sistema político passaria, nesse caso, pelas mãos, armas e uniformes dos jovens tenentes que iniciaram uma sequência de tentativas de golpes no Brasil: 1922, 1924, 1925-1927 até vencerem com a Revolução de 1930 que levou Getúlio Dornelles Vargas ao poder.

Vários juristas contribuíram ou aderiram às propostas dos tenentistas de alteração constitucional. Os três principais nomes foram Oliveira Viana (fundador da Justiça do Trabalho no Brasil), Themistocles Cavalcanti (um dos principais nomes na renovação do direito administrativo brasileiro) e Pontes de Miranda (um dos principais juristas brasileiros do século XX, polímata que trabalhou em uma ampla lista de áreas jurídicas). Um exemplo importante de publicação da época que demonstra essa aproximação entre juristas e militares em nome das mudanças políticas é o livro editado pelo militar Vicente Licínio Cardoso, *À margem da história da República*, que incluiu artigos críticos e reformadores de alguns desses juristas.

Após o triunfo da Revolução de 1930, o tenentismo gerou políticos de diversos espectros, da extrema esquerda à extrema direita, incluindo versões nacionalistas de liberalismo.

Especialmente os militares, que mantiveram o núcleo mais inquebrantável do espírito tenentista, participaram ativamente do governo provisório de 1930-1934, apelando à ditadura. Participaram também ativamente do Estado Novo, assumindo ministérios-chave, e também foram eles que derrubaram o Estado Novo em 1945. Esses militares de origem tenentistas estiveram envolvidos em todas as tentativas de golpe de Estado na República de 1945-1964 (1954, 1955, 1961 até que conseguiram 1964). Foram também responsáveis por constituir o núcleo duro do regime militar dos anos 1964-1985.

Esses tenentes contribuíram para uma profunda renovação da organização administrativa e jurídica do Brasil, criando muitos códigos, decretos, instituições e empresas estatais, como a Petrobras. Atuaram também como secretários e técnicos nos Estados, realizaram obras públicas e produziram projetos de desenvolvimento regionais e nacional.

O exército ocupou, assim, o espaço vago da tradição política brasileira do Poder Moderador. Agiu como um bastião da nacionalidade e interferia quando a própria população, dizia-se, não era capaz de mudar o estado das coisas, ou quando a própria população poderia ser governada pela demagogia, populismo etc., um perigo a ser evitado. Os argumentos para legitimar as intervenções dos tenentes sempre giraram em torno da necessidade de reorganizar o sistema político e recuperar a preocupação geral pelo Brasil, acima dos interesses partidários, estaduais e locais.

Os tenentistas usaram a farda durante a maior parte do século XX. Nos últimos anos, esse espírito renovador e saneador da política parece ter trocado de roupa.

O novo uniforme que os tenentes usam hoje é a toga, e é por isso que alguns autores falam do *tenentismo togado*.

Mas o que quer dizer a expressão *tenentes de toga*? E como ela poderia ajudar a explicar o que tem acontecido no Brasil na última década? Qual é sua relação com a Lava Jato?

A hipótese aqui proposta, seguindo também outros autores, é: o momento vivido na segunda década do século XXI no Brasil tem mais a ver com a Revolução de 1930 do que com outros momentos da história brasileira, como o golpe de 1964 ou a crise política e o *impeachment* de 1992. Por isso, recuperar um dos principais atores do processo Revolucionário de 1930 é fundamental: o tenentismo.

Ao passo que parcela dos movimentos políticos de esquerda acusa a ocorrência de golpe contra Dilma Rousseff como parte de uma contrarrevolução às propostas igualitárias que haviam sido construídas no Brasil nos governos petistas, a direita mais reacionária afirma estar vivendo, não sem um pouco de paranoia, uma contrarrevolução às tendências comunistas e totalitárias que teriam dominado a política brasileira nos últimos 30 anos, retirando, assim, o país de suas ditas características tradicionais e naturais, de um país católico, conservador e liberal economicamente.

Embora a troca de acusações entre esquerda e direita ligadas aos partidos formais partilhe a ideia de contrarrevolução (a primeira acusa negativamente, e a segunda heroiciza positivamente), parece que, nos últimos anos, como observou Lynch (2017), os órgãos de Justiça (Judiciário e Ministério Público) aproximaram-se da ideia da Revolução Saneadora, apresentando uma proposta de atuação política dos juristas investida de uma retórica antipolítica e defensora da moralidade pública que os membros dos poderes Executivo e Legislativo não teriam.

A questão da crítica à fraude, à corrupção e à impossibilidade de uma participação real das classes médias no sistema político, manifestada tão bem na crise atual do sistema representativo-parlamentar, é uma agenda semelhante à mobilizada pelos tenentes durante os anos 1920 e 1930.

Outra rima histórica entre os tenentes fardados e togados chama a atenção: o Poder Judiciário e o Ministério Público, após assumirem as novas funções constitucionais adquiridas em 1988 pela Constituição, foram legitimados a intervir em diversas questões de política pública, liberdades civis, costumes e assuntos de relevância nacional, estadual e local. Com a combinação complexa de um sistema misto de controle da constitucionalidade, que permite um controle concentrado e difuso, e um controle concreto e abstrato, o Poder Judiciário e seus órgãos foram catapultados acima de sua condição histórica de poder de veto, que, na maioria dos casos, consistia em uma não interferência direta, assumindo uma postura deferente, ou simplesmente vetando questões muito delicadas (como em casos de *habeas corpus*). Dessa versão, as togas tornaram-se um novo poder que, além de manter essas premissas tradicionais, passaram a assumir uma legitimidade propositiva em matérias classicamente pensadas como políticas (costumes, liberdades civis, políticas públicas), tudo em nome da representação do fugidio conceito de "interesse público", envernizado com valores republicanos e liberais. Exemplos clichês são a presença constitucional e as teorias sobre mandado de injunção e ADIN por omissão, assim como uma série de discussões sobre neoconstitucionalismo, função política do direito, eficácia constitucional, judicialização da política, etc.

Tomemos um exemplo contemporâneo do tenente togado, herdeiro tanto das críticas ao sistema político quanto da tradição de valorização do Judiciário de um Rui Barbosa: Luis Roberto Barroso.

Em sua atividade como Ministro do Supremo Tribunal Federal, destacam-se três ideias profundamente tenentistas.

A primeira é a ideia de que o concurso público, meio privilegiado de acesso às carreiras jurídicas, seria mais democrático que as eleições, porque teria um forte caráter meritocrático. Algo semelhante ao que os tenentes pensavam nos anos 1920, quando deixaram as escolas militares, imbuídos de certa ideia de meritocracia.

A segunda ideia defendida em um de seus livros é a de que o Judiciário tem o dever de ser uma espécie de vanguarda esclarecida dos costumes, levando a sociedade a avançar contra os meios que tradicionalmente impedem a implementação de uma "verdadeira democracia". Essa posição reflete o *leitmotiv* das ações políticas dos tenentes, que se viam como atores políticos investidos de uma missão libertadora para a política nacional.

A terceira e última ideia é talvez a mais controversa. Luis Roberto Barroso, em mais de uma ocasião, defendeu a necessidade de o Poder Judiciário tomar decisões que estejam atentas às vozes das ruas. E, por "vozes das ruas", não há dúvidas sobre o que está sendo dito: a voz da opinião pública, leia-se, opinião publicada, imprensa escrita, o mecanismo tradicional para representar os valores e as ideias da classe média. O paralelo aqui entre o tenentismo fardado e o tenentismo togado é ainda mais forte. Virginio Santa Rosa (1932), um destacado jornalista brasileiro que descreveu o tenentismo, disse que a opinião pública era um dos fatores mais importantes para a força do movimento e foi fundamental para aumentar seu poder político frente às classes médias urbanas. Algo semelhante aconteceu recentemente com a ascensão, pela imprensa, da condição de heroicidade de certos nomes no Judiciário brasileiro, como juízes federais e procuradores da República.

A crise política brasileira desencadeada em 2013 como uma crítica à insuficiência dos serviços públicos, à Copa do Mundo e aos gastos olímpicos, e impulsionada pela Lava Jato com o crescente envolvimento dos órgãos de Justiça nas decisões tradicionalmente localizadas nas esferas políticas (nos três níveis da federação), criou um sistema de Justiça nacional que é profundamente influente na política cotidiana. A isso acresça-se o vertiginoso aumento do número de bacharéis em Direito desde os anos 1990, o que produziu um exército togado de aspirantes a juízes e procuradores da República.

Lembro-me uma vez de ouvir, em uma palestra, que a história dos poderes políticos poderia ser apresentada da seguinte forma: o século XIX era o século do Legislativo; o século XX era do Executivo; e o século XXI seria do Judiciário. Entretanto, parece que, se continuarmos por esse caminho, o século XXI será brevíssimo, mais curto do que foi o anterior, para retomar à famosa metáfora de Eric J Hobsbawm. E aqui se destacam as principais diferenças entre o tenentismo fardado e o tenentismo togado.

Diz-se *brevíssimo* por uma série de razões. No entanto, uma é especialmente evidente: ao contrário dos tenentes dos anos 1920, jovens ufanistas e idealistas cheios de projetos e que de fato acabaram por concretizá-los em uma vasta área da vida política e econômica do Brasil, o atual tenentismo togado não parece ter qualquer projeto de país, salvo pequenas propostas de modificação no âmbito da legislação penal, como o caso das chamadas "10 Medidas contra a Corrupção". Mas nada além disso, não existem manifestos, textos, reflexões, propostas que avancem as pautas que são esperadas pela população no dia seguinte ao término do processo de saneamento político.

O receio é que a ausência de qualquer tipo de projeto no novo tenentismo tenha criado um vácuo, fazendo com que a inércia produza o resgate da soluções do passado, como o retorno de uma leitura político-constitucional do *establishment* da Primeira República que assume contornos de autocontenção, crítica a judicialização da política, mecanismos de referendo ou aprovação do legislativo de decisões da Suprema corte etc. Toda essa tradição já existiu no Brasil. Remonta a nomes como Felisbelo Freire, Epitácio Pessoa (novamente aqui!), João Luis Alves etc. Hoje, conservadores-pragmáticos como Gilmar Mendes, a título de exemplo, parecem ser exemplares desse movimento.

Alguns exemplos factuais parecem reforçar ainda mais essa mudança de tendência:

a. O atual presidente do STF, ao tomar posse, declarou que era hora de o Judiciário se afastar das contendas políticas, colocando "as barbas de molho".

b. Juristas e parte da sociedade civil ecoam o pedido por uma nova Constituição e acusam a Constituição Federal de 1988 de não ser capaz de lidar com os dilemas contemporâneos da globalização econômica e com a ascensão do neopopulismo.

c. Foi sugerida a criação, por emenda à Constituição, de um controle das decisões do STF por meio do parlamento ou de referendo.

d. Foram também sugeridas propostas impugnação, anulação, aposentadoria ou criação de sistema de mandatos para os ministros do STF.

e. Parcelas de políticos pregam abertamente a desobediência à decisões do STF, acusando a falta de legitimidade democrática destas.

O estado de letargia política em que vivemos hoje, tão bem antecipado por António Hespanha, é um exemplo típico do resultado de uma suposta reorganização de um sistema político sem ter nada que o substitua de forma concreta. E mais, uma reorganização feita pelas elites judiciais, com claro déficit democrático e pouco controle de seus fundamentos, visto que abstratos e doutrinários, escapáveis à política contingente.

A resposta que a tradição conservadora da Primeira República tinha como projeto, nós conhecemos e já mencionamos: autocontenção, oligarquização e crise da representação democrática. E acredito que nenhum de nós quer que essas experiências saiam dos livros de história.

3
Considerações finais

Em uma entrevista que tive a oportunidade de fazer com António Hespanha no ano de 2016, perguntei a ele:

> *O papel que alguns juízes assumem hoje no espaço político brasileiro reacendeu a questão sobre o papel do Judiciário e sua possível limitação? Alguns veem o possível "governo dos juízes" como algo positivo – posto que baseado em argumentos técnicos ou científicos – outros, como o Sr, apontam a necessidade de se devolver o direito ao povo. Mas, no que consiste devolver o direito ao povo, e em que medida isso não seria submeter de vez o direito como um produto da política? (SJM#33..., 2016)*

Sua resposta, dada com as facilidades que a oralidade permite e com sua imensa didática, foi um dos minutos de maior aprendizagem que já pude ter, e transcrevo-a a seguir como encerramento deste artigo. Espero que sua reflexão sirva como uma eterna luz de vigilância democrática contra os abusos que o Poder Judiciário (ou judicial, como falava ele) pode perpetrar em um país:

> *O direito é um instrumento da política. O que acontece é que isso não é normalmente assumido. Constituiu-se essa*

ideia de que o direito não é político, portanto é produto de um saber neutral etc. O que temos é que assumir a ideia de que direito é política. E no fundo, encaixar isso, combinar isso com as ideias acerca da legitimação democrática do Estado. É política nos quadros de um Estado democrático. E toda política nos quadros de um Estado democrático deve tender para criar as condições ou desenvolver as condições do exercício da democracia. E o direito também. Portanto, o direito, na dúvida, deve escolher a solução que consolide ou desenvolva a democracia. E a democracia é, como a palavra indica, o governo do povo. Um governo refletido, um governo inclusivo. O povo não como uma entidade degrada, mas como um entidade que reflete e pensa politicamente. Quem melhor pode pensar as questões que dizem respeito ao povo que o próprio povo? E que melhor reflexão existe que, com todos os defeitos que ela tem, a reflexão parlamentar?

[...]

Em contrapartida, esse não é o caso do meio dos juristas. Os juristas são obscuros, tem uma linguagem complicada, muitas vezes complicada aos próprios juristas, e muito mais para quem não é jurista. Seus argumentos não são controláveis, não é um grupo social inclusivo, por contrário, é o produto de sucessivas escolhas sociais que colocam-nos num setor muito determinado da sociedade. Exercem jogos de poder político através de seus discursos. O seu discurso não é neutro e sobretudo, não se percebe (entende), qual é autoridade que os juristas tem de decidir contra a maioria.

[...]

O desafio que eu poria a todos os defensores de um direito judicial contramajoritário é que começassem por explicitar as bases teóricas e metodológicas de suas posições. Começassem a explicitar qual é a teoria que fundamenta uma capacidade especial dos juristas em decidir contra a maioria. Mas ninguém faz isso. Toda a gente fala dos princípios etc. mas, como é que os conhecem? Por que é que conhecem melhor uns princípios que outros? Por que é que são mais capazes de chegar na íntima natureza das coisas, na mais profunda natureza das coisas e os outros não? Tudo isso carece de uma explicação teórica e metodológica e eu não creio fácil encontrar hoje essa explicação. Da forma como diz um jurista-penal que eu gosto muito, Garcia Amado, muito das vezes por trás dessa reivindicação de uma particular sensibilidade dos juristas para questões de justiça, o que há é o desígnio de transformar os sentimentos pessoais do jurista em uma coisa qualquer que estaria na natureza das coisas. (SJM#33..., 2016)

O desafio está lançado e parece ser essa pergunta desafiadora um guia teórico importante para as condições jurídicas de manutenção da própria democracia no Brasil.

Referências

HESPANHA, A. M. **Pluralismo jurídico e direito democrático**: perspectivas do direito no século XXI. 3. ed. Coimbra: Almedina, 2019.

HESPANHA, A. M. Rumos do constitucionalismo no séc. XXI: constitucionalismo, pluralismo e neoliberalismo. **Boletim de Ciências Económicas da Universidade de Coimbra**, v. LVII, 2014.

HESPANHA, A. M. Terão os juízes voltado ao centro do direito? **Scientia Iuridica**, Tomo LXII, n. 332, ano 2013.

HESPANHA, A. M. Um poder um pouco mais que simbólico: juristas e legisladores em luta pelo poder de dizer o direito. In: FONSECA, R. M.; SEELAENDER, A. (Orgs.). **História do direito em perspectiva**: do Antigo Regime à Modernidade. Curitiba: Juruá, 2010.

LYNCH, C. E. C. Ascensão, fastígio e declínio da Revolução Judiciarista (2013-2017). **Revista Insight Inteligência**, out./nov./dez., 2017.

SANTA ROSA, V. **O sentido do tenentismo**. Rio de Janeiro: Livraria Schmidt, 1932.

SMJ#33: visões do direito (com António Hespanha e Ricardo Fonseca). Produção, direção e apresentação de Thiago Hansen. Coapresentação: Carolina de Quadros. Entrevistados: António Manuel Hespanha e Ricardo Marcelo Fonseca. **Salvo Melhor Juízo**, 31 out. 2016. Disponível em: <https://salvomelhorjuizo.com/post/152561779598>. Acesso em: 20 maio 2020.

A relação entre amor e justiça e a função não pulsional do jurista em António Manuel Hespanha

Kauana Vieira da Rosa Kalache

Bacharel em Direito pela Pontifícia Universidade Católica do Paraná, Mestre (LLM) em Direito Penal pala Universidade da Califórnia – UCLA, mestranda no Centro Universitário Internacional - UNINTER, especialista em Direito Penal e Criminologia pelo Instituto de Criminologia e Políticas Criminais. É professora de Direito Penal, Processo Penal, Inglês Jurídico e advogada criminalista.

António Manoel Hespanha, em sua obra *A política perdida: ordem e governo antes da modernidade* (2010), dedica algumas páginas para tratar dos aspectos jurídicos do amor. Sob o título: "O amor nos caminhos do direito: amor e iustitia no discurso jurídico moderno", o capítulo reflete a discussão acerca do que seria o amor, seus impactos na construção do saber, bem como na política e na tomada de decisões judiciais.

Assim, inicia o texto constatando existir diferença entre estados psíquicos e sentimentos. Apesar de o autor não adentrar nessas distinções, podemos brevemente afirmar que estados psíquicos, também compreendidos como "emoções", podem ser elencados em sete categorias comuns à quase todas as culturas: amor, raiva, nojo, desprezo, tristeza, felicidade e medo. Inúmeras culturas ainda abrangem a culpa e a vergonha. Para Freud (2019, p. 547), todas essas emoções podem ser divididas e encaixadas sob dois pilares, prazer e desprazer, que ao se relacionar, excitam a consciência.

Já o sentimento seria o resultado da experiência subjetiva de quem sofre as emoções, a interpretação dada à elas pelo sujeito que sente. Ao vivenciar um estado psíquico de desprazer sujeitos diferentes podem ter sentimentos diferentes em relação ao que vivenciaram.

1
A história jurídica dos sentimentos

Considerando que sentimentos são subjetivamente inerentes a cada ser e que há a impossibilidade material de se conhecer com clareza o que passa na mente de cada um, Hespanha faz críticas à história jurídica dos sentimentos. Afirma, ainda, citando Wittgenstein, que a manifestação externa do sentimento depende do contexto cultural em que o sujeito está inserido. Tais sentimentos estariam, inclusive, condicionados pelas expectativas sociais, citando-se o exemplo de que a invocação do amor geralmente acontece por meio de conjunto de práticas que cabalmente pode ser considerado como amoroso, e somente mediante a análise destas é que se pode construir a compreensão dessa emoção em um sentido histórico (HESPANHA, 2010, p. 59).

> *o sistema de classificação que hoje aplicamos aos sentimentos – e a partir do qual dotamos de sentido a palavra "amor"- é muito diferente do que estava em vigor durante o Antigo Regime. O amor de hoje não tem nenhuma semelhança com o amor de ontem. Não evoca as mesmas emoções. Não se exterioriza segundo o mesmo conjunto de ações e reações externas. Não se conecta na mesma sequência de práticas. (HESPANHA, 2010, p. 60)*

Para além da questão temporal envolvendo a expressão sentimental de uma cultura, necessário enfatizar que, o que sentimos, ou seja, a interpretação de estados psíquicos, é individual, inerente à experiência única de cada sujeito. Pessoas não sentem da mesma forma, com a mesma intensidade.

2
Todos sentimos – o combate histórico do sentir nas decisões judiciais

Pois bem, todos os seres humanos experienciam prazer e desprazer em sua vida quotidiana, vivenciando, mesmo que de forma não igual, sentimentos os mais variados. Essa carga emocional vivida diariamente exerce influência em nossos atos, nas decisões que tomamos, em nossa formação ideológica, enfim, em como encaramos a vida.

Contidas condicionantes subjetivas como amor e ódio em nossas ações e pensamentos, incluindo-se aqui todos os seres racionais, tais estados psíquicos também estão presentes nas decisões proferidas pelos juízes[i].

O papel de juristas medievais era o de induzir a ordem com base na natureza, utilizando recursos da sensibilidade humana, como o amor. Não se exigia destes a reorganização da ordem por meio da privação de abordagens não racionais para interpretação do direito. A responsabilidade dos juristas seria "de observarem, refletirem, sentirem, acreditarem, lembrarem, meditarem e interpretarem as ordens existentes [...]. Para realizarem uma hermenêutica ilimitada de Deus, dos homens e da natureza" (HESPANHA, 2010, p. 245).

Cada ordem normativa deveria restar comprovada, por meio de solução arbitrária fornecida pelo juiz, a qual trouxesse harmonia, recebendo um consenso comunitário. Hespanha traz como um dos exemplos de tal prática as situações em que juízes criminais limitavam – o autor usa a palavra "temperavam" – ou não a dureza da norma com a misericórdia.

---

i   Uma das situações que retrata com clareza a influência de emoções e sentimentos do julgador na tomada de decisões é o caso da, à época, adolescente Penelope Soto, nos Estados Unidos. Acusada pelo crime de posse de drogas, a menina chega à audiência rindo muito e mexendo repetidamente no cabelo, comportamento que incomoda o juiz – Jorge Rodriguez-Chomat. Este pergunta se a menina estava sob influência de drogas, e ela nega. Concedido o pagamento de fiança para que a garota respondesse pelo crime em liberdade, Penelope é sarcástica com o juiz, murmurando um "tchauzinho", momento em que o magistrado demanda que ela retorne e dobra o valor estabelecido para pagamento de fiança. Ato seguinte, a adolescente mostra o dedo do meio para o juiz, que, imediatamente, dá voz de prisão à garota por desacato, estabelecendo o tempo de detenção em 30 dias (DRUG..., 2014).

A natureza incerta das arbitragens dos juízes e a característica política de suas decisões, as quais geravam grande insegurança jurídica para os que à estas se sujeitavam, são algumas das razões que tornaram imperiosa a construção de uma hermenêutica jurídica com limitações, hoje constitucionais, primando-se pela imparcialidade do julgador.

Seria possível exigir de um magistrado que decida sem qualquer influência de sentimentos à ele pertencentes? Esses sentimentos já não teriam contribuído com a formação de sua personalidade, de suas ideologias, estando assim indissociável de seus atos? Existiria um limite até onde seria tolerável a humanidade do jurista – porque não há nada mais humano do que sentir – expressa no momento decisório?

3
Os limites do sentir pelos magistrados

Quando Hespanha escreve sobre "A reconstituição do amor e a função dos juristas", afirma:

> *A função dos juristas, que não pode ser então poiética, seminal – adicionemos já uma vez o que falta: que não pode ser orgásmica –, tem que se limitar, por uma questão de princípio, à tarefa de reconstrução da ordem que previamente conheceu. Como o afeto, primeiro gerador de tal ordem, esparramou-se já em seu momento, agora do jurista exige-se a eliminação de qualquer veleidade afetiva. (HESPANHA, 2010, p. 82)*

Estaria Hespanha elocubrando teorias idealistas, inalcançáveis em nosso mundo quotidiano e real? Pensamos que não. Defende o autor uma postura de consciência sentimental por parte do jurista na Idade Moderna, um amor geral, universalizado, que assume características de amor caridoso, como defendido por São Tomás de Aquino, e que se "esparrama igualmente sobre todas as coisas, pois não lesiona a justiça comutativa; e dirige apaixonadamente suas aspirações de fazer justiça, recebendo então a excelsa denominação de *amor iustitiae*" (HESPANHA, 2010, p. 83).

Baumam (2004, p. 100), ao analisar Freud e seus preceitos fundamentais de uma vida civilizada, afirma:

> *Amar o próximo como a si mesmo encerra a totalidade dos mandamentos divinos. Aceitar esse preceito é um ato de fé; um ato decisivo, pelo qual o ser humano rompe a couraça dos impulsos, ímpetos e predileções "naturais", assume uma posição que se afasta da natureza, que é contrária a esta, e se torna o ser "não natural" que, diferentemente das feras (e, na realidade, dos anjos, como apontou Aristóteles), os seres humanos são.*

Trata-se de acordo com o autor, de uma passagem decisiva do instinto de sobrevivência para a moralidade, a qual "torna a moralidade uma parte, talvez condição *sine qua non*, da sobrevivência [...] a sobrevivência de um ser humano torna a sobrevivência da humanidade no humano" (BAUMAN, 2004, p. 100). É o amor universalizado, legítimo de ser sentido e pelo qual o magistrado deve deixar-se influenciar.

Ao que o Hespanha se opõe é o amor particular, enquanto subversão do amor geral e que fere a justiça. Assim, defende que o amor particular e, por conseguinte, o ódio particular por parte dos juízes, não podem ser tolerados, sob pena do *in dubio pro amico* (HESPANHA, 2010, p. 84). Demonstra, inclusive, receio de que a proibição desse amor particular, por parte dos juristas modernos, esteja aniquilando a "complexa consciência sentimental", uma vez que inibe também o amor geral.

Então, o sentir é válido, desde que de maneira geral e limitada, ao passo que sentimentos particularmente dirigidos, considerados impróprios, vêm sendo historicamente combatidos por aqueles que atuam com o direito. Assim é com o amor:

> *se o jurista apreendesse afetivamente as relações humanas que deve executar, então estaria na prática instituindo uma nova ordem. Estaria fazendo sua própria justiça (lacere iustitiam suam), estaria substituindo essa ordem instaurada pela própria natureza das relações objetivas (communicatio) e que sempre e de algum modo está presente no espírito das partes, por outra baseada numa relação particular do juiz com a questão ou com alguma das partes afetada. A única forma, então, de evitar essa perversa recomposição da ordem mediante o compromisso afetivo do jurista justo exigiria que esse compromisso fosse universalizável (António Hespanha). (PETIT, 2011, p. 14)*

Apesar do receio de um Poder Judiciário tecnicista e não empático, a atualidade revela uma inversão espectral, com juízes motivados passional e ideologicamente em suas decisões, de forma seletiva. Na contramão do combate histórico, estudos apontam que as decisões de magistrados hoje baseiam-se muito mais em convicções pessoais, ao analisar o caso concreto, do que em teorias jurídicas.

De acordo com um dos pesquisadores da Universidade Federal do Paraná – instituição responsável pela pesquisa –, Fernando Ganem, "as lacunas deixadas pela lei exigem a aplicação de princípios [...] Já em questões polêmicas, a ideologia e o posicionamento social prévio influenciam na decisão, justificada, depois, com a doutrina e a jurisprudência" (IDEOLOGIA..., 2012).

Na mesma direção crítica de Hespanha, Lênio Streck opõe-se à subjetividade que, atualmente, eiva os julgamentos dos magistrados. Para o autor, a subjetividade do julgador não pode dar origem às decisões em um Estado democrático – abrangidas no conceito de subjetividade a vontade individual e a ideologia. Acusa de antidemocrática a decisão baseada na "consciência individual", acarretando sua aceitação em retrocesso histórico (IDEOLOGIA..., 2012).

> *Nosso imaginário jurídico está mergulhado na filosofia da consciência*[i]. *Nele, cada juiz é o "proprietário dos sentidos". É um equívoco dizer que sentença vem de sentire. Essa é uma das grandes falácias construídas no Direito. É o que eu chamo de "solipsismo", que é a tradução de* selbstsüchtiger, *o sujeito egoísta da modernidade.* (STRECK citado por IDEOLOGIA, 2012)

Todavia, é também entendimento dos autores críticos, como Streck, o fato de que seres humanos são sim dotados de sentimentos, não isolados culturalmente – para pontuar seu argumento, o autor diferencia os sujeitos de alfaces – e que a carga de "pré-conceitos" carregada por magistrados pode ser uma aliada de acordo com a hermenêutica filosófica. Afinal, *interpretar* significa atribuir sentido confrontando-se com

---

i   Tendo em vista a grande dificuldade e a falta de clareza da filosofia da consciência – leia-se: questões de experiência subjetiva –, ocorre, na modernidade, por exemplo com Habermas, a quebra de paradigma da filosofia da consciência para a filosofia da linguagem, evoluindo para a teoria da ação comunicativa. Para aprofundamento, consultar: HABERMAS, 2019.

a tradição, o que somente ocorre com a interrupção dos "pré-conceitos". "Dworkin diz muito bem que não importa o que o juiz pensa; não importa a sua subjetividade. Suas decisões devem obedecer a integridade e a coerência do Direito" (STRECK citado por IDEOLOGIA..., 2012).

Modernamente, as garantias orgânicas da magistratura, relativas à formação do juiz e à sua independência quanto aos diversos poderes do Estado, preveem a exterioridade daquele em relação a todo sistema de poderes (LOPES JUNIOR, 2013, p. 167). A atuação do juiz passou a ter legitimidade constitucional, e não política, fundamentando-se na intangibilidade de direitos fundamentais.

> *O juiz não tem por que ser um sujeito representativo, posto que nenhum interesse ou vontade que não seja a tutela dos interesses subjetivos lesados deve condicionar seu juízo, nem sequer o interesse da maioria, ou, inclusive, a totalidade dos lesados. (LOPES JUNIOR, 2013, p. 168)*

Retira-se a atuação política da esfera de ações do jurista, tornando-a única e exclusivamente constitucional, com intuito de proteger-se direitos fundamentais. Para tanto, autores críticos da modernidade entendem que o ato de julgar não pode, ante sua complexidade, basear-se apenas no direito. Mister é o diálogo com a filosofia, porém não suficiente. O ato de julgar é também antropológico, uma vez que o jurista é humano e, como tal, dotado de sentimentos:

> *nosso juiz é um ser-no-mundo, que jamais partirá de um grau zero de compreensão (ou significação), inserido que está na circularidade hermenêutica. Para além disso (muito além...), é o juiz um filho da flecha do tempo (dromologicamente pensada, com Virilo e outros), de uma sociedade em busca de valores (Prigogine e Morin). (LOPES JUNIOR, 2013, p. 1.071)*

Segundo o autor, para além do direito, da filosofia e da antropologia, outra área do conhecimento parece indispensável para a análise do ato de decidir, qual seja, a psicanálise[i]. Acima de qualquer outra coisa,

---

i "A sentença penal é consequência de uma verdadeira bricolagem de significantes, com toda a extensão que a expressão exige desde uma dimensão psicanalítica." (ROSA citado por LOPES JUNIOR, 2013, p. 1.083)

quando diante de uma decisão judicial, está-se diante de um *"sentire"*[i], desse "juiz-no-mundo, que precisa julgar outro sujeito, e o faz através da linguagem. Até mesmo a neurociência é chamada ao diálogo, pois não se pode mais insistir no 'Erro de Descartes'" (LOPES JUNIOR, 2013, p. 1.071).

Assim, a construção de uma "ciência da justiça" situa-se no entreconceito e, somente pela interdisciplinariedade, atingirá sua compreensão – a constatação dessa tendência interdisciplinar no atual direito brasileiro foi, inclusive, anotada por Hespanha[ii] em um de seus textos. Nessa dimensão é que o ato decisório deve ser analisado como exteriorizador da justiça.

A racionalidade é absolutamente indissociável do sentimento, sob pena de tornar-se incompleta e prejudicada. Necessário transcender a "superioridade da racionalidade e do sentimento consciente sobre a emoção", sendo o pensamento "causado por estruturas e operações do ser" (LOPES JUNIOR, 2013, p. 1.082).

---

i   Muitas vezes posto em xeque ante a necessidade de juízes de primeiro grau seguirem as decisões do tribunal a que estão vinculados, em uma repetição de motivações baseadas em jurisprudência, inexistindo a livre apreciação das provas ou o convencimento individual do magistrado que analisa o caso concreto. "Como explica Streck (Tribunal do Júri, p. 51), 'com esse tipo de procedimento, são ignorados o contexto histórico e social no qual estão inseridos os atores jurídicos (acusado, vítima, juiz, promotor, advogado, etc.), bem como não se indaga (e tampouco se pesquisa) a circunstância da qual emergiu a ementa jurisprudencial utilizada. Afinal de contas, se a jurisprudência vem torrencialmente decidido que..., ou a doutrina pacificamente entende que..., o que resta fazer? Consequência disso é que o processo de interpretação da lei passa a ser um jogo de cartas marcadas. Ainda se acredita na ficção da vontade do legislador, da vontade da norma'." (LOPES JUNIOR, 2013, p. 1.081)

ii   "O direito constitucional, como o direito em geral, tem possibilidades e limites. A correção de vicissitudes crónicas da vida nacional, como a ideologia da desigualdade e a corrupção institucional, depende antes da superação histórica e política dos ciclos do atraso, do que de normas jurídicas. O aprofundamento democrático no Brasil está subordinado ao resgate de valores éticos, ao exercício da cidadania e a um projeto generoso e inclusivo de país. Esse novo ambiente académico tem usado massivamente a internet como meio de difusão, inundando o universo de referências de milhares de textos tratando os novos temas e, por vezes, ensaiando teorias ou dogmáticas apropriadas, frequentemente sugeridas pelas ciências sociais, pela literatura, pela psicanálise ou diretamente induzidas de referências diretas à realidade social." (HESPANHA, 2013, p. 6)

Assim, a decisão judicial baseia-se sim na vontade do julgador, restando impregnada de valores e ideologias. Mas não se pode reduzir o ato decisório ao ato de sentir. Há limites constitucionais e processuais para a hermenêutica e o convencimento do juiz.

> *A interpretação, à semelhança da fotografia, varia conforme não apenas as imagens que se veem e se contemplam, mas, também, conforme a ciência ou a insciência, a maturidade ou a imaturidade, a arrogância ou a humildade de quem interpreta ou fotografa, pois o homem-juiz, ao pretender julgar o processo conforme a lei, julga, também, conforme os seus medos, as suas pretensões e os seus sentimentos, a sua vocação ou o seu alheamento, a sua grandeza ou a sua pequenez, julga, enfim, segundo a sua sensibilidade. A interpretação é uma fotografia da alma do intérprete (sem que isso signifique um retorno à equivocada filosofia da consciência, sublinhe-se). (QUEIROZ citado por LOPES JUNIOR, 2013, p. 1.084)*

Não pode o juiz se utilizar de meios legítimos, como a Constituição, para enxergar aquilo que quer, para dizer o que bem entender, ultrapassando limites semânticos e da reserva legal. Incorre o juiz em subjetividades ao tomar uma decisão, sim. O grande desafio é limitá-las, evitando-se incidir no decisionismo, absolutamente discricionário. Além disso, imperiosa é a observância procedimental regulada pelos códigos de processo para que seja a arbitrariedade evitada. O processo não pode ser entendido como lugar de exercício de poder. Uma decisão está legitimada quando observadas as regras para sua imposição, pois, "são essas regras que, estruturando o ritual judiciário, devem proteger do decisionismo e também do outro extremo, onde se situa o dogma da completude jurídica e do paleopositivismo" (LOPES JUNIOR, 2013, p. 1.089).

Georghio Tomelin (2018) demonstra o desafio hermenêutico imposto pela modernidade aos juristas. Vivemos hoje, em nosso país, um momento de substituição de parte do trabalho legislativo pela atividade de criação de direito pela atividade interpretativa, configurando-se a atuação política do Judiciário – sob a justificação de análise racional e isenta dos direitos e deveres vigentes em nosso ordenamento jurídico. Há uma participação ativa do Judiciário na "jurisfação", que se caracteriza pela correlação entre direito e poder (TOMELIN, 2018, p. 60). Assume o Judiciário, legitimamente ou não, o papel de contrapeso do poder em nome da coletividade.

Hespanha (2013, p. 9, grifo nosso) expressa suas reflexões acerca da mudança de paradigma vivida pelo Poder Judiciário brasileiro:

> *Esse contexto político cultural assenta, na verdade, num equilíbrio algo paradoxal entre uma tendência antipositivista, que propunha a substituição da referência à lei (positivismo legalista) pela referência a valores civilizacionais de sentido emancipador, e um positivismo constitucional, que opta pelo primado dos sentidos objetivos plasmados na Constituição e nas leis do Estado progressista. Numa primeira fase, supunha-se, algo otimisticamente, que os valores que se podiam descobrir por detrás da lei tinham um sentido emancipador e que, por isso, a "hermenêutica" (foi a etiqueta que designou esta orientação no Brasil) era automaticamente uma corrente mais progressista do que o direito do Estado. Isso adequava-se bem à situação política durante os governos conservadores e a ditadura militar.* **Hoje, percebe-se que a situação mudou e que, frequentemente, o direito do Estado pode estar à frente da consciência política do grupo dos juristas e dos juízes. O impulso para uma doutrina e para uma jurisprudência liberada dos constrangimentos da lei pode, assim, funcionar como uma espada de dois gumes, um promovendo um direito ainda mais emancipador, ou, em contrapartida, um direito vinculado a valores mais conservadores do que os do direito maioritário.** *O caráter paradoxal da situação tem sido notada, mas, na metodologia espontânea dos juristas, a hermenêutica mantém a sua aura de movimento indiscutivelmente emancipador. Que,* **aparentemente, não se dá conta de que o reforço do poder dos juristas proporcionado pela confiança na bondade de uma hermenêutica jurídica "contramaioritária" pode não apenas voltar-se contra o direito maioritário, mas ainda substituir os sentimentos comunitários de justiça por uma ponderação de valores que uma elite especializada declara serem os mais vantajosos para a comunidade ou os realmente queridos por ela.** *Ou seja, novamente, um Professorenrecht nasceria da promessa de um Volksrecht.*

Nesse mesmo sentido assinala Tomelin (2018, p. 61) que um Estado jurislador poderia ser benéfico, desde que tivesse como dever a garantia de "avanços civilizatórios, ampliando o controle de fiscalização pela maior quantidade possível de destinatários".

Os exemplos que caracterizam um "impulso para uma doutrina e para uma jurisprudência liberada dos constrangimentos da lei" (HESPANHA, 2013, p. 9) na atualidade são inúmeros, como a discussão pelo Supremo Tribunal Federal sobre a (in)validade da prisão em segunda instância ou as ilegalidades e os abusos cometidos, e tornados públicos, em processos envolvendo a operação Lava Jato – com a constatação de atuação do então juiz Sérgio Moro[i] em favor da acusação em completa desconformidade do princípio da imparcialidade do juiz, por exemplo.

André-Jean Arnaud (1991, p. 164) alerta para a seletividade judicial baseada na classe social, mesmo que tal fato ocorra de maneira inconsciente. Todavia, a interpretação realizada aquém ou além dos limites

---

i   "Antecedem as referências ao STF, diálogos que estarrecem ao desvelar uma subversão na atuação institucional patrocinadas por Moro e Dallangnol – o então julgador e o acusador – em mensagens que apontam **a)** troca de impressões privadas sobre atos processuais, com Moro fazendo sugestões oficiosas de diligências, **b)** o ex-juiz reclamando da demora de novas Operações, ou **c)** insinuando que ações penais contra potenciais "apoiadores políticos" da Lava Jato estavam clamorosamente prescritas e não deveriam prosseguir. Na mesma linha de acumpliciamento indevido, o ex-juiz **d)** indica a troca de procuradora para a audiência de réu (que seria depois por ele condenado), o que foi atendido e providenciado, porque "não teria adequado preparo para tarefa" e **e)** sugere ao Ministério Público (e não à sua própria entidade de classe) "emissão de nota contra o showzinho da defesa". Nas matérias divulgadas no dia 5 de julho (revista Veja) os diálogos são ainda mais graves, verdadeira maré montante de ilegalidades que atinge a honorabilidade e a imparcialidade da magistratura, noticiando-se que o ex- juiz Moro chegou a **f)** indicar ao MPF que deveria incluir nos autos prova contra um réu, antes do julgamento ("ainda dá tempo"), **g)** cobrar o procurador Dallagnol sobre pedido de revogação de preventiva de um preso e dele receber "sugestão de algumas decisões boas para mencionar quando precisar prender alguém"; **h)** indagar sobre "rumores" de delação de Eduardo Cunha e, pede "para ser mantido informado, porque é contra essa iniciativa, como sabe", não sendo esse, obviamente, o papel do juiz; **i)** permitir adiantamento informal de peças, pelo MPF, ao exame do ex- juiz, "para facilitar preparo da decisão", em episódio de evidente e descabida combinação entre ambos, inclusive com o juiz alertando o MPF para o cumprimento do prazo, via aplicativo Telegram; **j)** omitir informações ao Ministro Teori Zavascki (em ato do qual também teriam tomado parte outro procurador e uma delegada da PF); **l)** sugerir datas para a realização de operações." (MANIFESTAÇÃO..., 2019, p. 1)

constitucionais e a inobservância de procedimentos legais podem levar a seletividades variadas.

4
A função não pulsional (ou orgásmica) do jurista

Com decisões ideológicas e baseadas em crenças pessoais, passíveis de influência do amor ou ódio particulares, chama atenção na atualidade o fenômeno, apontado pelo professor Hespanha, da função orgásmica do jurista.

Quando o autor afirma que a função do juiz não pode ser poética ou seminal (HESPANHA, 2010, p. 82), está referindo-se à limitação criativa do magistrado. Porém, quando junta a essa limitação o irreconhecimento de função orgásmica daquele que decide, entendemos que pode ser incumbido ao jurista a limitação do sentir, mais especificamente dos princípios de prazer e desprazer e do controle das pulsões de vida e de morte, conceitos trazidos pelas teorias psicanalistas.

De acordo com as teorias freudianas, o inconsciente teria a função de gerar pulsões, através do Id, onde abrigam-se todos os desejos recalcados e repressões não toleradas pelo consciente. A felicidade do indivíduo seria alcançada por meio do gozo dessas necessidades ou desejos represados, atendendo-se ao princípio, ou emoções, de prazer (FREUD, 2012, p. 28). Todavia, satisfazer de maneira ilimitada todos os desejos não seria uma opção viável, colocando-se o gozo à frente da cautela e pondo o sujeito em risco.

O sujeito, então, lançaria mão do processo de sublimação[i], de forma mais saudável para aqueles com uma constituição libidinal favorável,

---

i   Bauman (2004), na modernidade, entende pelo rompimento do elo existente entre o instinto sexual e sua repressão, tendo-se descoberto forma de sublimação de tais instintos sem recorrer à repressão, ou o fazendo de maneira limitada. "Depois da época em que a energia sexual tinha que ser sublimada para que a linha de montagem de automóveis se mantivesse em movimento, veio uma época em que a energia sexual precisava ser ampliada e liberada para selecionar qualquer canal que pudesse estar à mão e estimulada a se expandir, de modo que os veículos que saíam da linha de montagem pudessem ser ardentemente desejados como objetos sexuais." (BAUMAN, 2004, p. 77)

buscando satisfação em eventos diversos, por intermédio da arte, do trabalho e de relações interpessoais, por exemplo – aqui também os resultados serão diferentes a depender do sujeito e de sua constituição psíquica (FREUD, 2011a, p. 29).

Entendemos caber, neste ponto, um paralelo com a função não orgásmica do juiz trazida pelo professor Hespanha. Ao decidir, os instintos libidinais do julgador devem ser reprimidos, atendo-se seus atos à limitação trazida pela lei e pela Constituição. Outra obra de teoria psicanalítica vem de auxílio nesse momento, *Totem e tabu* (FREUD, 2012), podendo ser transportada para a compreensão da ideia do crime e da jurisdição.

Tem-se o *tabu* como proibição primeira, imposta contra os desejos humanos, e o desejo de violar tal proibição encontra-se no inconsciente dos sujeitos. A consciência, através do sentimento de culpa, agiria, gerando obediência por parte do indivíduo[i]. Pode-se dizer que o mesmo ocorre com relação ao direito. A lei existe como proibição de realização de desejo dos sujeitos.

Cabe ressaltar que, de acordo com Freud (2012, p. 57), para o homem,

> *o próximo não constitui apenas um possível colaborador, e objeto sexual, mas também uma tentação para satisfazer a tendência à agressão, para explorar seu trabalho sem recompensá-lo, para dele se utilizar sexualmente contra a sua vontade, para usurpar seu patrimônio, para humilhá-lo, para infligir-lhe dor, para tortura-lo e matá-lo.*

Deve o juiz ater-se à Constituição, às regras de hermenêutica, bem como às normas processuais, para que consiga exercer um controle mínimo de seus impulsos nos atos decisórios, uma vez que, como já abordado, o controle total desses impulsos, mediante imparcialidade absoluta, não é factível enquanto os juízes de direito forem seres humanos. Servirá o ordenamento jurídico como barreira ao instinto de prazer do magistrado, realizável por meio do exercício do poder.

A observância às leis é filtro mínimo, apesar de essencial, na formulação de decisão por parte de juízes, uma vez que não há autonomia

---

i   No Id imperam os instintos, o princípio do prazer, ao passo que o Ego é regido pelo princípio da realidade, fazendo reinar a razão. Este último tenta constantemente sujeitar o Id (FREUD, 2011b).

do sujeito, ou do Eu para a psicanálise, frente ao inconsciente e aos desejos lá resguardados.

Assim, o amor ou o ódio particulares devem ser objeto de repressão por parte dos magistrados, pois, quando se os escolhe como técnica de vida, há uma propensão à imparcialidade, à atuação pró-amigo e anti-inimigo. A saber: "nunca estamos mais desprotegidos ante ao sofrimento do que quando amamos" (FREUD, 2012, p. 27).

Na mesma esteira, o ódio particular não deve ser fomentado. Freud defende que a satisfação do impulso de agressividade pode ocorrer através do ódio (particular) comum, compartilhado por grupo ou comunidade. A esse fenômeno ele dá o nome de "narcisismo das pequenas diferenças" e denuncia a miséria psicológica da massa como dano cultural resultado de tal prática (FREUD, 2012, p. 60). O magistrado não deve deixar-se contagiar por esse ódio particular da massa, sob pena de cometimento de injustiças e ilegalidades.

Por fim, conforme crítica inicial do professor Hespanha, a compreensão dessas emoções em um sentido histórico somente pode ser obtida mediante a análise das práticas sociais em determinado período.

Para Bauman (2004, p. 19), na modernidade, "o conjunto de experiências às quais nos referimos com a palavra amor expandiu-se muito", tendo sido baixados os elevados padrões do amor.

Nos tempos atuais, seria legítimo refletir se o compartilhamento de ideologias e posições políticas, ou até mesmo o ódio comum destinado à determinada classe social ou política, seria uma forma de amor. Em caso positivo, caberia, então, analisar se decisões judiciais foram proferidas sob influência desse sentimento particular, atuando o jurista com função orgásmica, sem a inibição de desejos, com decisões anti-inimigo e pró-amigo, o que afetaria de maneira grave os critérios de justiça de tais decisões.

Referências

ARNAUD, A.-J. **O direito traído pela filosofia**. Porto Alegre: SAFE, 1991.

BAUMAN, Z. **Amor líquido**: sobre a fragilidade dos laços humanos. Tradução de Carlos Alberto Medeiros. Rio de Janeiro: Zahar, 2004.

DRUG Charges Dropped Against Teen Who Flipped Off Judge. **CBS Miami**, 31 Jan. 2014. Disponível em: <https://miami.cbslocal.com/2014/01/31/drug-charges-dropped-against-teen-who-flipped-off-judge/>. Acesso em: 20 maio 2020.

FREUD, S. **A interpretação dos sonhos**. Companhia das Letras: São Paulo: 2019.

FREUD, S. **Além do princípio do prazer, O homem dos lobos e outros textos**. Companhia das Letras: São Paulo, 2010.

FREUD, S. **Mal-estar na civilização**. São Paulo: Companhia da Letras, 2011a.

FREUD, S. **O eu e o id, Autobiografia e outros textos**. Companhia das Letras: São Paulo, 2011b.

FREUD, S. **Psicologia das massas e análise do eu e outros textos**. Companhia das Letras: São Paulo, 2011c.

FREUD, S. **Totem e tabu, Contribuição à história do movimento psicanalítico e outros textos**. Companhia das Letras: São Paulo: 2012.

HABERMAS, J. **Teoria do agir comunicativo**. São Paulo: M. Fontes, 2019. v. 1: Racionalidade da Ação e Racionalização Social.

HESPANHA, A. M. **A política perdida**: ordem e governo antes da modernidade. Curitiba: Juruá, 2010.

HESPANHA, A. M. As culturas jurídicas dos mundos emergentes: o caso brasileiro. **Civilistica.com**, Rio de Janeiro, ano 2, n. 4, out./dez. 2013. Disponível em: <http://civilistica.com/as-culturas-juridicas-dos-mundos-emergentes-o-caso-brasileiro/>. Acesso em: 20 maio 2020.

IDEOLOGIA pessoal define decisões de juízes, diz estudo. **Consultor Jurídico**, 6 jul. 2012. Disponível em: <https://www.conjur.com.br/2012-jul-06/ideologia-pessoal-define-decisoes-juizes-estudo-ufpr>. Acesso em: 20 maio 2020.

LOPES JUNIOR, A. **Direito processual penal**. 10. ed. São Paulo: Saraiva, 2013.

MANIFESTAÇÃO pública emitida por ex-presidentes da Associação dos Magistrados Brasileiros e por representantes da Associação Nacional dos Magistrados da Justiça do Trabalho. 9 jul. 2019. Disponível em: <https://www.conjur.com.br/dl/ex-presidentes-anamatra-amb-criticam.pdf>. Acesso em: 20 maio 200.

PETIT, C. **Paixões do jurista**: amor, memória, melancolia, imaginação. Curitiba: Juruá, 2011.

STRECK, L. L. **O que é isto**: decido conforme minha consciência? Porto Alegre: Livraria do Advogado, 2010.

TOMELIN, G. A. **O Estado jurislador**. Belo Horizonte: Fórum, 2018.

António Manuel Hespanha e o direito penal

André Peixoto de Souza

Doutor em Direito pela UFPR e doutor em Educação pela Unicamp.
Pesquisador do PPGD Uninter, professor da FD-UFPR, UTP e Emap.
Membro do Instituto Brasileiro de História do Direito (IBHD).

Entre inúmeros excertos e menções sobre o problema criminal na obra do querido professor Hespanha, dois são seus textos emblemáticos quanto à história do direito penal, considerada, antes, uma proposta historiográfica de leitura do direito penal no Antigo Regime português, quais sejam: o capítulo "Da 'iustitia' à 'disciplina'" de sua notória coletânea *Justiça e litigiosidade*, e o Capítulo 8 do monumental *Como os juristas viam o mundo*, uma de suas últimas obras, uma das mais robustas entre todas.

Não é fácil fazer história do direito penal. A área está carregada de dogmática e trivialidades (senso comum), e é corriqueiro encontrar os poucos textos confiáveis sobre a matéria com o famoso início do surgimento do cárcere moderno, das galés e penas corporais, do sistema inquisitório, dos procedimentos eclesiásticos medievais... como se isso tudo tivesse algo a nos dizer, continuadamente ou mesmo descontinuadamente, quanto aos sistemas punitivos antigos ou medievais em comparação aos sistemas modernos. Em suma: faz-se, hoje, em geral, história do direito penal como se faz história do direito nos famosos "capítulos 1" de qualquer manual de disciplina dogmática, como o direito administrativo, o direito tributário, o direito comercial. As galés estão para o direito penal assim como o comércio fenício está para o direito comercial. *Non sense.*

Ora, a criminologia crítica muito bem se encarregou dessa história, e podemos contar com os exemplares de Pashukanis (no Capítulo 7 do *Teoria geral...*), de Rusche e Kirchheimer (em *Punição e estrutura social*), de Foucault (em *Vigiar e punir*), de Melossi e Pavarini (em *Cárcere e fábrica*), de Zaffaroni (em *Em busca das penas perdidas*), entre outros. Com eles, aprendemos que a pena não existe; o que existe é um sistema punitivo que emana dos interesses de quem realiza (e positiva) a norma penal – e a consequente sanção punitiva. Mas, seja como for, essa notícia é criminológica, senão de política criminal, com dados históricos coletados e interpretados a partir da dogmática penal. Quando muito, com um arcabouço epistemológico crítico que compõe a base teórica da própria criminologia crítica: acertadamente, o materialismo histórico; eventualmente, a psicanálise.

Porém, Hespanha já se encontra, em 1986 – data do primeiro texto[i] – em outro patamar metodológico, e o Antigo Regime já é, desde então, sua grande temática. O sumário do texto é assertivo: compara o discurso do *ius commune* com o projeto de Código Criminal do Pascoal José de Melo Freire no desiderato de compreender a "função penal" no Antigo Regime. Isso porque, segundo Hespanha, o projeto de código do Melo Freire é "uma peça ímpar, quer no confronto com a tradição legislativa europeia, quer pela importância que vai ter como modelo (muitas vezes implícito ou silenciado) das futuras tentativas de codificação penal em Portugal" (HEPANHA, 1993, p. 289).

Admitindo a proliferação de produções sociológicas, antropológicas e políticas sobre o tema da história do crime e da pena, Hespanha se propõe a uma história textual (doutrina e legislação), absolutamente consciente de sua artificialidade, pois que capaz(es) de criar "realidades imaginárias" muitas vezes descoladas do real-social. Ainda que assim seja, sua consciência, nesse aspecto, põe-se no saber que os textos configuram "fatos sociais historiáveis": não são neutros; têm vida

---

i   O livro foi organizado e publicado em 1993, porém, esse texto do professor Hespanha foi anteriormente publicado em 1986, no *Boletim da Faculdade de Direito de Coimbra.*

própria, lógica evolutiva, poder de selecionar realidades, autorizam argumentos, dialogam.

Em singela, porém brilhante, argumentação, Hespanha "limpa" o horizonte da historiografia dos textos jurídicos e recoloca-os como objeto do saber histórico. Então, demarca o discurso jurídico onde se localiza, no tempo, a obra de Melo Freire. É de se perceber, outrossim, o caráter normativo e disciplinar do direito penal enquanto função, a partir do que se pode (re)pensar a organização judiciária, o sistema de penas e a forma do direito. Nesse patamar, o discurso jurídico-penal adquire matizes práticas que se sobrepõem à "utilidade" – seu marco teórico –, desembocando na "elegância" de um direito penal elitista por nascimento: novas argumentações, novas proposições, novas formas de discorrer e escrever o direito penal, bem capaz de sufragar o dogmatismo para adentrar ao verdadeiro escopo desse direito (penal) moderno, o direito penal como "instrumento de disciplina social".

Daí até o ensino jurídico – e um conjunto maior de propagação dessa mentalidade jurídico-penal – é uma consequência imediata. Entra em cena, desde o século XVIII, a "opinião pública" e um universo discursivo pujante e latejante.

Como dito, o método de Hespanha "afina" o instrumental que referencia o tempo na dogmática penal. Pois, talvez à única exceção de Foucault, toda a criminologia crítica crava a pena moderna na passagem do século XV para o XVI, no contexto da ampliação do mundo, do colonialismo, do mercantilismo, mais como uma "necessidade penal" para o fito da constituição e consolidação de um novo modo de produção, de um novo modelo econômico que suplantará o feudalismo.

Hespanha, todavia, bem percebe que nesse tempo – e até o século XVIII – não haverá "meios" para que uma função penal, no sentido político-social, efetive-se. Não é possível ocorrer disciplina social sem o devido aparelhamento de justiça, ainda mais quando se vive um direito penal de "monarquia corporativa" (o poder do rei, o instituto da graça, o corporativismo dos juristas letrados). Fatores impeditivos a esse propósito, como a multiplicidade de jurisdições, as delongas processuais e os condicionalismos de aplicação das penas minguavam a eficiência da efetivação da ordem penal. É por essa razão, e a partir da análise de casos e da estruturação de gráficos e estatísticas, que, por exemplo, Hespanha conclui que a pena de morte, apesar de prevista nas Ordenações para um conjunto enorme de práticas criminosas, foi muito pouco aplicada no Antigo Regime português. Assim como, outro exemplo, as penas de banimento ou deportação que também eram pouco cumpridas por pura ausência de estrutura (navios, escolta etc.).

Conclusão elucidativa nesse ponto é a seguinte:

> *Assim, e ao contrário do que muitas vezes se pensa, a punição no sistema penal efectivamente praticado pela justiça real no Antigo Regime – pelo menos até o advento do despotismo iluminado – não era nem muito efectiva, nem sequer muito aparente ou teatral. Os malefícios, ou se pagavam com dinheiro, ou com um degredo de duvidosa efectividade e, muitas vezes, não excessivamente prejudicial para o condenado. Ou, eventualmente, com um longo e duro encarceramento "preventivo". (HESPANHA, 1993, p. 313)*

Em contraponto a isso tudo, a nova monarquia iluminista, de verniz "estatalista", substitui a justiça à disciplina e carrega, assim, poderosas consequências na política criminal: de mero simbolismo a uma praticidade "útil" – "Ao punir, pretende-se, de facto, controlar os comportamentos, dirigir, instituir uma ordem social e castigar as violações a esta ordem. Para isto, o direito penal da coroa tem que se converter num instrumento efectivo, funcionando eficazmente e sendo, por isso, crível e temido" (HESPANHA, 1993, p. 321). O marco de virada, pois, é o século XVIII.

Daqui em diante, os arquivos de Lisboa apontam o acirramento das execuções capitais – muitas vezes mediante crueldade, em uma típica conotação de exemplificação pública. Não obstante, as reformas pombalinas também atacaram o sistema penal, sempre no sentido da eficácia. Desde a Lei da Boa Razão até a Reforma dos Estudos Jurídicos na Universidade de Coimbra, a limitação do arbítrio judiciário e mesmo doutrinário é patente, e a nova racionalização da prática jurídica (e especialmente jurídico-penal) visava à perspectiva da disciplina social. Assim, redefinir o crime é a primeira tarefa, e o ponto fulcral desse escopo é a separação de crime e pecado ou vício. Também era necessário delimitar o espaço de atuação régia, da própria lei, e da "ideologia" punitiva.

Com toda essa alteração, que é real, a mirada do professor Hespanha – que se verifica original entre a produção criminológica – está na permanência de uma fundamentação doutrinária baseada em "textos da grande tradição jurídica europeia", como os eternos textos e brocardos de direito romano. É precisamente isso que se vislumbra e se destaca na obra de Melo Freire. Contudo, também se vislumbra, em contrapartida, a adoção de novas estruturas teóricas (Beccaria, Grócio, Locke, Montesquieu etc.) e a renúncia expressa a outras (Farinaccio, considerado o maior referencial teórico dos penalistas até então, e outros). Assim, em Melo Freire, a tradição romanística servirá de sustentáculo para a nova penalística.

Como dito muito antes, consciente da estrutura de um sistema punitivo – ao cravar, finalmente, que "o crime não existe" (o que existe é "uma prática social de discriminação e marginalização"), Hespanha aborda passo a passo o roteiro do Código de Melo Freire, a partir do que chama de "campos penais", ou "meta-objetos tipológicos", no afinco de expurgar os códigos ideológicos do discurso penal contidos em seu interior. Vejamos:

1. Os crimes contra a ordem religiosa. A primeira alteração trazida pelo novo Código desloca a fundação do crime da religião "verdadeira" à religião "estabelecida". Nesse patamar, a ordem social estará fulcrada na religião (estabelecida) e, por conseguinte, "qualquer crime contra a ordem social pode ser considerado como crime religioso" (HESPANHA, 1993, p. 336). O primeiro e elementar exemplo é o crime de heresia, uma vez que é capaz de opor a sociedade à religião, causando "infinitas desordens, tumultos e perturbações" (HESPANHA, 1993, p. 336). À jurisdição laica compete, doravante, o processamento do feito.

2. Os crimes contra a ordem moral. Especial destaque para o adultério, o estupro e os chamados *crimes contra a natureza* (masturbação, sodomia, bestialidade). Nas Ordenações, sua base teórica era evidenciada pelo direito romano, de onde o adultério como tipo penal somente se aplicava às mulheres. Já no novo Código, o fulcro era canônico, e o tipo penal era melhor encarado como ofensa à fidelidade matrimonial, sendo o homem adúltero igualmente punido.

3. Os crimes contra a ordem pública – a lesa-majestade. A nova composição iluminista da "alta traição" ganha destaque no Código. Desde as Ordenações Afonsinas o crime é previsto, mas o Código rompe com a tradição da concepção personalizada do poder, alocando a própria República ("Estado", "império", "sociedade") como objeto (ou vítima?) do crime.

4. Os crimes contra a ordem pública – a violência. Nesse ponto, o projeto de Melo Freire muito difere do que até então vigorava. O foco sai do privado e adentra no público (violência cometida contra a segurança pública). Há espaço para a violência privada, no campo das ofensas e injúrias, mas a proteção à "ordem pública" configura predileção nesse novo sistema punitivo, quase como um complemento à lesa-majestade.

5. Os crimes contra as pessoas – a honra. O caráter público da pena é também aqui a maior novidade. O Código substitui as indenizações particulares (às vítimas injuriadas ou ofendidas) por indenizações públicas, na modalidade de multas a favor de obras ou, ainda, eventualmente, o encarceramento. Hespanha aqui destaca uma relevante curiosidade: até quando as vítimas se beneficiavam de indenizações por crimes contra a honra, os processos eram mais numerosos; a partir da indenização pública, as denúncias arrefeceram à míngua.

6. Crimes contra as pessoas – o corpo. Da mesma forma, os danos e as lesões provocadas ao corpo, outrora passíveis de indenização à vítima, ganham no Código o aspecto público que o caracteriza. Substitui a indenização, pois, o encarceramento, as galés, os trabalhos públicos, juntamente à indenização civil. Há, também, um escalonamento nas lesões (chamadas de *feridas*), que englobam deformações, invalidações, ou "feridas simples" (bofetadas etc.). Evidentemente, o homicídio era tratado com o mesmo rigor da legislação romana.

7. Crimes contra a verdade. É a falsidade: o falso testemunho, a falsa documentação. No Digesto e nas Ordenações, o falso estava previsto e adquire singela mutação no projeto de Código, ao destacar o aspecto econômico e utilitário do crime. Segundo Hespanha (1993, p. 354), "não se trataria apenas (ou sobretudo) de uma ofensa à verdade, mas ainda de um desejo de realizar um lucro ilegítimo, causando prejuízos a outrem".

8. Crimes contra o patrimônio. Ainda que todo o sistema penal patrimonial moderno esteja calcado na estrutura do direito romano, é também evidente que ganha corpo a conotação pública da tipificação e da punição. O Código, nesse ponto, apenas corrobora tal tendência.

De outra ordem, no livro de 2015, o direito penal insere-se no contexto de *Como os juristas viam o mundo (1550-1750)*, recebendo um capítulo inteiro – o último – a partir da dogmática penal até ao direito penal das monarquias corporativas, perpassando pelo sistema axiológico do direito penal no Antigo Regime.

Pois bem. Iniciando com a emblemática expressão de que o direito penal é "um ramo mais tardio e mais pobre da dogmática do direito comum" (HESPANHA, 2015, p. 587), recebemos do autor os conceitos clássicos dessa seara do direito, como o conceito de delito, de ilicitude e tipicidade, de imputabilidade penal (com análise de dolo e culpa), de punibilidade e, até mesmo, das principais categorias do processo penal.

Hespanha observa, desde o princípio, certa ambiguidade ou indeterminação das ideias e dos limites entre delito e crime. Apresentando certa amplitude em relação ao delito (de categoria "mais geral" que o crime), observa na doutrina que eram os delitos considerados *ex sua natura*, ou seja, considerados "atos maus", praticados por "homens maus", exigindo punição por utilidade pública[i].

O caráter ilícito do fato, a partir do critério de tipicidade, já era presente desde então. O comportamento considerado delituoso, passível, portanto, de punição, deveria ser previsto em lei, em direito expresso, ou seja, só haveria delito se houvesse comportamento proibido pelo direito. Não deixamos de notar também aqui a máxima do princípio da legalidade em matéria penal, que recebeu forte argumento desde a Declaração de 1789 até praticamente todas as Constituições e Códigos modernos e atuais. Todavia, a datação de Hespanha nesse particular é o século XIX (afinal, bem conhecemos a ausência ou a fragilidade dessa principiologia até ao menos o século XVI).

Quanto às distinções entre dolo e culpa, um dos capítulos mais relevantes em matéria penal até a doutrina contemporânea – que ainda se bate com os limites entre culpa consciente e dolo eventual –, não há margem para dúvida ao declarar que o dolo "era a intenção deliberada, aberta ou traiçoeira de cometer o delito" (HESPANHA, 2015, p. 591). Portanto, para distinguir dolo de culpa, bastaria invocar os dois critérios fundamentais de sua configuração distintiva: consciência e vontade. Praticar o fato mediante consciência (de ser o fato ilícito e típico) e vontade deliberada implicaria classificar o fato como doloso. Evidentemente, a punição era distinguida, e a culpa receberia sanção mais amena.

---

i   Não conseguimos deixar de notar aqui o estrato para o conceito de ordem pública como requisito da prisão preventiva, de acordo com o art. 312 do Código de Processo Penal vigente hoje no Brasil.

Esse era o aspecto da punibilidade. Havia casos em que o crime não seria punido, considerada desde o direito romano o instituto da prescrição (o que não prevalecia no direito canônico), a morte do agente para extinção da responsabilidade penal etc.

Todas essas questões materiais desembocavam no procedimento penal, no processo penal, na "ordem do processo". Sem datação, Hespanha aborda o início da persecução mediante a denúncia, seguida ou permeada pelas provas, pelas presunções e pela tortura. Daí uma avaliação completa do processo penal desde as Ordenações Filipinas a partir do processo ordinário, vindo à tona a seguinte "ordem"[i]:

1. Averiguação: sendo públicas ou privadas, as causas criminais se representavam pela parte ofendida ou por qualquer pessoa e se iniciavam mediante averiguação oficiosa, conhecida como *devassa* ou *querela* ou, ainda, *denúncia de particular*. A devassa ocorria sob iniciativa do juiz, a despeito de conhecer o crime ou se aprofundar em suas circunstâncias. Poderíamos pensar no atual inquérito policial (hoje, sob comando de um delegado de polícia, e não do juiz). Já a querela era a queixa de particular a respeito de um crime, a comunicação de fato delituoso, como a atual notícia-crime. A denúncia, tal como atualmente, era a representação pública oficial de um fato criminoso. E havia, ainda, a pronúncia, dada a partir do corpo de delito e da reunião de indícios a respeito do fato.

2. Prisões processuais: sem precisamente distinguir prisão cautelar de prisão executória, até porque a prisão como pena é evento moderno, raramente presente até o século XVI, Hespanha aponta quatro categorias especiais de tutela cautelar contra o réu, quais sejam, a prisão; a chamada *segurança* (uma espécie de liberdade condicional ou, mais atualmente, liberdade vigiada ou monitorada); a fiança (que a criminologia crítica bem observa ser privilégio de ricos); e o sequestro (concernente no confisco de bens, ainda que provisório).

---

i   Estou aqui propondo uma reorganização do numerário apresentado por Hespanha, pois não leva em conta a divisão do processo penal, e sim apenas os tópicos lineares, do que decorre, por exemplo, a seguinte cronologia: 8.1.6.4.1 A devassa; 8.1.6.4.2 A querela; 8.1.6.4.3 Denúncia; 8.1.6.4.4 A pronúncia; 8.1.6.4.5 Prisão, segurança, fiança, sequestro; 8.1.6.4.6 Acusação e fixação da ordem do processo; 8.1.6.4.7 Citação; 8.1.6.4.8 Libelo de acusação; 8.1.6.4.9 Exceções; etc. até o 8.1.6.4.23.

3. Ordem do processo: trata-se da formalização definitiva da acusação (como se fosse, hoje, o recebimento da denúncia), seguida da citação do acusado para responder ao libelo acusatório (contestar) e apresentar eventuais exceções quando cabíveis. Após, eram cabíveis as réplicas e as tréplicas (atuais impugnações às contestações).

4. Provas: capítulo essencial do processo penal no Antigo Regime (e, evidentemente, em todos os tempos da história do direito), eram constituídas, em primeiro lugar, pela confissão; a seguir, pelos tormentos[i]; depois, por documentos, testemunhas e perguntas.

5. Alegações: após as provas, as partes poderiam alegar e interpretar o caso.

6. Sentença: era alusiva ao caso e às provas dos autos, e não de qualquer arbitrariedade do juiz.

7. Custas e recursos: a parte vencida pagaria as custas do processo, e da sentença caberiam recursos tais como os embargos, os agravos e as apelações, dirigidas as tribunal superior.

8. Perdão, execução, cumprimento da pena: mediante circunstâncias atenuantes seria possível obter o perdão. Não fosse assim, processados os recursos e transitado em julgado, a pena era executada publicamente.

Sobre os crimes em espécie, Hespanha organiza a seguinte tipificação: *crimes contra a ordem religiosa*, aos quais pertenciam a heresia, o sacrilégio, a blasfêmia, a feitiçaria, as benzas e as vigílias nas Igrejas; *crimes contra a ordem moral*, concernentes em sodomia, relações homossexuais, bestialidade, masturbação, adultério e estupro; *crimes contra a ordem política*, englobando lesa-majestade e violência; *crimes contra as pessoas*, aos quais pertenciam os crimes contra a honra, a injúria, o homicídio e as ofensas corporais; *crimes contra a verdade*, como a falsificação de cartas do papa, do imperador ou do rei, o perjúrio

---

i   Seriam algumas torturas? "O réu podia ser posto a tormentos nos crimes graves... para que dissesse a verdade. O uso de tormento requeria corpo delito e indícios suficientes segundo a decisão arbitrária do juiz (de que se devia apelar por parte de justiça, *Ord. Fil.*, 5, 122, 3). Não podiam ser postos a tormentos os loucos, os velhos, as grávidas, os soldados, os vereadores, os nobres e os menores de 4 anos" (HESPANHA, 2015, p. 604).

ou falso testemunho, a falsificação de moeda; a falsificação de pesos e medidas; a simulação ou ocultação de partos ("parto suposto"), o uso de nomes falsos, estatutos jurídicos, brasões, trajes estatutários e falsidades genéricas, as adulterações de coisas; o estelionato, os crimes dos oficiais (violação da função do magistrado ou "desvio de função"), a prevaricação, a peita, o suborno, a extorsão e o locupletamento com bens públicos; *crimes contra o patrimônio*, como dano e furto.

Finalizando a análise – e o próprio livro de vigorosas quase 700 páginas – Hespanha aborda o direito penal das monarquias corporativas e sua fundamentação, qual seja o Livro V das Ordenações Filipinas, que guardava alguma coerência com as Ordenações Afonsinas do século XV. Não bastasse, havia outra fonte notória de tratamento para o direito penal: o direito canônico e os costumes locais, incluindo os juristas e suas doutrinas bem capazes de estabelecer crimes e penas (*crimina et poenae arbitraria*).

Com suporte em Mario Sbricolli, Hespanha admite que a pluralidade de instâncias e ritos para a definição do crime e das penas era o traço mais característico da dogmática penal das monarquias corporativas no início da modernidade. Ademais, o direito penal não era o único meio de que a sociedade dispunha para disciplinar as condutas consideradas desviantes – "Na sociedade de Antigo Regime, a função da repressão penal era ainda mais nitidamente subsidiária de mecanismos quotidianos e periféricos de controlo. Isto explicará o caráter pouco efetivo da punição penal..., bem como a resistência doutrinal em aceitar a exclusiva dependência do crime em relação à lei" (HESPANHA, 2015, p. 652).

É de se concluir, dando coerência à grande parte de sua própria obra, que o direito penal assim "desintegrado" nas monarquias corporativas, segundo Hespanha, admitia um evidente pluralismo disciplinar: diversos sistemas punitivos (o doméstico, o comunitário, o eclesiástico, o penal propriamente dito etc.) compunham o meio com que a sociedade procurava punir as transgressões. Tal sociedade era, então, utilitária de mecanismos cotidianos de controle tanto quanto o direito penal posto.

Referências

CARNELUTTI, F. **As misérias do processo penal**. Campinas: Servanda, 2010.

FERRAJOLI, L. **Direito e razão**: teoria do garantismo penal. 4. ed. São Paulo: RT, 2014.

FOUCAULT, M. **Vigiar e punir**: nascimento da prisão. 42. ed. Petrópolis: Vozes, 2014.

HESPANHA, A. M. **Como os juristas viam o mundo**: 1550-1750 – direitos, estados, pessoas, coisas, contratos, ações e crimes. Lisboa: Amazon (AMH), 2015.

HESPANHA, A. M. Da "iustitia" à "disciplina": textos, poder e política penal no Antigo Regime. In: HESPANHA, A. M. (Org.). **Justiça e litigiosidade**: história e prospectiva. Lisboa: Fundação Calouste Gulbenkian, 1993. p. 287-379.

RUSCHE, G.; KIRCHHEIMER, O. **Punição e estrutura social**. 2. ed. Rio de Janeiro: Revan, 2004.

António Manuel Hespanha, um historiador além de seu tempo: o direito e a liquidez da pós-modernidade

Ana Paula de Oliveira

Mestranda em Direito na área de Poder, Estado e Jurisdição pelo Centro Universitário Internacional Uninter com bolsa integral concedida pelo Programa de Pós-Graduação (PPGD), sob a orientação do Professor Doutor Walter Guandalini. Pós-graduanda em Direito Civil pela Unicuritiba. Pós-graduanda em Direito do Trabalho e Direito Previdenciário pela Unisc. Pós-graduanda em Formação Docente para EAD pelo Centro Universitário Internacional Uninter. Bacharel em Direito pela Universidade Positivo. Advogada.

Tiemi Saito

Mestre em Direito pelo Centro Universitário Internacional Uninter com bolsa integral concedida pelo Programa de Pós-Graduação (PPGD). Especialista em Direito Público pela Escola da Magistratura Federal. Especialista em Criminologia e Política Criminal pelo Instituto de Criminologia e Política Criminal. Bacharel em Direito pela Opet. Docente do Centro Universitário Internacional Uninter. Docente das Faculdade de Estudos Sociais do Paraná (Fesp). Advogada.

1
Introdução

A constituição do pensamento jurídico ao longo da história reflete as bases, os paradigmas e as premissas de seu próprio tempo e contexto, diante do que se torna possível vislumbrar as construções e as desconstruções que enfrenta o direito. Por tal razão é que "a vida – a vida jurídica de um momento histórico determinado – revela-se antes de tudo como um emaranhado intrincado de relações e correlações" (GROSSI, 2006).

As verdades sólidas e imutáveis erigidas sob a égide modernista compõem a essencialidade da dogmática jurídica, a base fundamental pela qual se alicerçou grande parte dos juristas e que se estende – tardiamente – até os dias de hoje. Contrapondo-se a todo esse referencial sólido, a pós-modernidade trouxe à lume o enfrentamento da problemática sob uma ótica mais realista e comprometida metodologicamente com a relação inexorável existente entre o direito e a historiografia.

É a partir dessa nova percepção do espaço-tempo, trazida pela pós-modernidade, que o direito pôde ser compreendido como produto de construções específicas marcadas pelo contingenciamento situacional e dos interesses pertinentes ao processo de sua edificação.

2
História do direito

Em memória de António Manuel Hespanha:

> *O tempo é matéria clássica da norma. Por vezes, é mesmo a sua obsessão. Deixa de o ser sempre que a norma descobre a diferença entre tempo e historicidade; é subtil, mas decisiva. E porque é nesse ponto que a norma se transforma em densidade reflexiva a tensão que a atravessa entre rigidez e dispersão, é aí que o direito aberto à temporalidade está em condição de se interrogar. Será, pois, também aí que deverá ocorrer o trabalho de mediação que o precipite no diálogo entre as razões vigentes na contemporaneidade. (HESPANHA, 2007)*

Sendo o direito um envoltório formal de realidades em si mesmas extremamente variadas para fornecer, com proveito, o objeto de um estudo único (BLOCH, 2001), a história do direito pode ser compreendida como o relato das organizações sociais em determinados períodos históricos, a história das relações humanas que precisam de regulação para garantir boa convivência, a história jurídica no tempo.

Hespanha, no que tange à indisponibilidade da matéria como saber formativo aos juristas, já sinalizava que, ao passo que grande parte das disciplinas dogmáticas que constituem os cursos jurídicos objetiva criar certezas acerca do direito vigente, a história do direito visa problematizar o pressuposto implícito e acrítico das disciplinas dogmáticas, ou seja, de que o direito dos dias atuais é racional, necessário e definitivo (HESPANHA, 2012).

O direito existe, assim, sempre em sociedade, ou seja, situado e localizado, de modo que as soluções jurídicas sejam sempre contingentes em relação a dado envolvimento ou a determinado ambiente (HESPANHA, 2012). "Somente se o direito está no centro de uma civilização em movimento e dela constitui um tecido fundamental, é que se pode afirmar correta e plenamente sobre a existência de um pensamento jurídico" (GROSSI, 2006). Nesse sentido, não é possível estudar o direito a partir de uma visão apriorística do que é ou não é direito, ou seja, o recorte da pesquisa é que vai responder a esses questionamentos devidamente contextualizados em determinado período e em dada sociedade.

O que se pode dizer com relação ao direito, e até mesmo sobre a história, é que, tudo é mutável e dependente de tempos, lugares e culturas. "O direito é escrito na história" (PEIXOTO, 2012). Esse relativismo indica, portanto, que não existem valores permanentes, assim como também não há de se falar em progresso histórico no sentido de evolução, nem tão somente em um único e verdadeiro conhecimento a respeito do passado.

Percebe-se, assim, a importância que existe na busca pela cultura – complexo de conhecimentos, crenças, comportamentos, hábitos, costumes, regras e normas (morais e legais), legitimações, reivindicações, expectativas e perspectivas adquiridas pelo homem enquanto membro de uma sociedade (PEIXOTO, 2012) – para a melhor compreensão do direito.

Além do estudo voltado à história, a legitimidade do direito é outra questão que, há muito, está no campo de estudo entre os juristas, de modo que "o sentido dos fundamentos de legitimidade do poder político e da ordem jurídica assumiu múltiplas configurações discursivas, variando sensivelmente ao longo dos séculos" (DINIZ, 2016) por consequência de uma diversidade de fatores, políticos, éticos, culturais e etc.

Ocorre que o "desenvolvimento histórico da cultura jurídica do século XX e início do XXI está sendo marcado por diversas tendências, contradições e impasses" (WOLKMER, 2006), tornando imprescindível a análise do direito e do papel ocupado pelos juristas nesta nova era.

Cabe ressaltar, neste interim, que o direito não perdeu sua função, e a necessidade de resolver interesses contrastantes também não diminuiu. No entendimento de Schioppa (2017), o que ocorre é que o entrelaçamento de interesses e valores e a difícil relação entre valores concorrentes deixam amplo espaço para a intervenção ativa de uma figura terceira, o jurista: como legislador, estudioso e juiz. Diante desse quadro, configura-se a crise da segurança jurídica, que, muito embora agravada pelo crescente corpo normativo, tem encontrado alguma função corretiva nos tribunais constitucionais, ou seja,

> *tanto os tribunais constitucionais nacionais como os tribunais europeus de Luxemburgo e de Estrasburgo basearam frequentemente as suas decisões em princípios gerais inspiradores em constituições, ainda que nem sempre explicitamente mencionadas no próprio texto constitucional ou nos Tratados: princípios como a razoabilidade, a boa-fé, a equidade (equity), a equidade (fairness) ou mesmo o abuso de direito. (SCHIOPPA, 2017)*

Assim, pode-se afirmar que a abordagem tradicional, que, durante dois séculos tem sido utilizada para formar juristas, baseada sobretudo no estudo da codificação e da legislação nacional, já não é adequada para o jurista de hoje e de amanhã (SCHIOPPA, 2017). Considerando esse contexto, passa-se às próximas considerações.

3
O pós-modernismo

Pode-se dizer que o pós-modernismo reflete como reação contra todas as crenças da modernidade que apostava em valores sólidos e universais, pautando-se no conhecimento racional ou empírico baseado no que era sustentado pela cultura (HESPANHA, 2012). Seguindo aquela linha de raciocínio, era possível formar uma sociedade – por meio de um direito (racional, objetivo, geral, funcional e abstrato) e do Estado – organizada e universal, totalmente alheia ao que acontecia nos mais diversos tempos e contextos locais, independentemente do que fosse. Nas palavras de Lemos (2004), na modernidade, o tempo era linear, e o espaço, naturalizado e explorado como lugar de coisas. O respaldo cultural tinha, assim, a função de previsibilidade e de segurança.

> *Os homens e mulheres pós-modernos trocaram um quinhão de suas possibilidades de segurança por um quinhão de felicidade. Os mal-estares da modernidade provinham de uma espécie de segurança que tolerava uma liberdade pequena demais na busca da felicidade individual. Os mal-estares da pós-modernidade provêm de uma espécie de liberdade de procura do prazer que tolera uma segurança individual pequena demais. (BAUMAN, 1998)*

Na pós-modernidade, existe uma compreensão diferenciada de tempo e espaço, onde o tempo real (imediato) e as redes telemáticas, desterritorializam a cultura, tendo um forte impacto nas estruturas econômicas, sociais, políticas e culturais (LEMOS, 2004). Para Bauman (2009), é nesta época – líquida, fluída e volátil – que toda a rigidez e os referenciais morais da época anterior, pelo autor denominada *modernidade sólida*, dão espaço à lógica do presente e da artificialidade. Desse modo, contrapondo-se às tendências modernas que se baseavam em valores sólidos, certos e universais, o pós-modernismo passa a relativizar a validade tanto do conhecimento quanto dos valores, de modo que, agora,

> *Ao geral opõe o particular; ao gigantismo do "grande" opõe a beleza do "pequeno"; à eficácia da perspectiva macro opõe a delicada sutileza da perspectiva micro; ao sistema opõe o "caso". Ao ativismo projetual opõe a indolência contemplativa; à heterorregulação, a autorregulação; ao funcional, opõe o lúdico; ao objetivo opõe o subjetivo; à "verdade" opõe a "política" (o "testemunho", o "compromisso"). (HESPANHA, 2012)*

Tal mudança paradigmática gerou reflexos nos mais diversos campos. No plano existencial, por exemplo, pode-se falar em uma sensível crise de identidade, que, nas palavras de Bauman (2004), reflete "a fragilidade e a condição eternamente provisória da identidade não podem mais ser ocultadas". Assim, "em nossa época líquido-moderna, em que o indivíduo livremente flutuante desimpedido, é o herói popular, estar fixo – ser identificado de modo inflexível e sem alternativa é algo cada vez mais malvisto", afinal, "como não há certeza de nada, mas como – apesar de tudo – se deve continuar a viver, o melhor é brincar com tudo, tratar o importante como se fosse banal" (HESPANHA, 2012).

Esse relativismo também estende seus reflexos na seara dos saberes sociais (HESPANHA, 2012), conduzindo ao afastamento de quaisquer teorias gerais que visem firmar seus aportes em uma universalidade de valores ou métodos, uma vez que "a experiência histórica tem demonstrado que não há certezas absolutas, universais e saberes dotados de neutralidade científica" (WOLKMER, 2006).

Ademais, se, por um lado, essa reação acarreta uma evidente "valorização do relativismo cultural, do pluralismo, da heterogeneidade, da conflitualidade de paradigmas e valores", por outro, possibilita também "uma leitura política dos discursos, como à rejeição do vanguardismo, à valorização do lúdico, à reapreciação do quotidiano e do senso comum e a um certo conformismo com o que está" (HESPANHA, 2012). É nesse sentido que Wittgenstein (2002) aponta que, diante dos ensinamentos pragmatistas, "o mundo somente existe para nós como parte de um jogo simbólico".

Outro aspecto relevante, ainda sobre a influência no plano dos saberes sociais e que tem caracterizado a cultura pós-moderna do direito na história, é a chamada *viragem linguística* (HESPANHA, 2012), que é resultado da perspectiva de que "saberes, sistemas de valores, modelos de comportamento são encarados como discursos", discursos estes que constituem sistemas aleatórios dissociados de relações necessárias entre os significantes e os significados.

Essa nova perspectiva sobre o caráter local – e não mais absoluto ou cosmopolita dos valores no campo das culturas – resultou na valorização dos estudos sobre "gênero, etnia, orientações sexuais, tudo como fatores que localizam a sensibilidade e problematizam, portanto, o universalismo do sujeito-agente" (HESPANHA, 2012).

Por fim, do ponto de vista sociológico, verifica-se uma racionalidade semelhante à da "mão invisível do mercado econômico". Isso porque o capitalismo de consumo e a revolução tecnológica da comunicação deram origem a uma cultura massificada, diante da qual "o bom, o belo e verdadeiro têm de ser ao mesmo tempo, o fácil e popular, o esperado e o acessível" (HESPANHA, 2012).

É importante destacar que a cultura pós-moderna trouxe consigo uma tendência crítica a quaisquer coisas que pudessem ser vistas como uma imposição do quotidiano e do senso comum. E, nesse sentido, a conformação atual do mundo é a da rede, onde tudo é fragmentário, e muito pouco do que é realizado no campo da cultura é feito para durar (CASTELLS, 2008). Portanto, é como se o mundo consistisse hoje em uma verdadeira série de redes sobrepostas, formada por canais de comunicação e informação, que, por sua própria natureza, revelam-se como espaços inatingíveis pelas coerções espaciais e temporais. Por tais razões, Bauman (2000) afirma que os mecanismos por trás da fabricação da incerteza e da insegurança são amplamente globalizados, estando, portanto, fora do alcance das instituições políticas existentes – notadamente fora das autoridades estatais eleitas.

Em síntese, o pós-modernismo articula-se a todo instante no sentido de problematizar o senso comum – acrítico e ingênuo –, pautado em valores preestabelecidos, concretos e, muitas vezes, impostos, reclamando por um direito de criação de valores também para os intelectuais, com a devida vantagem ética e política que os garante de evitar a tendência tipicamente dogmática.

4
O direito da pós-modernidade

O positivismo, por muito, foi tido como a principal – e única – forma de se pensar e "fazer" o direito. A corrente positivista se formava de modo a enxergar o direito exclusivamente a partir da existência da lei, ou seja, sem lei não era possível se falar em direito. Tinha, assim, a intenção de imprimir o modelo de ciência no direito, uma ciência jurídica neutra, isenta de qualquer subjetividade, e que fosse capaz de propor respostas sólidas e absolutas.

Cumpre ressaltar que, para o positivismo normativista, toda norma válida era considerada obrigatória, independentemente de seu conteúdo, ou seja, "a filosofia positivista de culto à norma como núcleo supremo do jurídico, impõe a depuração de seu objeto de análise pela exclusão de qualquer consideração acerca da moral e do justo" (KELSEN, 1984).

Ocorre que o positivismo deixou de observar que o direito não pode resumir-se estritamente ao aparato normativo e que sofre influências externas a todo momento. Nesse sentido, muitas vezes, deixou de responder a questões que diziam respeito diretamente ao mundo das normas, mas que eram ligadas a acepções de cunho moral, principalmente no período pós-guerra.

Pode-se dizer, então, que as normas positivadas deixavam lacunas ao tentar responder a diversas questões de ordem jurídica, em um período de reconstrução (de paradigmas, de estruturas sociais, de instituições políticas, etc.), mostrando-se como uma espécie de direito engessado em padrões que não mais correspondiam às mudanças do tempo. Houve, assim, a necessidade de se repensar as instituições, de modo que passassem a cumprir os ideais de justiça, retomando a moral a ocupar o papel de objeto de estudo do direito, dando lugar ao subjetivismo.

Portanto, é correto afirmar que

> *A crise epistemológica engendrada pela Dogmática Jurídica enquanto paradigma científico hegemônico reside no fato de que suas regras vigentes não só deixam de resolver os problemas, como ainda "não conseguem mais fornecer orientações, diretrizes e normas capazes de noertear" a convivência social. Ora, não tendo mais condições de oferecer soluções funcionais, o modelo técnico de positivismo jurídico dominante revela-se a própria fonte privilegiada da crise, das incongruências e das incertezas. (WOLKMER, 2001)*

As drásticas mudanças civilizacionais dos dias atuais, ligadas aos progressos das técnicas e ao impacto da globalização, refletem-se em alterações inclusive no direito, dando origem à chamada *legal travellingculture*, formada pelas combinações entre sentimentos jurídicos nativos e importados, tradicionais e emergentes, cosmopolitas e locais (HESPANHA, 2007). O abandono contemporâneo do direito natural resulta em relativismo (STRAUSS, 2009), de modo que o direito da pós-modernidade surge justamente no sentido de desconstruir aquela antiga concepção de que tinha identidade única, colocando-se, assim, em dúvida suas formas e seus valores.

Este período pós-moderno, compreendido como momento de revisão das heranças modernas e como momento histórico de transição no qual se ressente o conjunto dos descalabros da modernidade, produz rupturas e introduz novas definições axiológicas, das quais os primeiros benefícios diretos podem ser colhidos para os sistemas jurídicos contemporâneos (WOLKMER, 2001), como, por exemplo, a arbitragem, a conciliação, o pluralismo jurídico, entre outras práticas jurídicas.

O ritmo das mudanças jurídicas pode ser estudado em diversos níveis, sendo o mais profundo deles o das mudanças das sensibilidades jurídicas, tal como se manifestam difusamente na sociedade, englobando tanto os sentimentos acerca do que é juridicamente pertinente (âmbito do direito) quanto os sentimentos sobre o que é justo ou injusto (HESPANHA, 2007).

Ainda, no que se refere ao impacto da pós-modernidade na teoria jurídica, segundo o que apresenta Bittar (2003), a supremacia e a universalidade da lei perdem significação e espaço, uma vez que a legislação abstrata não se mostra mais capaz de representar as peculiaridades dos diversos atores sociais. Quebra-se, também, o caráter objetivo do direito, no sentido de que sua própria formação não é isenta de negociações políticas e partidárias e, portanto, contaminado de forças e vontades políticas.

Ademais, em virtude da ineficácia e da inefetividade das políticas de combate à corrupção e de todo discurso de tolerância zero não alcançarem ordens e classes "bem quistas" – o que se evidencia pelas elevadíssimas taxas de impunidade –, a ideia da contenção do arbítrio pela lei torna-se uma verdadeira falácia (BITTAR, 2003).

Por conseguinte, essa mesma seletividade – agora de maneira inversa – desmistifica a suposta regra de que a lei é geral e abstrata, atingindo a todos e todas com igualdade, ou seja, indistintamente, garantindo os mesmos direitos e deveres a sujeitos igualmente capazes e produtivos ao mercado. Quando, na realidade, o sistema econômico vigente – pretensamente meritocrático – garante, na outra ponta da sociedade, oportunidades maiores para uns e nenhuma para outros.

Essas e outras razões retiram do ordenamento jurídico a concepção de que sua codificação "representaria uma obra científico-legislativa, obra prima do saber jurídico, com disciplina única e sistemática das matérias por ele versadas, insuscetíveis de lacunas e erronias" (BITTAR, 2003), e de que sua interpretação seria, efetivamente, fruto da exegese harmônica do sistema, ao passo que os códigos são construídos sempre no contrapé das mudanças sociais.

A tripartição dos poderes da União não fica escusa dessa análise, pois, muito embora sejam constituídas para manter o equilíbrio do Estado, na prática, as políticas públicas adotadas por essas esferas de poder formam verdadeiros Estados simultâneos orientados por valores desconexos.

Ainda, para Bittar (2003), perde também a dignificação

> *a ideia da democracia representativa como fomento à igualdade de todos e à realização da vontade geral rousseauniana, quando se sabe que a população vive à mercê dos usos e abusos na publicidade, no discurso e na manipulação políticas; a intocabilidade da soberania, como forma de garantia da esfera de atuação com exclusividade dos poderes legislativos, jurisdicionais e executivos em bases territoriais fixas e determinadas na ordem internacional, quando se sabe que a interface da internacionalização dos mercados e da interdependência econômica tornam inevitável o processo de integração.*

Assim, passa-se a valorizar – como direito – as mais variadas formas e estruturas que condicionam o comportamento humano, como, por exemplo, a vida quotidiana (HESPANHA, 2012), por meio de uma rota emancipatória (SANTOS, 2001). Busca-se superar a rigidez, os discursos tradicional, jusnaturalista, realista e positivista, procura-se valorizar o micro, o particular.

5
Considerações finais

Este trabalho propôs-se a analisar as particularidades que permeiam o direito pós-moderno. Assim, para a melhor compreensão da temática, além de traçar uma inevitável distinção acerca dos tempos – moderno e pós-moderno – consubstanciando os apontamentos subsequentes, foi necessário também compreender alguns aspectos relevantes a respeito do que é e de como ocorre o desenvolvimento da história do direito através dos tempos.

Diferentemente do que se defendia em outros tempos, com a corrente positivista e as teorias idealistas – de que o direito apresentava uma concretude inabalável, de que era ciência certa e indiscutível, totalmente alheia ao espaço e ao tempo –, é possível se falar hoje em um direito relativo e plural, em que o sentido de *desconstruir* tomou uma proporção muito maior do que as antigas ideias de verdade e de paradigma.

Nesse cenário, pode-se dizer que a ciência não mais busca um conhecimento imutável, mas sim que é possível compreender, em determinado tempo e espaço, ou seja, inserido em dado contexto. Essa perspectiva faz com que o cientista encare uma realidade de forma muito mais abrangente, onde todo e qualquer ponto deverá ser averiguado de acordo com a pertinência, considerando o fato de que as verdades são todas circunstanciais.

Assim, também o direito foi abarcado por esse novo modo de se fazer ciência, passando a sopesar como relevantes fatos jamais considerados jurídicos, como, por exemplo, a vida quotidiana, comprometendo-se com os dados e os fatos oferecidos pelo mundo real, sendo capaz de dialogar com as mais variadas teorias e culturas para a formação dos ideais de justiça, analisados a cada caso concreto.

Referências

BAUMAN, Z. **Modernidade líquida**. Rio de Janeiro: Zahar, 2001.

BAUMAN, Z. **Em busca da política**. Rio de Janeiro: Zahar, 2000.

BAUMAN, Z. **Identidade**: entrevista a benedetto Vecchi. Tradução de Carlos Alberto Medeiros. Rio de Janeiro: J. Zahar, 2008.

BAUMAN, Z. **O mal-estar da pós-modernidade**. Rio de Janeiro: J. Zahar, 1998.

BAUMAN, Z. **Vida líquida**. 2. ed. Rio de Janeiro: J. Zahar, 2009.

BAUMAN, Z. **Vidas desperdiçadas**. Rio de Janeiro: J. Zahar, 2005.

BAUMAN, Z. **44 cartas do mundo líquido-moderno**. Rio de Janeiro: J. Zahar, 2011.

BARBROOK, R. **Futuros imaginados**. São Paulo: Periópolis, 2009.

BITTAR. E. C. B. **A crise do direito na pós-modernidade**: um balanço jusfilosófico da experiência brasileira contemporânea. Tese (Livre-Docência) – Departamento de Filosofia e Teoria Geral do Direito, Faculdade de Direito, Universidade de São Paulo, São Paulo, 2003.

BLOCH, M. **Apologia da história ou o ofício do trabalhador**. Tradução de André Telles. Rio de Janeiro: J. Zahar, 2001.

CASTELLS, M. **A sociedade em rede**: a era da informação – economia, sociedade e cultura. Tradução de Roneide Venâncio Majer. 11. ed. São Paulo: Paz e Terra, 2008.

DINIZ, A. C. de A. **Teoria da legitimidade do direito e do Estado**: uma abordagem moderna e pós-moderna. São Paulo: Landy, 2016.

GROSSI, P. Pensamento jurídico. In: GROSSI, P. **História da propriedade e outros ensaios**. Tradução de Ricardo Marcelo Fonseca e Luiz Ernani Fritoli. Rio de Janeiro: Renovar, 2006.

HESPANHA, A. M. **Cultura jurídica europeia**: síntese de um milênio. Coimbra: Almedina, 2012.

HESPANHA, A. M. **O caleidoscópio do direito o direito e a justiça nos dias e no mundo de hoje**. Coimbra: Almedina, 2007.

KELSEN, H. **Teoria pura do direito**. Tradução de J. Baptista Machado. 6. ed. Coimbra: Armênio Amado, 1984.

LEMOS, A. **Cibercultura, tecnologia e vida social na cultura contemporânea**. 2. ed. Porto Alegre: Sulina, 2004.

PEIXOTO, A. Uma historiografia para a cultura jurídica brasileira. In: FONSECA, R. M. **Nova história brasileira do direito**: ferramentas e artesanias – biblioteca de história do direito. Curitiba: Juruá, 2012.

SANTOS, B. de S. Para uma concepção multicultural dos direitos humanos. **Contexto Internacional**, v. 23, n. 1, p. 7-34, 2001.

SCHIOPPA, A. P. **A Historyof Law in Europe**: from the Early Middle Ages to the Twentieth Century. Cambridge University Press, 2017.

STRAUSS, L. **Direito natural e história**. Tradução de Miguel Morgado. Lisboa: Edições 70, 2009.

WITTGENSTEIN, L. **Tratado lógico filosófico**: investigações filosóficas. Tradução de M. S. Lourenço. Lisboa: Calouste Gulbenkian, 2002.

WOLKMER, C. A. **Síntese de uma história das ideias jurídicas da antiguidade clássica à modernidade**. Florianópolis: Fundação Boiteux, 2006.

WOLKMER, C. A. **Pluralismo jurídico**: fundamentos de uma nova cultura no direito. São Paulo: Alfa-Omega, 2001.

História do direito como um olhar para o futuro: entre as experiências jurídicas e os horizontes de expectativas

Gustavo Silveira Siqueira

Professor Associado de História do Direito da Universidade do Estado do Rio de Janeiro (UERJ) e Coordenador do Laboratório Interdisciplinar de História do Direito da UERJ. Professor Adjunto de História do Direito da Unesa. Tem estágio de pós-doutorado no Max-Planck-Institut für Europäische Rechtsgeschichite. Atualmente, é *visiting scholar* no Departamento de História da Universidade de Harvard.

1
Introdução

António Manuel Hespanha (1945-2019) foi um dos mais importantes historiadores do direito. Reconhecido mundialmente, e falecido precocemente, Hespanha deixou dezenas de escritos com preocupações de teoria do direito e história do direito. O presente ensaio pretende destacar apenas um pequeno ponto da vasta obra do autor: a relação da história do direito com o futuro – tema importante na obra de Hespanha e pouco debatido pelos comentadores de seu trabalho. A pesquisa sobre os escritos de Hespanha a respeito do futuro e da história do direito levou-me, inevitavelmente, ao debate com Reinhat Koselleck (1923-2006), historiador alemão que discute a relação entre passado e futuro na história. Nesse ponto, os pensamentos foram complementares e acredito que possam contribuir para um debate sobre o futuro e a história do direito.

O presente ensaio foi baseado, em especial, nas seguintes obras de António Manuel Hespanha: *Cultura jurídica europeia: síntese de um milênio* e *Caleidoscópio do direito: o direito e a justiça no mundo de hoje*, bem como na conferência "El Actual Ocaso del Estado y su Derecho Visto por los Historiadores", proferida em 15 de dezembro de 2010, no IV Congresso Internacional Historia a Debate, em Santiago de Compostela.

Tendo em vista tal contexto, este ensaio também pretende discutir um conceito de experiência jurídica capaz de problematizar uma história do direito plural e complexa e situá-la dentro de um espaço de experiência que projeta o direito para o futuro, para horizontes de expectativa futuros. Utilizando os conceitos apresentados por Koselleck, tentou-se estabelecer uma ligação entre o passado, o futuro e as teorias da história do direito de Hespanha. Nesse sentido, a história do direito influenciaria o presente a entender seus projetos vivenciados e a planejar experiências e expectativas para o futuro.

2
As experiências jurídicas e a história do direito

Neste ensaio, entende-se o conceito de *experiências jurídicas* como toda manifestação possível em torno do fenômeno jurídico[i]. Assim, as experiências jurídicas são compostas por leis, seus valores, princípios, aplicações, violações, negações e problematizações.

A intenção é ampliar o conceito apresentado por diversos autores como Giuseppe Capograssi (1959, p. 10-11), Miguel Reale (1968, p. 34), Widar Cesarini Sforza (1958, p. 65) e Guido Fassó (1953, p. 97) e fornecer uma visão plural, múltipla, do que são as experiências jurídicas, evitando qualquer tentativa de integralização ou homogeneidade nas experiências vividas.

---

i   Para um trabalho mais detalhado sobre o conceito de experiências jurídicas, ver: SILVEIRA SIQUEIRA, 2011.

As experiências jurídicas não são apenas o que é "moral", o que é justo, o que é "certo" ou legal. A injustiça, a ilegalidade e o "errado" também fazem parte das múltiplas experiências jurídicas que uma sociedade vive. Não são apenas as vivências individuais, mas um complexo de relações individuais e coletivas em uma sociedade.

Necessariamente, o conceito de história do direito está relacionado ao conceito de experiências jurídicas. Fazer história do direito nada mais é do que uma tentativa de conhecer as experiências jurídicas passadas, partindo de fragmentos deixados para o futuro. Assim, a história do direito é uma disciplina que estuda uma parte, pois é consciente da impossibilidade de conhecer o passado como ele realmente foi.

A história do direito estuda as experiências jurídicas passadas, tentando capitar as manifestações individuais e coletivas que têm relação com o que se pode chamar de *sentimento de juridicidade*. Parte-se do princípio de que o que define um direito não é sua positivação, seu reconhecimento formal por autoridade ou por tribunais; o que define um direito (que pode ser positivado ou não) são os sentimentos sociais (individuais e coletivos) em relação a esse direito. Um direito é um resultado de um processo histórico, muitas vezes de lutas, de negações (ou afirmações) desse direito, sendo a positivação um fator que apenas contemporaneamente ganhou muita importância. E todos esses processos, esses sentimentos de luta ou não, importam para a história do direito, pois todos são pequenas partes das experiências jurídicas.

Consciente da parcialidade dos fragmentos que encontra, o historiador do direito[i] tenta reconstruir um mosaico para dar conta das experiências passadas, tentando encontrar as cores, as linhas tortas, os projetos (e processos) de convivência e as infinitas manifestações humanas em torno do fenômeno jurídico. E, por mais que tamanha função possa parecer ingrata ou totalmente descabida – diante da impossibilidade de se conhecer todo o passado –, torna-se fascinante, pois é o exercício do

---

i Sobre a condição subjetiva do historiador, que não é o foco central do presente trabalho, vale a pena consultar: REIS, 2007. Os historiadores alteram as visões passadas e criam novas narrativas – conceitos, documentos e o próprio passado sempre podem ser analisados de uma forma diferente, por um novo observador/narrador: "Não há um passado fixo, idêntico, a ser esgotado pela História. As experiências futuras e vivências presentes alteram a compreensão do passado. Cada geração, em seu presente específico, une passado e presente de maneira original, elaborando uma visão particular do passado para se representar, se localizar e projetar o seu futuro" (REIS, 2007).

conhecimento das multiplicidades do agir humano, da infinita criatividade humana e de suas diversas formas de se expressar como direito.

Dessa maneira, não existe fórmula certa para o conhecimento da história do direito, apenas a necessidade de pressupostos que possam fazer desta uma tarefa plural e aberta. *Plural* para poder compreender projetos de convivência jurídica diferentes; e *aberta* para formas de manifestação que possam surpreender.

Assim, história do direito que tente justificar os resultados da dogmática atual e legitimar um progresso científico, "um desenvolvimento linear, necessário, progressivo, escatológico" (HESPANHA, 2005, p. 41), que culmina no direito positivo atual, deve ser problematizada. O direito deve ser entendido em seu tempo, e não simplesmente como um caminhar em direção ao progresso. Não é possível dizer que o passado era melhor ou pior, ele apenas mudou, apenas era diferente, e a tarefa do historiador é um constante complexificar a história (HESPANHA, 2011). É sua tarefa problematizar, ponderar e confrontar as histórias e os saberes (HESPANHA, 2011).

Os institutos jurídicos devem ser analisados em seus contextos, pois "o direito recompõe-se continuamente e, ao recompor-se, recompõe a leitura de sua própria história, da sua própria tradição, actualizando-as" (HESPANHA, 2005, p. 42). O direito é sempre um passado, e a história do direito deve deixar de ser vista como "um longo trabalho de progresso da razão jurídica" ou como "o ponto de chegada de uma crónica multissecular dos triunfos do direito sobre a força", como critica António Manuel Hespanha (1986), e buscar, cada vez mais, um pensamento historicizante e crítico sobre a própria história. Explico: o direito é sempre algo do passado que vem tocar o presente. Logo, ele é sempre histórico e deve ser entendido como tal. As experiências do passado são diferentes das experiências do presente, e os critérios de um não podem ser utilizados para justificar ou julgar outros. Aqui está um dos paradoxos do direito: o julgamento do presente com as regras do passado. Por isso, o passado precisa ser compreendido, e o direito, trazido ao presente. Assim, a experiência jurídica está sempre entre o passado, o presente e o futuro. O direito caminha por essa lógica. Se sabemos que o presente não pode julgar o passado, questionamos como o direito, que é passado, relaciona-se para julgar o futuro. É claro que isso não significa negar um aprendizado histórico, cultural ou científico, mas reforça a ideia que o passado deve ser entendido com seus contextos, com suas experiências, e o direito não consegue fugir desse paradoxo (SILVEIRA SIQUEIRA, 2011, p. 22).

3
Experiências jurídicas e horizontes de expectativas

Toda problematização histórica, consoante à obra de Koselleck (2006), estaria em uma tensão entre os "espaços de experiências" e os "horizontes de expectativas". Os espaços de experiências são as tradições recebidas, os eventos, os momentos, os projetos passados e as experiências que informam o presente.

Koselleck (2006, p. 309) afirma que "a experiência é o passado atual, aquele no qual os acontecimentos foram incorporados e podem ser lembrados". Para ele, na experiência se fundem elaborações conscientes e inconscientes, sendo "a história sempre a de experiências vividas e de esperas dos homens que agem e sofrem" (REIS, 1994, p. 82). As histórias são as experiências vividas e percebidas pelos homens, logo, elas podem ser revistas, recolhidas e reconstruídas (KOSELLECK, 2006, p. 311). As experiências não são dados estanques, "mas categorias de conhecimento suscetíveis de ajudar a fundar possibilidades de uma história" (REIS, 1994, p. 82).

As experiências são as marcas do passado no presente. A consciência dos discursos, das práticas, das vivências e das teorias anteriores são fundamentais para o entendimento da história do direito. E são fundamentais porque são percebidas em seus termos e contextos. Explico: as experiências passadas sentidas no presente não são as mesmas experiências do passado. Elas se modificam, ganham novos contextos, significados, mas, para uma compreensão, é essencial entender como elas foram experimentadas, sob pena de se deturpar ou de não se entender a história.

Conhecendo as experiências que o afetam, o historiador consegue projetar horizontes de expectativa, consegue desenhar projetos para o futuro. As expectativas, necessariamente, estão ligadas às experiências vividas, pois estas condicionam, de certa forma, o que se espera e se planeja do futuro. O vivido altera as expectativas do que se viverá. A tentativa não é afirmar que o passado determina o futuro, mas entender que as experiências passadas são essenciais para os discursos e os projetos do futuro.

A expectativa, de certa forma, é o futuro sentido no presente, ou seja, um futuro projetado a partir das experiências vividas. Frise-se, um futuro projetado, visto que as expectativas, o que se espera e o que se planeja, sempre podem ser revistas. Dessa forma, existe a tensão entre o espaço de experiências, entre o que foi e os projetos para o futuro. O passado é diferente do futuro e do presente, mas existe uma tensão entre eles. Assim, a história do direito pode ser entendida como uma tensão entre o passado, as experiências jurídicas passadas e existentes – consciente ou inconscientemente – na sociedade contemporânea e os projetos jurídicos e políticos para o futuro.

Nesse momento, ter consciência da história do direito não é apenas ter percepção de como as experiências passadas influenciam, existem ou são percebidas no presente, mas também de que projetos e expectativas podem fazer parte da história do direito.

4
História como futuro: um diálogo com a obra de António Manuel Hespanha

4.1 A história do direito é ruptura e não legitima o presente: não há uma linha reta passado-presente-futuro

Antes de entender a história do direito como um projeto para o futuro, é fundamental entender que ela não pode ser uma simples legitimação do presente. A consciência das possíveis descontinuidades da história é característica essencial da história do direito, e essa percepção deve nortear seus estudiosos. Se a história é descontinuidade, não há sentido em traçar fios condutores perfeitos, retos, exatos entre o passado e o presente. Deve-se compreender que o passado não é "um ensaiador de soluções que vieram a ter um completo desenvolvimento do presente. E, com isto, deixa de ter que ser lido na perspectiva do que veio depois. O passado é libertado do presente. A sua lógica e as suas categorias ganham espessura e autonomia" (HESPANHA, 2005, p. 43).

O passado deve ser entendido em seus contextos, em suas nuances, e deixar de ser uma visão do presente em tempos pretéritos[i]. Compreen-

---

i   O passado é sentido no presente, mas deve ser entendido com suas diferenças, tanto no direito quanto na história: "Enfim, a história do Direito deve ser feita para atender ao Presente. O historiador é aquele que sabe

der o passado como uma ruptura do presente é libertá-lo do hoje, é possibilitar seu entendimento com suas nuances e complexidades, respeitando a "lógica das fontes" (HESPANHA, 2005, p. 70-73). Nesse sentido, é possível "historicizar a história", fomentando o estudo da história do direito em seus contextos sociais, assim como em seus institutos e suas categorias (HESPANHA, 2005, p. 58).

Percebendo que o direito é maior que as fontes formais e menor do que o conjunto das relações sociais (FRAGALE FILHO, 2007, p. 55), o historiador deve ter consciência de que "só muito simplificadamente e de forma cada vez mais irrealista" (HESPANHA, 2009, p. 29) o direito é confundido com a lei. O que significa que os métodos jurídicos do presente não servem para destrinchar os métodos jurídicos do passado. Os tempos devem ser entendidos em suas lógicas, seus valores e suas ideologias. Um historiador que se preocupa apenas com as leis escritas, por exemplo, pode muito pouco ou quase nada dizer sobre as vivências jurídicas de uma época. A lei escrita é um fragmento importante, mas ela contém apenas um pequeno pedaço das experiências jurídicas do passado.

4.2 História do direito como projeto para futuro

António Manuel Hespanha (2011) lembra que a história do direito procura estudar "coisas raras, exóticas" e que, muitas vezes, pouco ou nada tem a ver com os nossos dias. Essas coisas diferentes, muitas vezes estranhas, são passado. Nesse sentido, o historiador é um escafandrista, um "intérprete", que "conta a história mirando o presente", utilizando-se do passado como uma "metáfora para entender o presente" (HESPANHA, 2011).

O que "importa é o presente", mas entender como o passado foi diferente, com projetos "alternativos de convívio humano", com verdades múltiplas, torna possível constatar que a "história não é linear"; ela é ruptura, "dá saltos", e o que liga um passado e um presente não é uma ligação lógica, racional, perfeita, exata (HESPANHA, 2011).

---

que o presente não é autosuficiente, que possui uma longa trajetória temporal. O historiador sabe que o presente está saturado de passado e que, para se compreender e tornar-se mais eficiente, precisa tomar conhecimento e consciência do caminho percorrido" (REIS, 2010).

A história, assim como a vida humana, é cheia de momentos de incompreensão, "com alterações arbitrárias de sentido", de contradições, "lógicas próprias" e múltiplas, de sentidos diversos e muitas vezes contraditórios, de "mudanças imprevisíveis" (HESPANHA, 2011). Assim, o fundamento é fazer a história dialogar com o presente: apresentar projetos que foram esquecidos, escondidos e colocá-los em debate. Compreendendo os diferentes sentidos, é possível livrar a história de uma metodologia teleológica e complexificar o passado, comparando projetos e vivências com o presente e as expectativas para o futuro.

A história obriga o direito a discutir com o passado, obriga "reflexões sobre o mundo" e ajuda a desmistificar mitos e falácias jurídicas. Ajuda, por exemplo, "desmitificando os pontos de vista de que o direito é uma ordem racional, neutra e fundada objetivamente na realidade social" (HESPANHA, 2005, p. 452). Ajuda a entender as complexidades existentes no passado, que podem trazer projetos que ainda interessem ao presente.

Nessa perspectiva, o uso problematizante da história do direito aumenta os espaços de experiências e os horizontes de expectativas do direito. Se o passado tem relação com o futuro, o conhecimento do passado leva o presente a problematizar experiências e projetos possíveis para o futuro. Passado, presente e futuro tencionam-se em suas diferenças.

Essa visão nega uma visão de um passado atrelado a um presente e a um futuro por linhas retas, mas afirma uma ligação nas diferenças entre eles. Fornece auxílio para perceber o passado em suas diferenças, e não com os olhos do futuro, não com as lógicas do presente: olhar o passado com os olhos do presente é perceber o presente no passado, e não compreender realmente as experiências que existiram.

5
Palavras finais

As obras de Koselleck e de Hespanha se entrelaçam. As teorias fomentam um debate importante sobre a história do direito. A história, como experiência jurídica do passado, atua também como um horizonte de expectativas para o futuro. E a existência de um passado-presente não significa que o passado é o presente, mas que suas experiências influenciam. Da mesma forma que o passado não era melhor ou pior, também a percepção do presente não implica negar processos de aprendizagem, pois os próprios conceitos que "julgam" (bom, ruim, justo, injusto) mudam nos tempos históricos.

Projetando-se nessa relação passado-futuro, contribui a história do direito para o entendimento de projetos passados e projeções de expectativas para o futuro. Dessa forma, a história do direito é passado, presente e futuro. Os tempos não são estanques, determinados, mas se correlacionam e se alteram constantemente.

É por isso que não "há métodos e histórias definitivas que levem (ou tragam) à verdade absoluta do tempo" (REIS, 2007, p. 11), a verdade não existe; existem verdades históricas, que podem ser reconstruídas e contraditadas. É por isso que "não há realidade histórica acabada, que se entregaria por si própria ao historiador" (LE GOFF, 2005, p. 41-42). Nesse sentido, é o historiador que constrói a história:

> *É que, de facto, os acontecimentos históricos não estão aí, independentes do olhar do historiador, disponíveis para serem descritos. Pelo contrário, eles são criados pelo trabalho do historiador, o qual seleciona a perspectiva, constrói objetos que não têm uma existência empírica (como curvas de natalidade, tradições literárias, sensibilidades ou mentalidades) ou cria esquemas mentais [...]. (HESPANHA, 2005, p. 34)*

A história, como criação humana – falha, contraditória –, abre-se constantemente para alterações, até pela simples consciência de quem a elabora, os seres humanos. Sendo ela projeto para o futuro, consciência do passado no presente ou experiências jurídicas do passado, deve ser aberta para alterações, críticas e contraposições. Estará, dessa forma, preparada para novas cores, novos problemas; e estarão, o passado e a história do direito, sempre abertos para o presente e para o futuro.

Referências

CAPOGRASSI, G. **Opere**. Milano: Dott. A. Giuferrè Editore, 1959. v. II.

CESARINI SFORZA, W. **Filosofia del diritto**. 3. ed. Milano: Dott. A. Giufrrè, 1958.

FASSÒ, G. **La storia come esperienza giuridica**. Milano: Dott A. Giuffré, 1953.

FRAGALE FILHO, R. Ensinar sociologia jurídica nas faculdades de direito: possibilidades e significados. In: CERQUEIRA, D. T. de; FRAGALE FILHO, R. (Org.). **O ensino jurídico em debate**: o papel das disciplinas propedêuticas na formação jurídica. Campinas: Milennium, 2007.

HESPANHA, A. M. **Cultura jurídica europeia**: síntese de um milênio. Florianópolis: Fundação Boiteux, 2005.

HESPANHA, A. M. El ocaso del Estado y los historiadores. In: CONGRESSO INTERNACIONAL HISTORIA A DEBATE, 4, Santiago de Compostela, Espanha, 15 dez. 2011.

HESPANHA, A. M. Nova história e história do direito. **Revista Vértice**, Coimbra, v. 46, abr. 1986.

HESPANHA, A. M. **O caleidoscópio do direito**: o direito e a justiça nos dias e no mundo de hoje. 2. ed. Coimbra: Almedina, 2009.

KOSELLECK, R. **Futuro passado**: contribuição à semântica dos tempos históricos. Tradução de Wilma Patrícia Maas e Carlos Almeida Pereira. Rio de Janeiro: Contraponto; Puc-Rio, 2006.

LE GOFF, J. **A história nova**. Tradução de Eduardo Brandão. Rio de Janeiro: M. Fontes, 2005.

LOPES, J. R. L. O diálogo entre direito e história. In: RIBEIRO, G. S.; NEVES, E. L.; FERREIRA, M. de F. C. M. **Diálogos entre direito e história**: cidadania e justiça. Niterói: Editora da UFF, 2009.

REALE, M. **O direito como experiência**: introdução à epistemologia jurídica. São Paulo: Saraiva, 1968.

REIS, J. C. **A história, entre a filosofia e a ciências**. São Paulo: Ática, 1996.

REIS, J. C. **As identidades do Brasil**: de Varnhagen a FHC. 9. ed. Rio de Janeiro: FGV, 2007.

REIS, J. C. **História do direito**: por que? pra quê? como? Texto apresentado na Faculdade de Direito da UFMG, 10 jun. 2010.

REIS, J. C. **Tempo, história e evasão**. Campinas: Papirus, 1994.

SILVEIRA SIQUEIRA, G. **História do direito pelos movimentos sociais**: cidadania, experiência e antropofagia nas estradas de ferro (Brasil, 1906). Tese (Doutorado em Direito) – Faculdade de Direito, Universidade Federal de Minas Gerais, Belo Horizonte, 2011.

António Manuel Hespanha: el historiador como antropólogo y el derecho como una forma de vida

Tamar Herzog

Doutora em Sócio-Economie du développement pela Ecole des Hautes Études en Sciences Sociales (1994). Atualmente, é professora de Spanish and Portuguese History da Harvard University. Tem experiência na área de História.

1
El método

En su *As vésperas do Leviathan* (1986), António Manuel Hespanha reflexiona sobre lo que era (y debe ser) la historia moderna (HESPANHA, 1994). En vez de aportar nombres, fechas y lugares, esta historia, argumenta, tiene que rescatar las estructuras y reglas básicas que formaban su esqueleto y su razón de ser. ¿Cuál era el modelo que daba sentido a palabras y acciones? ¿Cuál era su gramática y cómo la podemos reconstruir?

El historiador y el antropólogo, dice António Manuel Hespanha, son dos especies del mismo género porque ambos desean capturar y analizar una alteridad que presupone una distancia entre observador y objeto observado[i]. La distancia social y la distancia temporal, anota, operan de la misma forma porque exigen al que contempla tener conciencia de esta lejanía y emplear tanto empatía como imaginación para no convertir lo extraño en familiar y lo sorprendente en trivial (HESPANHA, 2004, p. 48). En vez de encontrar "lo esperado donde se lo espera," "convertir las palabras en instrumentos de sentido común de manera que pierdan todo su significado original," o hallar en el pretérito la imagen de hoy, los historiadores deben escuchar atentamente al pasado y preguntarse por la razón, la gramática, y la geometría que expliquen por qué las cosas se hicieron o se dijeron de este modo. Se trata, en fin, de un viaje que debe conducirnos, según él, "al límite de nuestro universo interpretativo". Por medio de esta travesía, idealmente, el pasado se emancipará del presente (que habitualmente lo coloniza) y llegará a ser autónomo, adquiriendo un carácter distinto sin que sus particularidades queden trivializadas.

Se trata de un viaje altamente aventurero, pero su meta no es perderse, ni perder contacto con la realidad. Todo lo contrario. El deseo es producir un conocimiento que permita problematizar las categorías actuales al demonstrar que no son ni necesarias ni inevitables, sino cultural y temporalmente construidas. El trabajo intelectual, en otras palabras, no es solo contemplativo, sino que debe ser implicado y emprendedor. Debe corresponderse a las inquietudes actuales y actuar sobre el presente, permitiendo por tanto soñar con un futuro diferente. En este contexto, el historiador aparece como un cosmopolita nato y confeso, no porque haya vivido necesariamente en otros sitios – los viajes de las personas le interesan a António Manuel Hespanha mucho menos que el movimiento de ideas –, sino porque, por profesión, el historiador debe cohabitar con otra época y otras personas, una cohabitación solo posible si se desarrolla una amplia "competencia cultural" (RUIZ IBÁNEZ, 1995, p. 73).

Hacer historia es todo esto y aún más. Es un proceso que lleva a la transformación tanto del observador como del objeto observado. Es un dialogo permanente entre el hoy y el ayer, el yo y los demás. Diferentes medios permiten llevarlo a cabo, pero entre los más privilegiados está el derecho. Para António Manuel Hespanha el derecho no es una superestructura que se impone desde fuera, ni tampoco es una configuración formal y dogmática. Es, al contrario, una fibra que conecta personas, palabras, y hechos. Es un método que da sentido a las cosas y que las organiza, a la vez que permite a individuos, grupos

---

i   Vease, por ejemplo: RUIZ IBÁNEZ, 1995, p. 71.

e instituciones conseguir ciertas metas. Como si fuera el sistema operativo de un ordenador, la presencia del derecho tal vez no resulta evidente a primera vista e incluso se cree que se puede prescindir de él; y, sin embargo, es el derecho el que fija las reglas de juego y da sentido profundo a todo lo que intentamos engendrar.

Porque el derecho se apoya en la historia y la tradición para legitimarse, pretende ser custodio de una estricta continuidad. A pesar de ello, su técnica más habitual consiste en la persistente lectura y relectura, interpretación y reinterpretación. El derecho usa el pasado para responder a los desafíos del presente, por lo que permanentemente rompe con sus propios criterios, certidumbres y doctrinas. En este proceso de reelaboración, las palabras y las frases adquieren nuevos significados a medida que la misma documentación es leída de manera diferente. Porque el derecho es un producto social, todo derecho es contextual y debe de ser entendido como reflejo de la sociedad y del momento (HESPANHA, 2004, p. 47). La fingida continuidad, en otras palabras, no debe engañarnos: lo más normal del derecho es el cambio y la discontinuidad, no la repetición ni la permanencia. La historia del derecho revela todo eso. Demuestra que lo que puede parecer evidente y razonable, es el resultado de un largo entramado de fuerzas y circunstancias, que el historiador debe descubrir como si fuera, sí también, un arqueólogo.

Para llevar a cabo todo ello, António Manuel Hespanha busca incesantemente el equilibrio perfecto entre teoría y empirismo, la gran tradición jurídica y su concreción en casos específicos en un proceso de continuas idas y vueltas. No separa la historia del derecho de la historia política, social y cultural e incluso económica. La erudición y la interdisciplinaridad son sus compañeras de viaje. El derecho que le interesa no es solo el derecho erudito u oficial sino toda manifestación social normativa, incluyendo la religión, las costumbres y las prácticas, la esfera rústica y las leyes de la amistad y del amor. La historia del derecho que practica no se dirige a recordar doctrinas o citar fuentes sino a rescatar del olvido la constelación de experiencias que las produjeron.

Con ojos propios de antropólogo, António Manuel Hespanha se pregunta cómo era el mundo visto por otros (HESPANHA, 2012; 2015). *Fazer e desfazer la historia*, como se llamaba la revista que dirigió, es lo propio suyo. El caleidoscopio que reconstruye le permite ver y reconstruir un sinnúmero de colores y formas que, a medida que se contemplan, van ofreciendo otras lecturas.

2
Las preguntas

Este era el enorme bagaje y la formidable responsabilidad que António Manuel Hespanha transportó consigo en su viaje intelectual a diferentes lugares, tiempos y campos. Sus primeras preguntas se dirigían a entender el estado moderno, nacido en Europa a finales de la época medieval y dramáticamente modificado durante la segunda mitad del siglo XVIII y el siglo posterior. ¿En qué consistía el antiguo régimen y cómo se pudo llegar, a partir e él, a las estructuras actuales? Si, inicialmente, Portugal era el foco de su atención, prontamente se hizo evidente que Portugal serviría para hablar de una Europa donde las divisiones actuales no existían o tenían otro sentido, y donde no hubo, ni podía haber, un derecho propiamente nacional. El cargo de comisario general para la conmemoración de los descubrimientos portugueses (1995-1998), así lo contaba él, amplió sus horizontes a ultramar. ¿Eran los territorios coloniales profundamente distintos, como se solía concluir a veces incluso sin siquiera hacerse la pregunta? El antiguo régimen ¿se extendía también a los trópicos? ¿Cuáles eran, en esencia, las características coloniales de cada situación y cuáles, al contrario, eran las cosas que ultramar y Europa compartían?

Aunque ultramar quedó en el centro de sus preocupaciones (como demuestra su último libro), en sus obras más recientes, António Manuel Hespanha se pregunta ante todo por la naturaleza del estado contemporáneo. Cómo puede este estado responder a los retos actuales, a la presión de grupos que cuestionan el legado del sujeto de derecho único, igual ante la ley, y la penetración y coacción de un derecho global, en forma de la interposición de cuerpos, organizaciones y actores internacionales tanto públicos como privados. ¿Pueden los juristas estar a la altura de estos desafíos? ¿Pueden replantear sus verdades más queridas, más habituales y más inconscientes, para imaginar un viaje, esta vez no al pasado sino al futuro, nuevamente llevándonos "al límite de nuestro universo interpretativo"?

3
Los resultados

En su análisis del estado moderno, António Manuel Hespanha demostraba que no era, ni podía ser, el simple precursor de las configuraciones actuales ni el pregón de unas estructuras absolutistas. Antes de la gran ruptura, tipificada por la revolución francesa pero germinada a lo largo y ancho del continente (y fuera de él en los territorios de ultramar), lo que había era un estado pluri-jurisdiccional, pluri-nodal y pluri-normativo cuya cabeza, el rey, no era más que un árbitro y un mediador entre varias corporaciones y poderes. No por casualidad se presentaba como el garante de la paz (y, en nombre de la paz, de la justicia), es decir, como quien se encargaba de mantener los equilibrios sociales. La distinción entre el presente y el pasado no descansaba solo, ni principalmente, en la carencia de medios o en la incapacidad del monarca para imponer sus deseos. El estado moderno era diferente no porque fuera pobre e ineficaz, sino porque su lógica era totalmente distinta de la lógica actual. No había un centro único, ni un derecho único, ni una sola jurisdicción. El derecho que se practicaba no era "nacional". Descansaba sobre un *ius commune* pan-europeo, que combinaba saberes teóricos con la práctica y se caracterizaba por una flexibilidad extrema que permitía tanto la unión como la distinción de zonas, grupos, y personas. Este derecho no pretendía actuar sobre la realidad, sino mantener el *statu quo*. Los lazos políticos seguían siendo de naturaleza profundamente personal, y si descansaban en manifestaciones de poder y violencia, también dependían de la gracia, siendo el rey tanto una figura amenazante como un padre consolador. El intercambio y la economía moral formaban la espina dorsal de este mundo, constituyendo una cadena interminable de obligaciones recíprocas, aunque desiguales y no necesariamente simultáneas. La justicia se imponía a la ley, y la religión, las costumbres, la amistad y el amor eran importantes elementos orientadores. Pensar el estado moderno de otro modo es caer rehén de unas narrativas ideológicas y anacrónicas, ideadas durante los siglos XIX y XX, cuyo fin era abogar por una continuidad difícilmente sostenible. Eran estas narrativas fabulosas las que pretendían que la soberanía real era el antecedente de la soberanía estatal, las cortes los progenitores de los parlamentos, los oficiales regios los que dieron nacimiento a la burocracia actual, y el derecho lo que producía la ley.

De lo que António Manuel Hespanha pensaba y escribía era evidente que, para él, una de las luchas más persistentes a lo largo de la historia y tal vez la más importante entre todas, era el combate por identificar quién controlaría el derecho. Esta facultad fue disputada por diferentes grupos y personas que presentaron el orden normativo como el resultado de un mandamiento divino, producto natural de las relaciones sociales, o dependiente de la razón y voluntad humanas. Para pasar del antiguo régimen a la modernidad hacía falta una revolución, no solo política, sino también intelectual y jurídica, y era preciso mudar las premisas filosóficas, religiosas, sociales, históricas y jurídicas. La expansión europea, la revolución científica y el nacimiento del estado-nación todos se conjuraron para justificar el llamamiento a un derecho natural que supuestamente iba a ser universal, racional y centrado en el individuo. Merced a este proceso, personas anteriormente distinguidas por rasgos particulares que les convertían en jurídicamente distintas, se tornaron con la modernidad en sujetos abstractos, carentes de características individuales e iguales unos a otros. El derecho pasó de ser un instrumento para mantener el *statu quo* en un utensilio para soñar con un futuro mejor. La legislación, que supuestamente expresaba la voluntad y el raciocinio humanos, se convirtió en la fuente legal por excelencia. Se abandonó la república (el cuidado y manejo de las cosas comunes, la *res publica*) y se adoptó en su lugar la comunidad (una organización basada en la comunión) y luego la sociedad (una asociación entre personas supuestamente libres). El derecho, tal como se iba desarrollando en el siglo XIX, intentó conseguir todo esto. Se creó un régimen constitucional con una ciudadanía moderna, y el contrato, el consentimiento y la propiedad se convirtieron en temáticas centrales del sistema tanto político como jurídico. El resultado debería de haber sido un derecho unificado que se aplicara a todos por igual, que identificaría el orden normativo con el estado, y que sostuviera un positivismo según el cual la única fuente valida sería la ley.

Pero el sueño de un futuro mejor estaba lleno de contradicciones. La promesa de igualdad legal no engendraba la igualdad real, ni el derecho pudo desligarse de la realidad social y convertirse en un hecho neutro, científico, lógico e independiente. Tampoco era evidente cuales eran las ventajas de reemplazar el raciocinio de los profesionales (pensamiento jurídico) por la voluntad popular expresada por unos novatos (la legislación). Las críticas postmodernistas apuntaron a todo ello y mucho más. Censuraron el discurso auto congratulatorio de la modernidad, la idea del progreso, y la convicción de que pueda haber valores universales basados en acuerdos sobre lo que era racional, acuerdos que necesariamente ignoraban la persistencia de profundas diferencias. Con ello, hubo un llamamiento al relativismo, el pluralismo y la heterogeneidad, y se impuso un consenso sobre la omnipresencia de las emociones y del sentido moral (y no solo lógico o jurídico) en la conducta humana. Pero estas críticas a menudo caían en lo mismo que censuraban a sus precedentes, ya que solían ser tan autorreferenciales, tan miopes, tan irreflexivas y tan contradictorias como acusaban a otros de ser.

Refiriéndose a ultramar, António Manuel Hespanha buscaba afirmar la complejidad de una situación colonial que compartía muchos rasgos con Europa. En vez de una oposición entre derecho metropolitano y derecho local, o una imposición unilateral, hubo, según él, un continuo vaivén entre múltiples sistemas que influyeron unos en otros, convergiendo o distanciándose según el caso. El colonialismo se caracterizaba por la continua interacción entre sistemas que de por si eran altamente pluralistas y complejos, interacción que no fue guiada ni por una estrategia clara, tipo *grand strategy,* ni por un modelo único o general. Esto apuntaba a la fragilidad del modelo centro-periferia que convertía a ultramar en un mero reflejo pálido de la madre patria. A este modelo – utilizado a menudo políticamente por los estados postcoloniales – Hespanha respondía afirmando la vitalidad de la sociedad colonial y su gran capacidad para administrarse, inventarse y cambiar.

Muy preocupado por la creciente popularidad del *legal pluralism* en el mundo anglosajón, ante todo en su vertiente enfocada en rescatar la plurijurisdiccionalidad del mundo colonial, Hespanha respondía recordando a estos autores, que él criticaba, la genealogía mucho más larga de un concepto de estado moderno que, aparentemente, cruzó mal el Atlántico o, por lo menos, la distancia idiomática entre las lenguas latinas y el inglés (HESPANHA, 2014)[i]. ¿Cómo se puede, preguntaba en 2014, pretender volver a inventar la rueda? ¿Cómo se explica el redescubrimiento triunfal de lo que ya se sabía por lo menos desde la década de 1970? Buscando respuestas, António Manuel Hespanha lamenta la continua ruptura entre historia de Europa e historia de ultramar, y entre diversas tradiciones historiográficas. Alega a favor de un diálogo, pero, ante todo, resalta la necesidad de una más profunda contextualización, recordando, como ya lo hizo en 2010, que el antiguo régimen también existía en los trópicos (HESPANHA, 2010). Sostener, usando el sentido común en vez de pruebas concretas, que todo era diferente o más complejo en el mundo colonial, es caer, según él, en la trampa de hacer que el pasado fuera similar al presente, o es usar el pasado, incluso colonizarlo, con fines contemporáneos.

El gran amor a lo sorprendente y contraintuitivo conduce a António Manuel Hespanha, en su ultimo libro, a reflexionar sobre los llamados *filhos da terra,* los que eran y no eran portugueses, formaban o no formaban parte del imperio (HESPANHA, 2019)[ii]. Como explica él mismo, le interesa indagar sobre lo que todos parecen mirar sin ver

---

i   Estos temas (y otros) se describen también en: HERZOG, [s. d.].

ii Véase también mi reseña en: HERZOG, 2019.

y sobre el sentido de los silencios a los que nadie presta atención. Las informaciones que recoge sobre África, Asia y las Américas, le permiten concluir que la calidad de "portugués" se daba a múltiples personas que poco tenían en común. En vez de depender del origen, la genealogía o incluso la sujeción política, en ultramar, lo que convertía a las personas en portuguesas (a sus propios ojos, según sus contemporáneos, o de acuerdo con los observadores actuales, historiadores y políticos) era una combinación frágil de identificadores que evaluaban más bien el vestuario, los utensilios, la religión, el idioma o las formas de actuar. Residir dentro o fuera de los confines del imperio nada tenía que ver. Colaborar con y beneficiarse de, sí. Esta identidad llamada *portuguesa* podía ser apropiada, incluso revindicada; podía ser asignada, incluso impuesta. Los llamados *portugueses* podían proceder de este país o ser hijos de portugueses, pero podían también ser nativos de otros territorios o ser individuos con herencias múltiples. Y, mientras ser "portugués" podía ser importante en ciertos aspectos y en momentos particulares, podía ser totalmente irrelevante en otros. Podía incluso operar en las relaciones entre grupos nativos entre sí porque algunos eran "más portugueses" que otros o solo portugueses en unas cosas y no en otras.

Si la vieja historiografía insistía en la existencia de un imperio, con un centro y varias periferias, António Manuel Hespanha concuerda con las nuevas interpretaciones (en parte, elaboradas a partir de su propia obra) según las cuales la presencia portuguesa descansaba sobre una red de relaciones entre muchos centros, vinculados por lazos ante todo económicos. Consistía en una variedad de situaciones. Algunos estaban bajo soberanía portuguesa, pero muchos otros se hallaban relacionados con el imperio de otro modo mediante acuerdos comerciales o políticos, obediencia a la iglesia u órdenes religiosas, o la identificación con Portugal por su participación en o imitación de algunas de sus características.

Si la designación de portugués era tan fluida y tan coyuntural, si fue instrumentalizada tanto en el pasado como en el presente, ¿cómo imaginar un imperio territorial? ¿Cómo distinguir hegemonía cultural de hegemonía política? ¿Cómo mantener una fuerte oposición entre europeos y no-europeos, portugueses y no portugueses y, más generalmente, entre pre-imperio, imperio y post-imperio? Al fin y al cabo, si la influencia portuguesa no era principalmente política ni comercial, se podría imaginar que el imperio se expandía o retraía sin que los propios portugueses sepan, quieran, o hagan algo para merecerlo. Indicaría, además, que su imperio era extremadamente solido e increíblemente efímero. Precisamente por ello, este imperio en la sombra podría perdurar incluso al abandonarlo el poder político. Tal vez a ello se referían los post-colonialistas cuando describían la imposibilidad de los que habían sido colonizados de deshacerse de la herencia colonial a veces hasta el punto de dar a la supuesta metrópolis un poder que nunca llegó a acumular durante la época colonial.

4
Epílogo

La última vez que lo vi, dos días antes de su fallecimiento, durante las horas que precedieron a su muerte, en la capilla ardiente, la misa, el funeral y desde entonces, he dicho, escrito, oído y leído tantas cosas sobre António Manuel que apenas distingo lo que es lo mío de lo que es de otros. Que él había sido el centro de gravedad, el sol, de un mundo geográficamente dispar y disciplinariamente variado, pero fuertemente unido por una profunda necesidad de cuestionar, razonar, debatir y argumentar, es evidente. También es evidente el vacío con el que nos ha dejado, nosotros que le hemos admirado, querido, y que nos veíamos reflejados en él. Para mi no había nada más impactante intelectualmente que leer lo que él veía en mis obras, verme a través de sus ojos, entender cosas que para mí no eran tan evidentes como para este lector tan insaciable y tan perspicaz.

El otro día, con un toque de nostalgia, admiré de nuevo el breve video que António Manuel preparó para sus alumnos de primer año de historia del derecho antes de comenzar el año lectivo de 2009-2010. En este, titulado "Boas vindas aos alumnos – Universidade de Lisboa", disponible en YouTube, António Manuel advertía a sus futuros estudiantes lo que les venía encima. Explicaba tener la reputación de ser altamente accesible, comunicativo, e incluso divertido, tanto como si fuera un familiar, o un abuelo, pero que no por esto le faltaba el rigor. Citaba, además, a los que decían que era una buena persona, pero con ideas extravagantes, que sabía demasiado. A estas apreciaciones, António Manuel respondió que estaba de acuerdo en parte, pero no del todo. Lo de saber mucho era cosa de la edad y de querer entender lo que pasaba en su entorno. A este enorme cumplido no le daba gran importancia, pero sí le gustó y mucho la opinión de aquel alumno que señaló su interés en transmitir a los estudiantes "ideas extravagantes" y "saberes extraños." Esto, decía António Manuel, tenía que ver con su convicción de que no había nada más excitante ni nada más radical que tener delante cosas nuevas, inhabituales, que producen dudas, que contradicen nuestro sentido común y que cuestionan lo convencional. Su meta vital, confesó, no es ser original, ni escandalizar, o dar miedo, sino habituar, exigir y cultivar el pensamiento crítico. La aventura que proponía a sus alumnos era un trabajo duro y exigente que requería amplia preparación y un saber fuerte. En vez de permanecer, sobreviviendo, con una rutina y en total aburrimiento, les recomendaba vivir activa y radicalmente, de modo creativo, artístico y virtuoso, en beneficio propio y en provecho de la sociedad.

Este autorretrato resume mejor que cualquiera de mis palabras cómo era António Manuel, qué proponía y qué legado nos ha dejado. Quienes fuimos agraciados con su presencia, su intelecto y su amistad, le extrañamos mucho, muchísimo, pero como ha dicho Rui Tavares en un bellísimo obituario, no es un adiós. Para mí es un hasta siempre.

Referencias

HERZOG, T. Legal pluralismo. In: URIBE, V.; MIROW, M. (Eds.). **A Companion to the Legal History of Latin America**, Leiden: Brill (forthcoming), [s. d.].

HERZOG, T. Resenā: Hespanha, António Manuel. Filhos da terra: identidades mestiças nos confins da expansão portuguesa. **e-Journal of Portuguese History**, v. 17, n. 1, June 2019. Disponible en: <https://www.brown.edu/Departments/Portuguese_Brazilian_Studies/ejph/html/issue33/html/v17n1a16.html>. Acceso em: 20 maio 2020.

HESPANHA, A. M. Antigo regime nos trópicos? Un debate sobre o modelo político do império colonial português. In: FRAGOSO, J. GOUVÊA, M. de F. (Eds.). **Na trama das redes**: política e negócios no império português, séculos XVI-XVIII. Rio de Janeiro: Civilização Brasileira, 2010. p. 43-94.

HESPANHA, A. M. **As vésperas do Leviathan**: instutuições e poder político – Portugal, séc. XVII. Lisboa: Almedina, 1994 [1986].

HESPANHA, A. M. **Caleidoscópio do antigo regime**. São Paulo: Alameda, 2012.

HESPANHA, A. M. **Como os juristas viam o mundo (1550-1750)**: direitos, estados, pessoas, coisas, contratos, ações e crimes. Lisboa: Amazon (AMH), 2015.

HESPANHA, A. M. **Filhos da terra**: identidades mestiças nos confins da expansão portuguesa. Lisboa: Tinta da China, 2019.

HESPANHA, A. M. Legal History and Legal Education. **Rechtsgeschichte/Legal History**, v. 4, p. 41-56, 2004.

HESPANHA, A. M. The Legal Patchwork of Empires. **Rechtsgeschichte/Legal History**, v. 22, p. 303-314, 2014.

RUIZ IBÁNEZ, J. J. Entrevista con el profesor don António Manuel Hespanha, investigador del Instituto de Ciencias Sociais de la Universidad de Lisboa, Parte Rei. **Revista de Ciencia y Didáctica de la Historia**, v. 1, p. 71-73, 1995.

*Seis propuestas para una historia
jurídica del derecho*

Carlos Petit

Universidad Onubense (España).

La amistad de Ricardo Fonseca y demás colegas del Instituto Brasileño de Historia del Derecho, incansables impulsores de sus importantes congresos anuales, me lleva a pasar a limpio – poco más – las notas que presenté en uno de nuestros encuentros celebrados en Curitiba (Paraná). António Hespanha estuvo presente, incluso expresó algún interés por esas notas, que rehago en su recuerdo: pocos como nuestro amigo han sabido comparar la preparación teórica y la labor historiográfica. En aquella ocasión curitibana advertí al auditorio – estimulante combinación de profesionales sazonados y de jóvenes, incluso estudiantes, que aspiraban a practicar las investigaciones histórico-jurídicas – que mi intervención se dirigía exclusivamente a estos últimos, como un florilegio de consejos elementales que podría ayudarles al iniciar sus trabajos. No pude elegir entonces mi auditorio ni puedo ahora elegir a mis lectores. Deseo, sin embargo, que sean esos estudiantes e investigadores incipientes quienes aprovechen, si lo merecen, las experiencias de un seguidor de António Manuel Hespanha.

Experto o novicio, siempre persona de cultura, el lector conoce sin duda la referencia intelectual del título que inspiran estas páginas. En 1988 se publicaron *Seis propuestas para el próximo milenio* (ed. Garzanti), un ensayo de Italo Calvino cuya muerte dejó inconcluso. La invitación a impartir las prestigiosas *Charles Eliot Norton Poetry Lectures* en Harvard llevó al célebre crítico y escritor italiano a escoger varios conceptos-clave para estructurar sus conferencias, dedicándolas sucesivamente a las categorías que, en su visión[i], marcarían el espíritu de los tiempos venideros: la *levedad*, la *rapidez*, la *exactitud*, la *visibilidad*, la *multiplicidad*… términos desgranados en los apuntes del autor a excepción de la sexta propuesta, enunciada además en inglés: *consistency*[ii]. La muerte, como digo, frustró la empresa.

"En todas [las conferencias]", escribió Calvino, "[conviene] recordar el carácter insustituible de la literatura y de la lectura en un mundo en el que ya nadie querrá leer". Cómo escribir historia jurídica, cabe por nuestra parte añadir, en un mundo académico que parece dominado por la legislación, poco o nada dispuesto al conocimiento crítico de las disposiciones que vomita el Estado. Tal vez convenga aprovechar la lección de método que sugiere Calvino, esto es, la selección de ciertas categorías generales, aplicables a lo nuestro, que se ilustran seguidamente con una mezcla de experiencia personal y de culto a los clásicos[iii].

1
Abstracción

La primera tesis o palabra-clave que propongo es la *abstracción*. Una historia jurídica del derecho debe operar con conceptos abstractos, lo que – por supuesto – nada tiene que ver con la vuelta a una historia de los dogmas jurídicos: un estéril recorrido temporal de concepciones contemporáneas, convertidas en el *passe-partout* de la consulta de fuentes pretéritas. Por el contrario, la abstracción que reclamo consiste

---

i "Algunos valores literarios que debían conservarse en el próximo milenio", a tenor del prólogo de Esther Calvino (2002).

ii En los apuntes que dejó Calvino aparecen otras propuestas, como aquélla "sul cominciare e sul finire" (la novela), que incluso podría haber inaugurado la serie; nada extraño tratándose del autor de *Se una notte d'inverno un viaggiatore* (1979).

iii Y de nuevo Calvino se apoya en sus propios antecedentes: *Perchè leggere i classici*, 1991.

en la huida del dato empírico bruto que arrojan las fuentes para conseguir que nuestras lecturas digan *algo más* de cuanto transmite la fuente de una manera inmediata; en otras palabras, se denuncia aquí la mala praxis de una *historia del derecho a escala 1:1*, una tarea pseudo-historiográfica consistente en encontrar – sin siquiera *buscar* – alguna información en los archivos y ordenar y reproducir en términos modernos lo que cualquiera puede leer en los textos antiguos. Limitada actividad que, en los mejores casos, sirve a un futuro investigador para acceder a los fuentes al modo del índice de un libro para su más fácil consulta, pero que, como el índice mismo, no libra de la lectura completa de la obra en cuestión.

2
Precisión

Por otra parte, la abstracción no está reñida con la concreción. Hemos de ser concretos, esto es, desarrollar toda clase de escrúpulos al momento de observar y recoger el dato preciso en nuestros trabajos profesionales. En efecto, sólo con una buena dosis de *precisión* procederemos a contextualizar la información jurídica e interpretar su sentido, pues "é impossível avaliar um instituto jurídico", leemos en una reciente tesis de doctorado que ha dirigido el amigo António Hespanha, "descontextualizado do seu âmbito sociocultural e económico de aplicação"[i]. Se dirá que las exigencias del vetusto "método histórico" – un positivismo *à la* Ranke – obliga a la recomendada precisión. Sin embargo, como normalmente acontece, esta obviedad aparente no siempre se respeta en nuestro quehacer cotidiano.

No respetamos, en primer lugar, las sugerencias intrepretativas que nos ofrecen la materialidad de nuestras fuentes, pues, más allá del mensaje lingüístico, la fuente tiene características objetivas que conviene detenerse a considerar. Por ejemplo, es suficiente comparar la fisicidad de un libro jurídico producido en el antiguo régimen con una edición de un código contemporáneo para intuir las notables diferencias de cultura de la respectiva muestra textual; el manejo del primero reclama una gimnasia gestual por completo diferente a cuanto necesita la lectura del segundo. Exige además disponer de ciertos instrumentos – una mesa de forma determinada, un atril, unas estanterías

---

i   Se trata de Luis P. de Lima Cabral de Oliveira, em: *A consagração dos naturais* (OLIVEIRA, 2015).

ad hoc – que cambiarán radicalmente cuando volvemos la atención al libro moderno. Y es fácil colegir que hay alguna clase de relación entre el continente y el contenido; interrogarnos al respecto es, justamente, el grado de *precisión* que ahora sugiero[i].

En un segundo sentido, una investigación histórico-jurídica debe ser precisa porque se niega a aceptar la identidad de significados para unas mismas palabras, consideradas entonces en sus usos temporales cambiantes: las palabras son como las monedas, decía el gran historiador Marc Bloch, que pierden con el uso continuo las imágenes con que fueron acuñadas, perdiendo entonces irremisiblemente su valor documental.

3
Actualidad

La precisión no debe llevarnos a pensar que el historiador del derecho se hunde mentalmente en sus fuentes, hasta acabar atrapado entre detalles. La historia jurídica exige la producción discursos plausibles sobre el derecho que metodológicamente se postulan *externos* a la experiencia considerada; una suerte de descripción del dato jurídico *desde fuera* del derecho, con un deseable grado de autonomía que nos permite la mejor comprensión del derecho actual. En este sentido, la historia del derecho sería un metadiscurso jurídico cuyo objeto específico son los discursos jurídicos pasados y presentes.

Lo anterior supone el rechazo a un saber puramente anticuario o erudito, pues nuestro objetivo como investigadores ha de ser el participar en los debates actuales sobre el derecho y la justicia[ii]. El compromiso *actual* de la historia jurídica es un asunto que merece consideración aparte, pues permite varios desarrollos: relación entre la historiografía y la ciencia jurídica (SORDI, 2013), presencia de la formación histórica en la educación universitaria de los juristas (GROSSI, 1993), profesionalidad del jurista en el cultivo de la historia del derecho (GROSSI, 1986), etcétera. Todo lo suficiente, en fin, para organizar un futuro congreso.

---

i   Y cómo no citar al amigo Hespanha para comprender estas cosas, cf.: HESPANHA, 2008.

ii Y además del amigo António contaremos siempre con el Centro de Florencia: GROSSI, 1997.

En realidad, bastaría con tener claro que la historia jurídica es un proceder tan serio que no debería quedar en manos de los historiadores del derecho en exclusiva: conviene que entendamos nuestra materia como un método de análisis del derecho y así compartido por otros colegas de facultad. Con motivo de uno de los encuentros convocados por el *Centro* florentino tuve ocasión de consultar las – excelentes – aportaciones histórico-jurídicas de un experto en derecho procesal (PETIT, 2013). En ese caso – el caso del italiano Franco Cipriani – el análisis de la tradición de la propia disciplina – la reconstrucción minuciosa de la procesalística italiana de los años 1900 a 1920, hasta llegar al *Codice di procedura civile* aún vigente en la Italia republicana – permitió enunciar una teoría del deber-ser del proceso civil ("giusto processo civile", proceso civil "garantista"), demostrándose que la práctica historiográfica ni corresponde al historiador en exclusiva ni conduce a un (autocomplaciente) propósito inespecífico de aumentar nuestros conocimientos; antes bien, en el supuesto estudiado el esfuerzo por trazar la genealogía de ciertas doctrinas permitió destruir precomprensiones y mitos y contextualizar la legislación vigente para su mejor comprensión y superación. No deja de resultar elocuente que algunos de los más sólidos procesalistas 'garantistas' (desde luego Cipriani, pero también Luis Corria de Mendonça en Portugal o Manuel Cachón en España) hayan ejercido como meticulosos analistas de sus "padres fundadores" con un alcance mentalmente liberatório (MENDONÇA, 2002; CADENAS, 2012).

"Nuestros juristas de Derecho positivo", ha escrito un sagaz civilista al reseñar la obra del procesalista español – César Hornero Méndez (2012):

> *son mucho más unidimensionales, despreocupados de todo lo que no sea la norma y su interpretación, principalmente jurisprudencial... Cachón es una novedad y por ello sus trabajos, y su modo de hacer, deberían ser conocidos no sólo por procesalistas, sino por civilistas, mercantilistas, administrativistas y todos los que se dedican a las distintas ramas del Derecho positivo... Se trata de saber más y mejor. Saber de dónde se viene puede ayudar a ubicarse, a saber dónde se está y hacia dónde se va... El resultado final del trabajo de Cachón, presentado en este libro, es el propio de un historiador. De un magnífico historiador.*

"Un historiador", concluye el civilista, "es quien relata hechos del pasado, valiéndose de instrumentos, variados y solventes, que le permiten reconstruir lo que sucedió en aquel 'país extraño'. Eso lo hace Cachón y lo hace además muy bien". Desde luego. Al historiador profesional del derecho sólo toca apostillar que la actividad historiográfica de su colega experto en Derecho vigente simplemente responderá al intento de contextualizar históricamente – admítase esta expresión algo redundante – juristas, normas y teorías como el paso necesario hacia la insistituible tarea de *interpretatio iuris*; bien mirado, la actividad del estudioso – con independencia de especialidad – no deja de ser otra cosa que la práctica asidua de una *historia contemporánea del derecho*.

Algo de lo anterior he querido expresar en aquellas ocasiones cuando he propuganado la sustitución de los habituales cursos de historia del derecho por otros de memoria del derecho, al entender que la enseñanza de la jurisprudencia, los tópicos y las autoridades de una dada disciplina jurídica, en general todo cuanto integra nuestro quehacer profesional no responden solamente – acaso ni siquiera en grado mínimo – a nuestras libres opciones como juristas de hoy; antes bien, constituyen un bloque traslaticio de convenciones que, como tal, ofrece la mejor materia para la observación del historiador. Expresado en otros términos, la *actualidad* que aconsejo a la historia jurídica debe llevarnos a desmontar en piezas las tradiciones y las convenciones del oficio para que nuestros compañeros de facultad, expertos en cualquier rama del ordenamiento, tomen conciencia de los límites, los cómos y los por qués de su propio trabajo: vale decir, para que recuperen la memoria y comprendan lo que sirve de base y fundamento al saber jurídico convencional (PETIT, 2005).

4
Visibilidad

Esta última observación conduce de modo natural a la cuarta propuesta que someto al público aún inexperto, ahora utilizando *ad pedem litterae* el ejemplo ofrecido por Calvino: como se recordará, la *visibilidad* era uno de esos valores a mantener en la venidera cultura del siglo XXI según el gran creador desaparecido. Aclaro con rapidez que la visibilidad representa en el pensamiento de Calvino una apuesta por la fantasía, entendida como (re)creación poética a partir de imágenes personales y visibles en medio de un universo de iconos prefabricados; un *spiritus phantasticus* o "imaginario individual" en tiempos dominados por imágenes destinadas al consumo masivo.

En el sentido que me interesa la *visibilidad* es, en primer lugar, una condición del conocimiento crítico del derecho: la acción de mostrar y hacer evidente cuanto aparece oculto en el lenguaje de las normas y en la práctica de las instituciones. Y es oportuno recordar, en segundo lugar, que esta visibilidad a lo Calvino – la potencia creativa de la imagen visual, las virtudes de la fantasía – ha sido objeto de atrevidas reflexiones por algunos historiadores profesionales del derecho en aportaciones pioneras, cuya densidad de pensamiento y capacidad de estímulo apenas podré esbozar en las pocas líneas siguientes.

A Paolo Grossi toca el mérito de llamar nuestra atención sobre una obra "menor" del colega privatista Vincenzo Panuccio, autor de un librito sobre *La fantasia nel diritto* (1984)[i] donde hallamos algunos de los grandes problemas y conceptos ("mitología", "exégesis") que ha desarrollado el maestro florentino en sus publicaciones más recientes[ii] y que vienen a confrontar el papel del estudioso más cercano a la codificación – por ejemplo, ni más ni menos que Piero Calamandrei – con aquel otro que corresponde a la experiencia del Estado constitucional: "da esegeta, si scopre collaboratore nella costruzione del futuro, nella confezione del progetto". Si la fantasía de que trata el jurista desarrolla "una funzione mediatrice di conoscenze fra (realtà) presente e futuro" (Panuccio), a tenor de su lector el verdadero experto – transido de *visibilidad* – sería capaz de leer un mensaje normativo que está "scritto a inchiostro simpatico fra le sue righe [de la constitución] e che la proietta verso il futuro disponibile all'abbraccio 'contaminante' dei fatti futuri".

De manera que el *spiritus phantasticus* que reinvindica Calvino, antes que una imperdonable salida de todo, resultaría en el analista del derecho una decidida apuesta por la esencia intuitiva de su propio saber. Creo que aquí cabe una importante reflexión historiográfica sobre el pensamiento *de iure condendo* enunciado de modo unánime por la doctrina de *civil law* entre los siglo XIX y XX – la cultura jurídica de la primera generación republicana de Brasil o Portugal, de los regeneracionistas españoles, de la *Freirechtsschule* en Alemania etc. – que aún espera su investigador.

Sin embargo ahora importa destacar que la estrecha relación entre fantasía e interpretación que apreciamos en Grossi fue desarrollada algo después por su discípulo Pietro Costa a propósito del pensamiento jurídico vigente. Tengo la satisfacción de haber incitado al amigo Costa,

---

i   Cf. *Quaderni Fiorentini*, v. 15, p. 589-592, 1986.

ii   Así, GROSSI, 2007.

con ocasión de un memorable ciclo de conferencias sobre las *pasiones del jurista*, a tratar de la *imaginación* (COSTA, 2011). Frente al "paradigma lógico-positivista" dominante desde la revolución liberal – que concibe el saber jurídico como un discurso productor de verdad: y por eso objetivo, a-político, universal, descriptivo/prescriptivo – Costa desvelaba la enorme creatividad del jurista de ayer y de hoy, en particular a partir de la "revuelta contra el formalismo". El modelo para investigaciones de esta suerte estaba en las aportacines del autor sobre *Lo Stato immaginario*, una inteligente lectura de la iuspublicística italiana donde el Estado que se postula como *objeto* que describía esa doctrina era, en realidad, el *producto* creado o *inventado* por los mismos juristas-descriptores (COSTA, 1986)[i].

5
Juridicidad

Una fea palabra nos sirve de quinta propuesta, que está además dotada de un sentido técnico que ahora no interesa; como se sabe, el antónimo "antijuridicidad" (*Rechtswidrigkeit*) es uno de los clásicos elementos de la teoría dogmática del delito, para significar la prohibición de una conducta humana, que por eso resulta punible, contraria a derecho. En estas notas – dirigidas a un público casi escolar – la juridicidad de la historia jurídica que se recomienda supone simplemente advertir contra la tentación de confundir la investigación histórica del derecho con la sociología, la filosofía, la reflexión política... en torno al – a propósito del – derecho, como entiendo que sucede con frecuencia en países americanos. En efecto, la reciente incorporación de las pesquisas y las enseñanzas sobre historia del derecho a los estudios universitarios en Brasil o Colombia – me limito a los espacios que conozco menos malamente – se viene traduciendo en un cultivo de este campo científico por parte de expertos que trabajan como teóricos o sociólogos del derecho, con el consiguiente, y explicable, sesgo en sus nuevos análisis histórico-jurídicos. Así, se dejan normalmente de lado argumentos de mayor espesor técnico – todo aquello que podemos definir como instituciones de derecho privado – para cultivar la historia más político-constitucional: no creo exagerar si concluyo que nuestro congreso de 2014, antes que reunir trabajos histórico-privatísticos como prometía su

---

i   A solicitud de otro conferenciante "pasional" – el ilustre Piero Schiera – Costa auto-reseñó con agudo sentido crítico su propio libro: COSTA, 1989.

programa, trató en gran medida cuestiones de derecho público... referentes a las figuras del derecho privado.

Y sin embargo, recuerdo a los más jóvenes el interés en estudiar las instituciones de derecho privado, pues en las mismas palpita la vida cotidiana; afectan, nada menos, a relaciones ancestrales de dominación (pensemos en el llamado derecho de familia), a la autonomía para contratar, a la distribución y tenencia de la riqueza: ámbitos donde reside, en puridad, la *constitución material* de cualquier sociedad. No en vano el arsenal de conceptos del derecho público – pensemos en "representación", "mandato", "responsabilidad", "confianza" – procede de instituciones privatísticas. Mención aparte merece el fenómeno de la codificación, que encuentra en la disciplina de las relaciones civiles su modelo: pero el código es, en sí, derecho público; se trata de una *ley* donde parece demasiado discontinua la autonomía de los sujetos privados.

6
Interlocución

He lanzado a debate de modo intencionado grandes conceptos junto a pequeñas recetas o estrategias de trabajo, acaso como una de las "astucias" que prometía la convocatoria del congreso presente. Me parece lo más recomendable para estimular el trabajo de los colegas más jovenes – cuya presencia junto a los veteranos es uno de los rasgos distintivos y atractivos de estos congresos brasileños– ofreciéndome así como interlocutor de los mismos: un experto que comunica lo poco que puede con el propósito de servir a los demás. Y, en efecto, mi última sugerencia o propuesta puede enunciarse con el término *interlocución*.

La que ahora reclamo tiene que ver con la condición de la visibilidad. El investigador, no necesariamente imaginativo ni fantástico, necesita disponer de fuentes de inspiración: textos y autores cuya superior intuición pueden ayudarle a pensar. No se trata de nuevo de destacar la importancia de conocer las reflexiones metodológicas producidas en el seno de la disciplina, que las hay incluso excelentes; tampoco pienso en obras confesadamente teóricas, con el debido respeto a su indudable utilidad. Dicho de forma modesta, se propone contar con algunas lecturas *privadas*: aquéllas que nadie, salvo nosotros mismos, entenderían relevantes para el curso de nuestras investigaciones: un poeta, una novela, incluso una pintura o una pieza musical pueden aportar estímulos que nos ayudan de modo inmediato en nuestro quehacer cotidiano.

Pueden también desvelarnos campos de investigación. No hace mucho tiempo tuve que enfrentarme con la escritura de la biografía de Manuel Cortina (1802-1879), el principal abogado de España a lo largo del siglo XIX; género difícil, por la inaprensibilidad del objeto (o *sujeto*) y el alto riesgo de caer atrapado el biógrafo en las garras atractivas del biografiado. Sobre la base de un hermoso soneto de Borges (Las cosas, en Elogio de la Sombra, 1969) comprendí que las cosas existen y duran *a pesar* de que las hayamos olvidado, pero también seguirán las cosas ahí cuando seamos nosotros los *olvidados*. Así pasé de intentar reconstruir con testimonios documentales la vida y los milagros de Cortina a conocer las cosas – los objetos personales que poseyó – del ilustre abogado, aceptando como postulado que esas piezas inanimadas reflejarían de algún modo rasgos, actitudes y gustos de quien las acumuló pacientemente en vida (PETIT, 2012).

Llegados a este punto conclusivo me permito acabar con otra cita de autoridad. Se trata ahora de una reflexión atribuida a Marx (Groucho) aunque, al parecer, es cita apócrifa: "estos son mis principios; si no os gustan, tengo otros". Tengo sobre todo la obra y el recuerdo de António Hespanha.

Referencias

CADENAS, M. C. **Historias de procesalistas, universidades y una guerra civil (1900-1950)**. Madrid: Universidad Carlos III – Editorial Dykinson, 2012.

CALVINO, I. Prólogo. In: CALVINO, I. **Seis propuestas para el próximo milênio**. Traducción de Aurora Bernárdez y César Palma. Madrid: Siruela, 2002.

COSTA, P. Discurso jurídico e imaginação: hipóteses para uma antropologia do jurista. En: PETIT, C. (Ed.). **Paixões do jurista**: amor, memória, melancolia, imaginação. Curitiba: Juruá, 2011. p. 167-226.

COSTA, P. Lo stato immaginario. **Scienza & Politica**, v.1, p. 111-116, 1989.

COSTA, P. **Lo stato immaginario**: metafore e paradigmi nella cultura giuridica italiana fra otto e novecento. Milano: Giuffrè, 1986.

GROSSI, P. **Mitologie giuridiche della modernità**. Milano: Giuffrè, 2007.

GROSSI, P. (Ed.). **Giuristi e legislatori**: pensiero giuridico e innovazione legislativa nel processo di produzione del diritto. Milano: Giuffrè, 1997.

GROSSI, P. (Ed.). **L'insegnamento della storia del diritto medievale e moderno**. Milano: Giuffrè, 1993.

GROSSI, P. (Ed.). **Storia sociale e dimensione giuridica**: strumenti d'indagine e ipotesi di lavoro. Milano: Giuffrè, 1986.

HESPANHA, A. M. Form and Content in Early Modern Legal Books: Bridging the Gap between Material Bibliography and the History of Legal Thought. **Rechtsgeschichte**, v. 12, p. 12-50, 2008.

MÉNDEZ, C. H. Reseña de CACHÓN, M. Historias... **Cuadernos del Instituto Antonio de Nebrija**, v. 15, p. 196-201, 2012.

MENDONÇA, L. C. de. **Direito processual civil**: as origens em José Alberto dos Reis. Lisboa: Quid Iuris, 2002.

OLIVEIRA, L. P. de L. C. de. **A consagração dos naturais**. Lisboa: Universidade Nova, nov. 2015.

PETIT, C. Biblioteca, archivo escribanía. Portrait del abogado Manuel Cortina. En: CONDE, E. (Ed.). **Vidas por el derecho**. Madrid: Universidad Carlos III – Ed. Dykinson, 2012. p. 329-386.

PETIT, C. De la historia a la memoria: a propósito de una obra reciente de historia universitária. **Cuadernos del Instituto Antonio de Nebrija**, v. 8, p.71-113, 2005.

PETIT, C. Historia y teoría del proceso civil garantista. En: SORDI, B. (Ed.). **Storia e diritto**: sperienze a confronto. Milano: Giuffrè, 2013. p. 325-365.

SORDI, B. (Ed.). **Storia e diritto**: sperienze a confronto. Milano: Giuffrè, 2013.

Il legislatore e i giudici di fronte alla costituzione[i]

---

i   Artigo publicado originalmente em: *Quaderni costituzionali*, n. 1, 2016.

Maurizio Fioravanti

Professor de História das Constituições Modernas na Faculdade de Direito da Universidade de Florença, Itália.

1
La posizione del problema: lo Stato di diritto della tradizione e lo Stato constituzionale del presente

Lo scopo delle brevi note che seguono è ben ambizioso. Si tratta, in una parola, di favorire l'acquisizione della piena consapevolezza, sul piano della teoria e della storia costituzionale, dell'esistenza, nel nostro tempo, di una configurazione complessivamente nuova della relazione tra le due funzioni essenziali dello Stato costituzionale, la legislazione e la giurisdizione[i]. La nostra tesi è che si tratta sul piano storico di una

---

i   Quella configurazione costituisce poi il quadro complessivo entro cui si svolgono le odierne tormentate vicende che interessano il rapporto tra Magistratura e Politica, alle quali è stato dedicato un recente Convegno,

configurazione inedita, che si è andata affermando nella seconda metà del secolo scorso, percorrendo vie quasi del tutto sconosciute e comunque radicalmente divergenti dalle vie percorse dallo Stato liberale di diritto sulla base delle formule riprese dalla Rivoluzione, nell'epoca precedente, compresa tra la Rivoluzione medesima e l'avvento delle democrazie contemporanee nel corso del ventesimo secolo[i].

Bisogna quindi distinguere tra due forme politiche: uno Stato di diritto, che io chiamo lo *Stato di diritto della tradizione*, che possiede una nozione molto precisa delle due funzioni, e soprattutto una percezione chiara del limite non oltrepassabile dalla giurisdizione, che in quella fase storica, tra la Rivoluzione e la metà del Novecento, non "vede" direttamente la Costituzione, percependola cioè solo attraverso la legge; e dall'altra parte lo *Stato costituzionale del presente*, che non nasce come per incanto e d'un solo colpo dalle Costituenti democratiche del secolo scorso, come quella italiana del 1947, ma piuttosto dagli sviluppi successivi di cui quelle Costituenti sono solo il presupposto, necessario per avviare la rottura con lo Stato di diritto della tradizione, ma non sufficiente a fondare il nuovo modello, che emergerà dunque solo nei decenni successivi, via via che si svilupperanno relazioni di tipo nuovo lungo i lati del triangolo che lega al vertice della Costituzione entrambe le funzioni, la legislazione in primo luogo, ma anche la giurisdizione. La definizione prospettata, con il riferimento al "presente", vuole inoltre significare che noi stiamo sperimentando la realtà dello Stato costituzionale a presa diretta, siamo cioè ben dentro la trasformazione costituzionale indotta dall'avvento della nuova forma di Stato.

Per comprendere la novità storica insita nello Stato costituzionale bisogna quindi chiarire i termini di quello che potremmo definire il "modello della tradizione", che dominò in Europa nell'epoca d'oro degli Stati nazionali, tra Otto e Novecento. È il "modello" che lo Stato costituzionale del Novecento gradualmente sovvertirà, conducendoci agli esiti attuali. È questo un punto di estrema rilevanza per la comprensione del nostro stesso presente costituzionale. Ed è un punto in

---

promosso dal Centro studi politici e costituzionali Piero Calamandrei – Paolo Barile, dalla Scuola superiore della magistratura e dalla Fondazione Cesifin (Firenze, 5-6 novembre 2015). In quella occasione presentammo sotto forma di relazione gli esiti della ricerca che sono illustrati anche nel presente contributo.

i   Sul piano propriamente storico, per quanto limitate al campo della giustizia penale, si vedano ora le indagini raccolte in: COLAO; LACCHÈ; STORTI, 2015.

cui la consapevolezza di ordine storico aiuta in modo palese e diretto l'interpretazione della Costituzione. Quel presente in cui viviamo, e in cui vive la concreta esperienza di relazione tra legislazione e giurisdizione, non deriva infatti da un mero perfezionamento del modello classico dello Stato di diritto. Troppo spesso accade che la cultura giuridica pensi il presente in chiave di "perfezionamento", di accrescimento della tradizione. È questa forse un'antica e rassicurante abitudine. Vedremo ora invece come si sia trattato di un vero e proprio processo di *trasformazione costituzionale*, che ha ridisegnato gli assetti complessivi, e in primo luogo proprio quello inerente al rapporto tra giurisdizione e legislazione, ponendo le due funzioni l'una a fianco dell'altra, entrambe di fronte alla Costituzione. Non un perfezionamento, ma un vero e próprio nuovo assetto dei poteri.

2
Il "modello" della tradizione: la cultura costituzionale europea tra otto e novecento

Il "modello della tradizione", dunque. Lo si comprende, in via di sintesi, usando i testi circolanti nell'età d'oro degli Stati nazionali, tra Otto e Novecento. Ne abbiamo scelti tre: il primo, contenuto nel *Commento allo Statuto* di Racioppi e Brunelli, in omaggio alla nostra tradizione statutaria, e il secondo e il terzo, rispettivamente di Raymond Carré de Malberg e di Albert Venn Dicey, che rappresentano due punti alti di quello che sopra abbiamo chiamato lo "Stato di diritto della tradizione", e che testimoniano l'esistenza, in due situazioni così diverse – la Terza Repubblica in Francia e il parlamentarismo dell'età vittoriana in Inghilterra –, di una cultura costituzionale comune, che esalta il ruolo del parlamento e della funzione legislativa[i].

Iniziamo con lo Statuto. In un passo piuttosto noto del *Commento si legge*: "il nostro Statuto non concede diritti all'individuo, ma semplici presunzioni di diritti: mentre l'esistenza giuridica e il vero contenuto dei diritti subbiettivi individuali dipendono affatto dalle leggi

---

i   Per la comparazione tra le diverse soluzioni nazionali, nell'ambito della comune cultura costituzionale europea dello "Stato di diritto della tradizione", e con riferimenti dottrinali più ampi, sia consentito rinviare a FIORAVANTI, 2013, p. 221-ss.

che specificamente ne trattano ed è in queste che bisogna ricercarli" (RACIOPPI; BRUNELLI, 1909, p. 34). Al di là dello stile sommario, quasi disadorno, il testo è preziosissimo per una ragione di primaria rilevanza. Intanto quasi sicuramente si rivolge proprio ai magistrati e dice loro: non cercate i diritti nella Costituzione, ma nelle leggi che specificamente li prevedono. Ma noi, ancora oltre, ci riferiamo in senso più ampio al concetto di "esistenza giuridica" dei diritti, che campeggia al centro del testo. Secondo l'autore del testo, e secondo il liberalismo di cui quel testo è espressione, i diritti possono certamente essere proclamati – come si faceva soprattutto al tempo delle Rivoluzioni – e collocati nelle Carte costituzionali, ma a quel livello la loro esistenza è più che altro di natura politica, si svolge sul piano delle "presunzioni", ovvero nella dimensione di principi che per loro natura risultano essere di ordine puramente programmatico. Si può addirittura dire, in questa linea, che i diritti nascono dalla politica ed hanno in loro medesimi natura politica. Mentre se quei diritti vogliono venire ad "esistenza" sul piano giuridico non possono non prendere la via della legge, del Codice, delle norme che regolano la pubblica amministrazione, in genere della legge dello Stato, perché in quel sistema la legge detiene il *monopolio della forza dispositiva*, possiede cioè quella celeberrima "forza di legge" che fin dal tempo della Rivoluzione si era guadagnata i gradi del comando, come detentrice monopolista della forza legittima necessaria per disciplinare i rapporti tra i consociati, e dunque anche per fondare e tutelare i diritti, per estrarli cioè dalla loro originaria e indistinta origine politica e farne dei diritti autentici, delle autentiche posizioni giuridiche soggettive tutelate in senso proprio, perché fondate su una norma positiva vigente in modo obbligatorio, per tutti cogente.

Non esiste dunque uno strumento diverso dalla legge che sia idoneo a far entrare la materia dei diritti nel campo del diritto, che possa conferire loro autentica "esistenza giuridica". La conseguenza pratica è ben evidente. Da una parte, abbiamo il diritto delle Carte costituzionali, che però è solo in embrione "diritto", poiché contiene al massimo "presunzioni", e per lo più matéria intrinsecamente politica. Di quel "diritto" si occuperanno i governanti e le classi politiche. Dall'altra parte, abbiamo la legge, detentrice monopolista della forza necessaria a dare ai diritti "esistenza giuridica". Di quella legge, e di quei diritti, si occuperà il giudice, che vedrà quindi la Carta costituzionale come qualcosa di non inerente all'ordinamento di cui egli si occupa, esclusivamente costruito sulla forza della legge. È questo un dato culturale di grande peso, che avrà lunghissima vita. È il dato che conduce il giudice a riconoscere il diritto attraverso la legge, e più precisamente la forma della legge. Ciò che più o meno precisamente sembra che abbia pretese normative non interessa al giudice, se non quando quella pretesa finalmente esce dal limbo e si solidifica nella forma della legge. Per questo motivo il mondo della Carta costituzionale, per sua natura colmo di proposizioni generalissime e di norme di principio, è culturalmente lontano dal giudice, che è abituato a riconoscere il diritto attraverso la presenza di una forza disciplinante, che storicamente, dalla Rivoluzione in poi, è quella propria della legge, e solo della legge.

Quello che il *Commento* allo Statuto dice, per la precisione nel 1909, è senso comune nei regimi costituzionali europei tra Otto e Novecento, che presentano soluzioni ben diverse nella forma di Stato – dalla Repubblica, la Terza, in Francia al regime parlamentare dell'Inghilterra vittoriana, passando attraverso il secondo *Reich* in Germania –, ma nello stesso tempo una solida identità comune proprio sul terreno che stiamo esplorando, che è quello che definirei così: *il primato della legge nella determinazione di ciò che è diritto*, che è poi il problema che ricade sulle spalle del giudice, nel senso che il diritto che a lui compete di applicare viene identificato attraverso la forma della legge. Ma allora la domanda centrale diviene: da dove proviene questa forza della legge, su cosa si fonda in effetti il suo primato?

Se dovessi indicare non la radice prima in assoluto, che molto probabilmente è assai indietro nel tempo, ma la radice prima del diritto pubblico moderno e contemporaneo, non avrei esitazione nell'indicare i primi due libri del *Contratto sociale* di Rousseau (2005, p. 21-ss)[i]. Qui c'è una sorta di marchio originario che rimarrà indelebile fino a tempi recentissimi. Consiste nell'individuazione, alle origini di un qualsivoglia ordinamento di diritto pubblico, della figura del *Legislatore* che è per Rousseau (2005, p. 57) "un uomo straordinario nello stato", che "non è compreso nella costituzione della repubblica". Abbiamo quindi certamente la necessità di una "costituzione", che in questo contesto argomentativo è da intendere ancora come ordinamento delle magistrature, ma quell'ordinamento risulta essere come una macchina ferma, inerte se non alimentata dal Legislatore, che rappresenta in questo senso la mossa originaria, il *prius*, o per dirla più precisamente *il fatto politico originario* da cui tutto deriva, compressa la costituzione. Quel fatto consiste nella vittoria del Legislatore sulle forze particolari e nella conseguente fondazione della Repubblica. Senza quel fatto non vi sarebbe ordine politico, e dunque non sarebbe possibile neppure la Costituzione. Tutto il diritto pubblico europeo scaturito dalla Rivoluzione avrà come

---

i   Sulla "questione costituzionale" in Rousseau, si vedano ora: SILVESTRINI, 2010; e HERRERA, 2013.

suo carattere dominante la presenza di questo *quid pluris* originario, che è potere pieno, non derubricabile a competenza; se vogliamo, caratterizzato per molti versi da materiali provenienti dalla storia della prerogativa, del principio monarchico. Prima della Costituzione e delle sue regole c'è dunque un fatto politico costitutivo, che si esprime nei termini di un potere pieno. Il potere del Legislatore.

È del tutto errato pensare che questa matrice rousseauviana si disperda con l'avvento dello Stato liberale di diritto, e dunque con l'affermarsi di posizioni politiche meno radicali, più moderate. In una serie di saggi pubblicati nel corso degli anni '30, il maggiore dei giuspubblicisti della Terza Repubblica, Carré de Malberg, ribadisce il primato del legislatore, ormai in modo esplicito contro la soluzione statunitense, che aveva posto il legislatore e i giudici "di fronte alla Costituzione, in una posizione di eguaglianza". Secondo Carré de Malberg si snaturerebbe il modello uscito dalla Rivoluzione se si procedesse nella direzione indicata dagli statunitensi. Infatti, nel modello europeo la creazione della legge non avviene sulla base di una "concessione" che abbia origine nella stessa costituzione, ma in virtù di un "potere" che il parlamento detiene dall'origine, essendo esso medesimo "il popolo stesso, ossia il sovrano", così da rendere improponibile qualsiasi paragone con i giudici e con i funzionari. Alla fine si afferma con nettezza che il legislatore possiede "una qualità infinitamente superiore a quella dell'esecutivo e dei giudici" (CARRÉ DE MALBERG, 2008, p. 154-155). Una differenza che bisogna mantenere, per evitare che si addivenga ad una situazione in cui potrebbe essere "nel potere dei tribunali di rovesciare il nostro ordinamento gerarchico costituzionale, risalente alle origini rivoluzionarie, solo mediante l'evoluzione della giurisprudenza" (CARRÉ DE MALBERG, 2008, p. 170-ss). Alla fine, ciò che balza fuori con evidenza è l'esclusione delle Corti dal processo d'interpretazione e attuazione dei principi costituzionali. Gli enunciati contenuti nella Costituzione sono dunque rivolti solo al legislatore che provvederà a svilupparli. Non se ne occupano i giudici, che secondo la celebre e lapidaria formulazione di Carré de Malberg sono di necessità limitati alla legge. Così si esprime dunque il nostro giurista: "il giudice deve applicare le leggi ordinarie, e non la Costituzione" (CARRÉ DE MALBERG, 2008, p. 183-ss).

Non cambiano le cose se ci spostiamo in Inghilterra. Dove pure si potrebbe pensare a soluzioni diverse, in nome di quel *common law constitutionalism*, che in teoria prevede un ruolo ben più ampio del giudice. Nelle celebri pagine di Dicey, contenute nella *Introduction*, e riferite quindi al 1915, si ritrova infatti una dottrina della sovranità del parlamento non dissimile da quella dominante in Francia sulla base del modello ereditato dalla Rivoluzione. Afferma Dicey (2003, p. 58-59): "Il parlamento può legittimamente legiferare su qualsiasi materia che secondo il suo giudizio sia idonea a formare oggetto di regolazione legislativa. Nell'ordinamento non v'è alcun potere che possa competere con la sovranità legislativa del parlamento". È questa, al fondo, la stessa concezione di Carré de Malberg, che sottolineava proprio questo aspetto, della irriducibilità della *potestas* legislativa a mera competenza, che è per l'appunto ciò che impedisce ad una norma, come la stessa Costituzione, di porre limiti ad un potere che per sua natura, in quanto potere originario, è capace di decidere quanta e quale parte della società, delle concrete relazioni tra i consociati, porre ad oggetto della disciplina legislativa.

Non si può ora insistere sull'aspetto comparativo, tra Francia ed Inghilterra. Dalle pagine di Dicey emerge però un aspetto parallelo che riteniamo di grande rilevanza. Si tratta della fondamentale distinzione tra "federalismo" e "unitarismo". Questo secondo è caratteristico dei Paesi europei, compressa l'Inghilterra, e consiste nella tendenza a esprimere un "centro visibile del potere" che di norma è lo stesso parlamento; di contro, negli Stati Uniti abbiamo il "federalismo", ovvero una pluralità di poteri tendenzialmente equiordinati, perché tutti parimenti derivati dalla Costituzione e da essa posti in condizioni di equilibrio. Così, anche in Inghilterra, in quanto anch'essa appartenente al modello unitarista europeo, i giudici sono sì protetti nel loro ruolo e "posti al riparo della diretta influenza della Corona e del governo", ma questo non significa che "il dipartimento della giustizia presuma di porsi sul medesimo livello del parlamento". Le differenze tra l'Inghilterra e gli altri paesi europei permangono, ma non intaccano la comune appartenenza di tutti i Paesi europei, compresa l'Inghilterra, al modello "unitarista", che vuole che per aversi un'effettiva forma politica dotata di Costituzione si debba esprimere – come dice Dicey (2003, p. 129-130) – un "centro visibile del potere" che non può non essere il parlamento.

Questo parlamento si collocherà al centro dell'ordinamento costituzionale per motivi diversi: in Francia perché in esso si realizza il dominio della volontà generale, in Inghilterra perché in esso si esprime il principio fondamentale del *King in Parliament*. Rimane però comune il carattere di fondo che abbiamo enucleato a partire dalle pagine di Dicey, ovvero che non c'è forma politica, e non c'è neppure Costituzione, se non c'è un "centro visibile" produttivo di legge. Quest'ultima non è dunque solo una fonte di diritto, né ci si può fermare ad indicarla come la più alta tra le fonti di diritto. Nella legge si rappresenta molto di più, ovvero l'esistenza stessa della Repubblica, che solo in quanto è capace di produrre legge esiste come compiuta forma politica, e dunque può anche dotarsi di Costituzione. La successione logica, ed anche storico-materiale, non è dunque Costituzione-Repubblica-Legge, cioè la Repubblica esiste perché è stata fondata per il tramite della Costituzione, che in quanto atto originario provvede anche a disciplinare il procedimento di formazione della legge, ma piuttosto Legge-Repubblica-Costituzione, ovvero la Repubblica esiste perché in una certa situazione storica si è affermato il Legislatore, che è in sintesi il potere capace di esprimere il principio di unità politica, quel principio che rende poi possibile, una volta che sia nata la sua rappresentazione nella Repubblica, la scrittura e la messa in opera di una Costituzione, che è per l'appunto la Costituzione della Repubblica.

Su questa base – per tornare al nostro tema di fondo – non vi possono essere dubbi sul ruolo che spetta ai giudici. Essi devono applicare la legge in modo pronto, sicuro e uniforme, perché nella legge c'è molto di più che la disciplina del caso concreto. In essa è contenuto anche, ed anzi soprattutto, il principio di unità politica, in modo tale che l'infedeltà alla legge, o la messa in discussione della sua validità – ad esempio con il controllo di costituzionalità – costituisce lesione di quel principio. Ai giudici non interessa invece la Costituzione. Essa contiene infatti due tipi di enunciati comunque distante dall'universo culturale e operativo del giudice: quelli riguardanti l'ordinamento delle magistrature, nel senso della forma di governo, e quelli che attengono alla dimensione del programma, dell'indirizzo, che in quel contesto non possono non essere altro che norme direttive per la legislazione futura. In altre parole, quegli enunciati interesseranno il giudice solo quando diverranno legge, confermando così la regola generale secondo cui il giudice in quel sistema non "vede" mai la Costituzione direttamente, ma sempre e solo attraverso una legge che la integra, la interpreta, la realizza.

3
Le Costituzioni democratiche del novecento

Ora, da un punto di vista più prettamente storico la domanda diventa: fin quando questo modello, che abbiamo denominato "modello della tradizione", è destinato a dominare la scena? Balziamo intanto d'un colpo su una prima scena, che è quella dell'Assemblea Costituente. È una scena complessa entro cui appare impossibile non procedere ad una qualche revisione del ruolo del legislatore, con il connesso approdo al controllo di costituzionalità. Il problema è come, e quale sia il pensiero dominante tra i Costituenti nel progettare il profilo e le modalità di accesso e di funzionamento del controllo di costituzionalità. Ebbene, noi siamo convinti che quel pensiero sia ancora rivolto in larghissima misura al nostro "modello della tradizione". Nel senso che innovare si doveva, come pure non si poteva non approdare al controllo di costituzionalità, ma tutto ciò avrebbe dovuto prodursi il più possibile senza mettere in discussione il modello maturato nella precedente epoca dello Stato liberale di diritto, quel modello che aveva fatto dire a Carrè de Malberg che i giudici devono applicare le leggi, e non la Costituzione.

Agli stessi Costituenti appariva necessario conservare questo punto. Anche noi siamo convinti che presso i Costituenti prevalesse la concezione tradizionale della Costituzione come *loi politique*, ovvero come insieme di enunciati concretizzabili solo attraverso l'opera del legislatore. Pur nella piena conoscenza del sistema statunitense, si era ancora culturalmente molto lontani dall'idea della Costituzione come norma giuridica, dotata di forza propria, direttamente utilizzabile nella regolazione del caso. Questa idea maturerà in seguito, in particolare dopo l'istituzione della Corte, e poi nel corso degli anni '60. Molti ricordano – e con ragione – a questo proposito il Congresso di Gardone dell'Associazione Nazionale dei Magistrati del 1965, le cui risoluzioni finali sono per l'appunto riconducibili alla concezione della Costituzione come norma in sé dotata di autonoma forza disciplinante (ASSOCIAZIONE NAZIONALE MAGISTRATI, 1966). Ci si avviava dunque a rompere lo steccato che aveva circondato il campo entro cui operavano i giudici per l'applicazione della legge. Fuori dal loro recinto tradizionale i giudici non potevano più essere quelli di prima. Si stava costruendo un nuovo assetto costituzionale che li chiamava a compiti ulteriori rispetto a quelli loro assegnati dal modello della tradizione. Essi sarebbero stati sempre più coinvolti nella concretizzazione dei precetti costituzionali. È quanto è accaduto nel tragitto dalle prime sentenze della Corte, che quasi subito aprirono la strada al dialogo, ed alla collaborazione, con il giudice ordinario, fino alla odierna problematica della interpretazione conforme. Si è finito così per costruire un assetto sostanzialmente nuovo rispetto al modello della tradizione, che ancora dominava la scena al tempo dell'Assemblea Costituente. La Corte non era più consegnata ad un ruolo di puro rimedio ad una patologia della legge, come tale da esercitare nella dimensione della straordinarietà, per sua natura distante dall'esercizio quotidiano della giurisdizione, ed entrava sempre più nelle pieghe della esperienza concreta delle due funzioni, legislativa e giurisdizionale, dialogando dunque sia con il legislatore come con i giudici. La Costituzione scendeva dall'empireo in cui qualcuno avrebbe voluto limitarla ed iniziava a vivere nella concreta e quotidiana esperienza dell'ordinamento.

La differenza potrebbe essere espressa anche graficamente. Prima avevamo una linea retta, con tre stazioni in linea. Il giudice, posizionato in basso, si dedicava esclusivamente alla applicazione della legge, perché sopra di sé vedeva solo la seconda stazione, quella in cui era collocato il Legislatore, l'único capace di vedere la terza stazione, ovvero la Costituzione. E dunque avevamo due fenomeni tra loro strettamente connessi: la riduzione della giurisdizione a stretta applicazione della legge, e il monopolio dell'attuazione della Costituzione nelle mani della legislazione. Ora, con la trasformazione costituzionale in atto, che sta mutando l'assetto complessivo dei poteri, abbiamo non più una linea retta, ma un triangolo, con la Costituzione al vertice, tutelata per opera della Corte, e le due funzioni, legislativa e giurisdizionale, che si sviluppano rispettivamente sui due lati del triangolo, in modo che alla fine si ha lo svolgersi del processo d'interpretazione, di concretizzazione e di attuazione dei precetti costituzionali per due vie, e non più per una sola. Il legislatore perde così il monopolio del processo di attuazione della Costituzione, e nello stesso tempo i giudici, per la loro via, operano nell'esercizio ordinario della giurisdizione sempre più alla luce della Costituzione, presupponendo cioè un contenuto normativo della Costituzione da far valere direttamente nella disciplina del caso concreto, anche senza più l'interposizione della legge. I problemi si pongono però in modo particolare quando si scende a livello del terzo lato, della base del triangolo, perché questo è il lato su cui scorrono, su un terreno comune, entrambi i modi d'interpretazione e concretizzazione dei precetti costituzionali. Può trattarsi infatti di una comunanza pacifica, all'insegna del dialogo e della collaborazione, ma anche di una situazione di conflitto, che in qualche misura può alimentare il riprodursi della questione del primato, dell'una funzione sull'altra. Torneremo tra un attimo su questa ultima ipotesi.

Il mutamento è considerevole, e sembra essere espressione di una svolta irreversibile, che invano – e secondo noi a torto – viene da qualcuno giudicata come una lesione dei principi fondamentali dello Stato di diritto. A chi ragiona così si può obiettare che lo "Stato di diritto" non è una formula magica, con la quale si evoca una sostanza storica che si vorrebbe sempre uguale a se stessa. Non è così. Abbiamo infatti avuto in Europa per lo meno due versioni dello Stato di diritto, quella legislativa, che in effetti prevedeva un ruolo del giudice il più possibile confinato alla stretta applicazione della legge, e quella costituzionale, che è quella che si sta sviluppando sotto i nostri occhi, che prevede un ruolo diverso e più ampio per i giudici medesimi. La seconda versione non può essere valutata in chiave di "anomalia" per il suo evidente divergere dalla prima. Deve essere invece valutata per la sua congruenza con il nostro tempo storico, che è comunque diverso da quello entro cui si affermò, tra Otto e Novecento, lo Stato legislativo di diritto.

Il punto da indagare nella transizione tra le due versioni dello Stato di diritto è piuttosto un altro. Ciò che si deve davvero comprendere è soprattutto quale sia la ragione di fondo della trasformazione costituzionale. Muovendo da un presupposto. Non si è trattato di una lotta tra poteri, di un assalto alle prerogative del legislatore condotto dai giudici, per acquisire potere e sostituire il legislatore nella sua posizione di preminenza. C'è qualcosa di più profondo, di preliminare, che si situa in quel *prius* iniziale sul quale Rousseau collocava l'emersione della sovrana volontà generale attraverso la mitica figura del Legislatore. Era quello il *fatto politico originario*, che il positivismo dell'epoca dello Stato liberale di diritto considerava come tale, senza pretendere di entrare nella sua struttura interna, e dunque sostanzialmente accettandolo, come presupposto necessario per l'esistenza stessa dell'ordinamento costituzionale.

Nell'epoca successiva, quella attuale dello Stato costituzionale, ciò che muta è proprio l'atteggiamento di fronte a quello che sopra abbiamo chiamato il "fatto politico originário". Con le Costituenti del Novecento non è più possibile alcuna mitizzazione dell'origine, del tipo di quella che si produceva al tempo delle rivoluzioni. Quello che in Rousseau – o anche nel modello storicistico inglese, per altro verso – è un remoto e mitico fatto costitutivo da cui deriva ogni possibilità di ordine, ed in definitiva di costituzione, diviene ora un processo storico concreto, che produce costituzione attraverso pattuizioni e compromessi espliciti, guidati dai partiti politici, i veri nuovi protagonisti della storia costituzionale del Novecento. Privata del carattere mitico della sua origine, la Costituzione si avvicina a grandi passi al mondo delle norme giuridiche, come le altre norme frutto di volontà concrete plurime, tutte misurabili e verificabili. Tende a dissolversi il mito del Legislatore, ovvero della volontà primigenia che fonda tutto ciò che segue, e che come tale non può non trasfondersi nel primo e predominante potere costituito, che ovviamente è il legislativo; e vi subentra una visione processuale secondo cui la costituzione si forma a partire da volontà plurime che alla fine risultano essere certamente convergenti, ma mantenendo per lo meno in parte la loro identità distinta.

È una svolta di portata incalcolabile. Con le Costituzioni del Novecento si apre un tempo del tutto nuovo, che chiede di ritrovare nei processi costituenti non più il fatto politico originario, consistente nell'affermazione della sovranità del legislatore, ma *una norma*, che è da intendere come la norma originaria, quella che Mortati chiamerà la costituzione in senso materiale. In concreto, si tratta di un insieme coordinato di principi fondamentali sui quali è possibile costruire ordine e autorità politica, collocando proprio quei principi, e non altri, al vertice, e nel cuore, della Costituzione che sta nascendo. La Costituzione democrática del Novecento, che a nostro giudizio è un "tipo storico" di Costituzione – come lo erano state le Costituzioni rivoluzionarie della fine del diciottesimo secolo, o le Carte costituzionali del diciannovesimo –, trova proprio in questo punto, concernente l'origine, la propria peculiarità, la propria identità specifica e distinta sul piano storico. Con le Costituzioni del Novecento non si ha più infatti la necessità di trasfondere in un potere, che poi fatalmente è quello legislativo, la presenza e la forza del sovrano – il mitico Legislatore di Rousseau –, che è all'origine dell'ordine costituzionale, e dunque della Costituzione stessa. Quelle Costituzioni non puntano più sul sovrano, sulla individuazione netta e chiara del potere impersonante il principio di sovranità, ma sulla condivisione, e sul riconoscimento nella società, dei *principi fondamentali* che nel loro insieme rappresentano il contenuto essenziale della Costituzione nascente. Su uma norma, e non su un potere, si potrebbe dire in estrema sintesi.

La differenza è radicale, e davvero decisiva. Per avere ordine politico, e dunque costituzione, non è più necessario il Legislatore, il potere che impersona il principio di sovranità. Con le Costituenti del Novecento l'ordine politico nasce in modo trasparente dalla pattuizione, dalla convergenza di più volontà distinte, non in un punto in cui la volontà si produce ed esplode, ma entro un processo che quella volontà forma, progressivamente determina. Le norme che in quel processo si affermano sono di tipo nuovo, nel senso che non esistevano in quella configurazione nella fase storica precedente, compresa tra la Rivoluzione e la metà del Novecento. Si tratta dei *principi fondamentali*, ovvero delle norme di principio, che esprimono nel loro insieme il senso delle nuove scelte costituenti. Il reiterato tentativo di non considerarle autentiche norme, intrapreso alla Costituente, e poi ancora a più riprese dopo l'emanazione della Costituzione, era destinato a fallire. In effetti, quello era il senso della trasformazione costituzionale, dal quale non si poteva tornare indietro.

I principi fondamentali della Costituzione, che prima non erano dati in Costituzione, o comunque non erano considerati "diritto" perché non espressi, e non esprimibili, nella forma della legge, divenivano ora il vértice dell'ordinamento, già in sé pienamente appartenente all'universo del diritto, e che solo doveva essere interpretato ed attuato, ancora per la via tradizionale della legge, ma ora fatalmente, nel nuovo contesto, anche per il tramite della giurisprudenza, sempre più decisiva nell'opera di concretizzazione dei principi costituzionali. Da questa svolta non si poteva tornare indietro. Non si poteva restaurare la precedente versione dello Stato di diritto. Il nuovo tempo storico imponeva ormai in modo irreversibile un assetto dei poteri e delle funzioni che proponeva la legislazione e la giurisdizione l'una a fianco dell'altra ed entrambe di fronte alla Costituzione. Qualcosa che non solo il positivismo del diciannovesimo secolo, ma anche la cultura media e diffusa dei nostri Costituenti, avrebbe considerato decisamente aberrante. E in effetti per questa via si arriva dritti, e non per caso, al cuore dell'assetto costituzionale, alla *questione della sovranità*. Se infatti si dovesse chiedere quale delle due funzioni abbia come sua prerogativa il diritto all'ultima parola, con l'obbligo dell'altra funzione a conformarsi, se la giurisdizione in nome della supremazia della Costituzione, o se la legislazione in nome del principio di sovranità popolare, non si potrebbe rispondere in modo chiaro e netto. In verità, lo Stato costituzionale del presente vuole che a prevalere sia la Costituzione in funzione di tutela dei diritti fondamentali, essenzialmente per il tramite della giurisprudenza, ma è carattere necessario e peculiare di quel medesimo Stato che ciò avvenga mantenendo nello stesso tempo fermo e garantito uno spazio di discrezionalità politica, al cui interno la potestà legislativa riafferma la sua *potestas*, la sua irriducibilità a mero esercizio di competenza. Si ha così uno stato di tensione tra legislazione e giurisdizione che nello Stato costituzionale del presente deve essere considerato fisiologico, strutturale, costitutivo di un ordine che non si realizza in un punto e nelle sue diramazioni per via retta, ma attraverso la tensione che si determina tra due fuochi, come nella figura geometrica dell'ellisse.

4
Conclusioni: il superamento della cultura del "primato"

È questo il segno più evidente della profondità della trasformazione intervenuta. Dopo un lungo giro abbiamo finito infatti per generare un assetto dei poteri che ha come propria caratteristica di fondo quella di lasciare irrisolta la questione della sovranità: una situazione che negli ordinamenti moderni e contemporanei, da Hobbes in poi, si era sempre cercato accuratamente di evitare. L'ordinamento dello Stato costituzionale contemporaneo è invece approdato proprio a questo esito. Può dirsi cioè un *ordinamento a sovranità indecisa*. Qualcosa d'impensabile per tutta la precedente tradizione, dalla Rivoluzione in poi, che considerava possibile l'esistenza di un ordinamento, e in definitiva di una costituzione, solo in presenza di un sovrano chiaramente definibile come tale, e di una altrettanto chiara identificazione di un potere quale soggetto impersonante quel sovrano.

Per tornare al nostro tema di fondo, e concludere, si può ora forse a ragion veduta suggerire un certo tipo di confronto tra funzione legislativa e funzione giurisdizionale, che definirei storicamente collocato. Vi sono infatti nella storia di questo confronto per lo meno tre fasi: quella dello Stato legislativo di diritto tra Otto e Novecento, quella delle Assemblee Costituenti del Novecento, e quella attuale, che incorpora in sé le trasformazioni intervenute nei decenni successivi, fino a giungere al nostro immediato presente. È chiaro che il filo conduttore è l'incremento di ruolo e di rilevanza della giurisdizione. Ma questo incremento non deve essere valutato in astratto, ma di volta in volta nel contesto complessivo della fase entro cui esso si produce. Ciò che oggi nell'esercizio ordinario della giurisdizione può apparire esorbitante o addirittura del tutto arbitrario, se misurato alla luce delle categorie dello Stato di diritto della tradizione – come l'abbiamo definito in apertura, con riferimento allo spazio compreso tra la Rivoluzione e la metà del Novecento –, può invece essere considerato, quasi all'inverso, come il tentativo, che oggi si compie, proprio ed anche per il tramite della giurisprudenza, di acquisire quei livelli di certezza e di garanzia che il nuovo tempo storico solo in questo modo articolato e complesso riesce ad assicurare, ora che non si può più contare sul beneficio ordinante della forza della legge che aveva caratterizzato lo Stato di diritto della tradizione, in quel tempo ancora capace di rappresentare da sola il principio di unità dell'ordinamento.

Importante infine è che il confronto avvenga sui ruoli, sui compiti, sulle funzioni, all'interno degli assetti costituzionali concretamente presi in esame, e non sui c.d. "primati". Non solo su quello storicamente più noto, che è ovviamente quello del legislatore che nelle sue punte più estreme pretendeva di ridurre la funzione giurisdizionale ad una meccanica inerte, puramente applicativa, ma anche sul suo possibile opposto, che nelle sue punte più estreme vorrebbe quasi annullare la dimensione della discrezionalità politica, come se fosse possibile concepire l'intera esperienza costituzionale come l'estrinsecazione di una sorta di etica costituzionale giurisdizionalmente amministrata. Questa seconda via non è meno antistorica della prima. Se imboccata, per quanto nobilmente motivata in nome della supremazia della Costituzione e della garanzia dei diritti fondamentali, finirebbe per portarci del tutto fuori strada. Come abbiamo visto nello svolgersi intero di questo contributo, noi riteniamo che lo Stato costituzionale del presente sia cosa ben diversa dallo Stato di diritto della tradizione, e che sia un grave errore sul piano storico, ed anche sul piano della interpretazione costituzionale, considerare il primo una mera evoluzione, o perfezionamento, del secondo. Si può ora aggiungere che quello Stato costituzionale del presente propone non per caso un ruolo ben più ampio della giurisdizione, e che questa tendenza è da considerare strutturale, non reversibile. Ma nello stesso tempo non si può dimenticare che tutte queste forme politiche, dallo Stato di diritto della tradizione allo Stato costituzionale del presente, appartengono storicamente alla *vicenda dello Stato moderno in Europa*, e che quella vicenda ha comunque due lati, ciascuno dei quali corrispondente ad una delle due vocazioni storiche del costituzionalismo: istituire poteri in essi esprimendo il principio di unità politica, e nello stesso tempo limitare questi medesimi poteri, perseguendo la finalità di tutelare i diritti, come anche il carattere distinto di ciascuna delle parti che compongono l'intero collettivo. E dunque, di conseguenza, anche lo Stato costituzionale del presente, facendo parte di questa più ampia e risalente vicenda plurisecolare dello Stato moderno, ha anch'esso necessariamente un lato politico, non si esaurisce cioè nella funzione di tutela dei diritti, per via giurisdizionale[i]. Insomma, anche lo Stato costituzionale del presente rimane uno Stato politico, come ogni forma, o tipo, di Stato moderno storicamente dato. La sua politicità non ha però più le sembianze della

---

i   Ho esposto questa configurazione a due lati dello Stato moderno, e del costituzionalismo che accompagna l'evoluzione di quella medesima forma di Stato nel corso dell'intera età moderna, in: FIORAVANTI, 2001. p. 3-36.

suprema potestas, o del popolo come forza primigenia e informe. Ha piuttosto il carattere di un indirizzo che si determina processualmente, attraverso il dialogo tra diversi soggetti e la collaborazione tra diversi poteri. Tra questi, ancora decisivo è e rimane il ruolo del legislatore, che mantiene in sé quel carattere appartenente alla tradizione europea del principio di sovranità, che vuole che esso non sia nella sua essenza qualificabile come mero potere derivato, che si esaurisce cioè nell'esercizio di una competenza. E tuttavia, quel medesimo legislatore ha nello stesso tempo perduto definitivamente la sua posizione di monopolio di fronte alla Costituzione, come soggetto deputato in via esclusiva a interpretare e attuare i precetti costituzionali. Il legislatore non è più solo, e dunque in posizione di monopolio, di fronte alla Costituzione. Accanto a lui si pone in posizione ormai sostanzialmente equiordinata il giudice, che è ben altra figura rispetto a quanto voleva il modello della tradizione da cui siamo partiti, rispetto al tempo in cui gli si chiedeva exclusivamente una stretta esecuzione della legge, che per sua natura potesse dirsi pronta, sicura e uniforme. L'immagine con cui concludiamo è la medesima da cui siamo partiti. La legislazione e la giurisdizione l'una a fianco dell'altra, entrambe di fronte alla Costituzione. È un'immagine che contiene e presuppone un elevato livello di complessità, che differenzia lo Stato costituzionale del nostro presente dallo Stato di diritto della tradizione. Questo secondo può essere in questo senso inteso come il "mondo di ieri", cui il nostro agitato presente guarda prima di tutto con nostalgia, sapendo che in quel tempo, che non tornerà mai più, ognuno – il legislatore come i giudici – svolgeva con sicurezza i suoi compiti, consapevole in modo univoco del proprio carattere e dei propri limiti.

Riferimenti

ASSOCIAZIONE NAZIONALE MAGISTRATI. Atti e commenti. In: CONGRESSO NAZIONALE, 12, Brescia-Gardone, 25-28 settembre 1965, Roma: Jasillo, 1966.

CARRÉ DE MALBERG, R. **La legge espressione della volontà generale**. Traduzione a cura di M. Calamo Specchia. Milano: Giuffrè, 2008.

COLAO, F.; LACCHÈ, L.; STORTI, C. (a cura di). **Giustizia penale e politica tra otto e novecento**. Milano, Giuffrè, 2015.

DICEY, A. V. **Introduzione allo studio del diritto costituzionale**: le basi del costituzionalismo inglese. Bologna: Il Mulino, 2003.

FIORAVANTI, M. Stato e costituzione. In: **Lo Stato moderno in Europa**: istituzioni e diritto. Roma-Bari: Laterza, 2001.

FIORAVANTI, M. Legge e Costituzione nell'epoca del diritto pubblico statale. In: MANCUSO, F.; PRETEROSSI, G.; TUCCI, A. **Le metamorfosi del diritto**: studi in memoria di Alfonso Catania. Quaderni del Laboratorio Kelsen, Milano-Udine: Mimesis, 2013.

HERRERA, C. M. **Rousseau chez les juristes**. Paris, Kimé, 2013.

RACIOPPI, F.; BRUNELLI, I. **Commento allo Statuto del Regno**. Torino: Unione tipografico-editrice torinese, 1909. v. 2.

ROUSSEAU, J. J. **Il contratto sociale**. Torino, Einaudi, 2005.

SILVESTRINI, G. **Diritto naturale e volontà generale**: il contrattualismo repubblicano di Jean-Jacques Rousseau. Torino: Claudiana, 2010.

Le constitutionalisme entre droit et politique

Michel Troper

Profesor Emérito da Universidade de Paris X – Nanterre.

1
Introduction

C'est devenu une évidence. Le droit constitutionnel s'est développé en France depuis quelques années d'une manière spectaculaire. S'il est inutile d'énumérer les symptômes de ce développement, on doit se demander ce qu'est ce droit constitutionnel qui s'est ainsi développé et en quoi consiste son développement.

Il s'agit en premier lieu de ce que juristes appellent "droit constitutionnel formel", c'est-à-dire l'ensemble des normes, contenues ou non dans le document appelé "constitution", qui, dans la hiérarchie de l'ordre juridique, se situent au sommet et ne peuvent être modifiées qu'au ternie d'une procédure spéciale. Lorsque l'expression est prise en ce sens, dire que le droit constitutionnel s'est développé, c'est dire trois choses:

a. que les règles de fond qui possèdent cette forme – et donc cette valeur – sont désormais plus nombreuses, plus importantes, qu'elles sont plus générales et qu'elles régissent un plus grand nombre de matières. C'est ainsi qu'on souligne que les principes du droit constitutionnel régissent désormais le droit pénal, le droit civil ou le droit fiscal et surtout qu'ils encadrent et "saisissent" la politique.

b. que ces normes s'imposent désormais réellement, c'est-à-dire que leur violation peut être sanctionnée d'une manière ou d'une autre. Ainsi le développement du droit constitutionnel se manifeste-t-il par l'extension du contrôle de la constitutionnalité des lois, parce que c'est surtout cette institution qui, dit-on, garantit que les normes constitutionnelles s'imposent au législateur dans toutes les matières où il intervient et que, par delà le législateur, elles s'imposent à toutes les autres autorités.

c. que ces normes sont protectrices des droits de l'Homme et de la liberté. Le développement du droit constitutionnel est ainsi présenté comme une garantie de la liberté.

Mais d'un autre côté, le droit constitutionnel c'est aussi la discipline qui a ces normes pour objet. On peut d'ailleurs la concevoir de deux façons différentes. On peut d'abord appeler "science du droit constitutionnel" l'activité par laquelle les juristes, au terme d'opérations d'interprétation et de systématisation, dégagent des textes les normes constitutionnelles. Mais on peut aussi considérer qu'elle doit être une simple description des normes posées par des autorités spécialement habilitées. Selon la première conception, le droit constitutionnel est une partie de la dogmatique juridique et n'est qu'une activité quasi-cognitive (PECZENIK, 1983, p. 118-ss). La seconde conception se rattache au positivisme juridique et l'on parle alors plus volontiers de "science du droit constitutionnel".

Parler en ce sens de "développement du droit constitutionnel" signifie, selon la première conception, que les juristes jouent un rôle plus important que par le passé – notamment par rapport aux politiques – pour faire émerger les normes constitutionnelles et en faire assurer le respect. Selon la seconde conception, le développement du droit constitutionnel signifie que la connaissance des normes constitutionnelles positives est meilleure. Enfin, selon une conception dérivée de la précédente, la connaissance des normes positives serait en même temps connaissance des phénomènes que ces normes régissent, de sorte que la science du droit constitutionnel serait aussi la connaissance du politique. Le développement du droit constitutionnel, comme ensemble de normes, entraînerait ainsi un développement du droit constitutionnel comme activité cognitive. Dès lors que les normes du droit constitutionnel régissent plus étroitement les phénomènes politiques, il n'est pas étonnant que les juristes affirment une prééminence de la connaissance juridique sur la connaissance sociologique de la politique. Le développement du droit constitutionnel se mesure ainsi par rapport à la fois aux autres disciplines juridiques et à la science politique.

On emploie aujourd'hui en France le mot constitutionnalisme pour désigner à la fois l'ensemble de ces développements et la théorie prescriptive selon laquelle ils sont heureux et doivent être poursuivis, car ils assurent la garantie des droits et la sauvegarde de la liberté. Le constitutionnalisme ainsi conçu est, comme il est légitime, pris comme objet d'analyse sociologique, mais il est aussi parfois contesté et attaqué par les sociologues, qui y voient une prétention des juristes de substituer le droit à la politique et la dogmatique à la science politique.

Il faut cependant constater que la controverse repose sur l'acceptation par les deux parties de quelques présupposés, qui sont malheureusement erronés et qui relèvent de trois plans différents: théorique (l'idée que droit et politique sont des concepts antinomiques), méthodologique (l'idée que la méthode juridique est différente de la méthode sociologique) et idéologique (l'idée que le droit aurait pour fonction de fournir une légitimité et la science politique de décrire).

2
Le présupposé théorique

C'est principalement dans le débat autour du contrôle de constitutionnalité qu'apparaît ce présupposé. Les juristes affirment que le contrôle de constitutionnalité n'est pas politique, parce que les décisions du juge constitutionnel ne sont pas prises en opportunité, mais pour des raisons exclusivement juridiques. Le droit aurait ainsi remplacé ou tout au moins "encadré" la politique. Les sociologues, de leur côté, soulignent que toutes les activités politiques ne sont pas soumises au contrôle du juge, que les hommes politiques ne sont pas toujours attentifs aux seules contraintes juridiques, qu'au demeurant, le juge dispose d'une marge de pouvoir discrétionnaire, voire arbitraire, et que sa décision n'est pas alors véritablement juridique, mais bien politique.

Ils rejoignent ainsi les théoriciens du droit dits "realistes", qui considèrent eux-aussi que le juge n'est pas lié par une norme préexistante. Selon la thèse réaliste, le juge prend une décision pour des raisons de pure opportunité et la justifie après coup en choisissant une norme générale, d'où la décision semblera logiquement déduite. En réalité, non seulement ce choix est libre, mais de plus la norme est toujours prétendument contenue dans un texte ou un ensemble de précédents, dont elle est la signification et c'est seulement par l'interprétation que le juge prétend la "dégager". Or, la signification n'est pas déjà-là dans les textes. Elle est seulement le produit d'une interprétation, effectuée librement par le juge. Cette thèse est dite "realiste" parce qu'elle prétend faire apparaître la réalité du pouvoir du juge derrière les justifications, qui ne sont que de façade, des décisions judiciaires. En dernière analyse, le contenu de ces décisions résulte non pas d'un droit préexistant, mais, comme pour les actes ouvertement politiques, de facteurs psychologiques ou sociologiques.

Autrement dit, pour les sociologues, comme pour les juristes autres que les réalistes, est *juridique* la décision qui n'est pas l'expression de la volonté de son auteur, mais qui résulte d'une connaissance ou d'une découverte, dans un texte ou dans un ensemble de textes, ou dans la totalité d'un système juridique ou bien dans le droit naturel ou encore toute décision qui peut être inférée de cette connaissance. Au contraire est *politique* tout ce qui est l'expression de la volonté, c'est-à-dire des valeurs, des préférences des hommes qui forment une autorité publique. Ainsi, pour les juristes comme pour les sociologiques, tout ce qui n'est pas juridique est politique et réciproquement, de sorte que la controverse parait porter seulement sur la frontière, la plupart des juristes estimant que la décision d'une autorité juridictionnelle est seulement juridique, tandis que les sociologues soutiennent que cette décision est malgré tout politique.

Le critère de la distinction du politique et du juridique est donc toujours le même: est juridique ce qui est application d'une norme préexistante et échappe à la causalité; est politique la décision qui relève de la causalité. Ce critère a été exposé avec le plus de clarté par Hans Kelsen. Il est vrai que d'après la Théorie Pure du Droit, la distinction se présente au premier abord comme une distinction seulement épistémologique: alors que les sciences de la nature appréhendent leur objet à l'aide du principe de causalité, la science du droit et plus généralement les sciences normatives appréhendent le leur à l'aide d'un principe différent, le principe d'imputation, par lequel on exprime une relation entre deux faits A et B, telle que si A, alors B *doit-être* (KELSEN, 1962, p. 104-ss).

Kelsen souligne fréquemment que la science du droit n'est pas prescripti-ve, mais descriptive. A cet égard, la norme fondamentale n'est pas à ses yeux, comme on le prétend trop souvent, la prescription formulée par la science du droit de se comporter conformément à la constitution, ni l'hypothèse méta-théorique qu'il existerait objectivement une telle norme, ni même la recom-mandation qu'il faudrait présupposer une norme supérieure à la constitution. C'est la description du présupposé épistémologique qui fonde, à leur insu, la démarche de tous les juristes[i]. De la même manière, Kelsen présente la distinction du principe d'imputation et du principe de causalité comme une distinction formulée du point de vue d'une épistémologie descriptive.

Juristes constitutionnalistes et politologues se fondent sur le même présupposé.

Il faut observer d'abord que cette distinction, acceptée aussi bien par la doctrine classique du droit public que par la science politique, repose en réalité, chez Kelsen lui-même, sur une ontologie à peine cachée. Ce qui contribue à la dissimuler, est le fait que Kelsen admette que "le principe de causalité est applicable également au comportement des êtres humains", d'où il résulte qu'il est possible d'étudier ce comportement et de l'expliquer du point de vue des sciences sociales, qui ne présentent aucune différence avec les sciences de la nature (KELSEN, 1962, p. 118). Seules diffèrent des sciences de la nature, les sciences normatives, qui décrivent non la conduite humaine, telle elle a lieu, mais "comment, déterminée par des normes positives, c'est-à-dire posée par des actes humains, elle doit se dérouler".

---

i "En formulant cette théorie de la norme fondamentale, la Théorie pure du droit n'inaugure absolument pas une nouvelle méthode de la connaissance juridique. Elle ne fait qu'amener à la pleine conscience ce que tous les juristes font, le plus souvent sans s'en rendre compte, lorsqu'ils conçoivent que les données qui ont été caractérisées ci-dessus ne sont pas des faits déterminés par les lois de la causalité, mais les considèrent conformément à leur sens subjectif, comme des normes objectivement valables [...]" (KELSEN, 1962, p. 273). C'est pourquoi Norberto Bobbio (1970, p. 7-ss) n'a pas entièrement raison de soutenir que la métascience de Kelsen est prescriptive. Elle est en effet prescriptive dans la mesure où Kelsen prescrit à la science de se borner à décrire. Mais elle est descriptive quand elle décrit ce qui est au fondement de la démarche de tout juriste, quel qu'il soit: il présuppose une norme fondamentale; il décrit son objet à l'aide d'un principe différent du principe de causalité.

On pourrait donc penser que, pour Kelsen, il n'existe qu'une seule réalité, mais qu'elle doit être appréhendée par deux sciences différentes. On ne pourrait ainsi parler de deux objets distincts, qu'en tant que chaque science "constitue" son objet et, par conséquent, qu'une science normative, constitue un objet différent de celui d'une science sociale. Mais Kelsen ne s'en tient pas à cette attitude. Il considère qu'il y a bien deux réalités distinctes. Il écrit ainsi, à la suite du passage précédent, que "l'objet de ces sciences sociales [les sciences normatives MT] n'est pas irréel, qu'il possède, lui aussi, une certaine sorte de réalité, cette réalité étant seulement autre que la réalité naturelle, positivement une réalité sociale" (KELSEN, 1962, p. 119). C'est donc cette réalité autre, que les sciences normatives, en particulier le droit, ont pour tâche de décrire et l'imputation n'est pas seulement pour lui un principe à l'aide duquel la science du droit examine son objet. C'est une relation qui existe dans la réalité elle-même, cette réalité spécifique, différente de la réalité naturelle. Le statut de l'imputation est ainsi chez Kelsen tout-à-fait semblable à celui de la causalité, qui est conçue tantôt, dans une perspective humienne, comme le principe à l'aide duquel la science de la nature décrit son objet, tantôt comme une relation "réelle" entre les faits. De la même manière, l'imputation apparaît tantôt comme principe transcendantal de la connaissance juridique,[i] tantôt comme la connexion établie entre deux faits par la norme juridique, c'est-à-dire comme existant dans le *Sollen* objectif.

C'est cette dernière conception qui d'ailleurs justifie seule que les propositions de la science du droit, qui ne sont pas des normes, mais qui décrivent des normes, les propositions de droit dans le vocabulaire kelsenien, puissent être dites vraies ou fausses selon le principe de la vérité correspondance. Elles sont vraies, si les normes qu'elles décrivent existent objectivement, "valent" objectivement, c'est-à-dire si elles "valent" indépendamment de la volonté de ceux qui les ont posées, en d'autres termes, si le *Sollen*, que la science du droit décrit à l'aide du principe d'imputation a une existence objective.

La théorie kelsenienne, qui exprime en réalité un présupposé commun aux juristes et aux sociologues, repose donc sur une conception métaphysique inadmissible. Kelsen l'a d'ailleurs lui-même abandonnée

---

i   "Un tel principe est présent dans notre pensée et est appliqué par les sciences qui ont pour objet la conduite réciproque des hommes en tant que déterminée par des normes, c'est-à-dire en d'autres termes: qui ont pour objet les normes qui réglementent cette conduite." (KELSEN, 1962, p. 105)

au profit d'une conception plus proche de celle des réalistes, lorsqu'il a admis que les normes sont l'expression des actes de volonté des hommes et que la science du droit a seulement pour tâche de décrire ces actes de volonté[i].

En revanche si l'on refuse cette métaphysique, il n'y a aucune raison pour supposer qu'il existe, à côté du monde soumis à la causalité, un *Sollen* objectif, qui lui échapperait, un monde accessible aux sciences sociales et un autre accessible seulement aux sciences normatives.

A vrai dire, la propre théorie du droit de Kelsen s'inscrit fort heureusement en dehors de cette métaphysique. C'est ainsi qu'il refuse de distinguer, comme le faisait la théorie traditionnelle, entre la création du droit, qui seule serait politique et l'application du droit, qui ne le serait pas. En raison de la structure hiérarchisée de l'ordre juridique, les actes dont les normes sont les significations, sont accomplis conformément à une norme supérieure. Ils sont donc à la fois application et création de normes. Il en irait ainsi même dans un système entièrement statique, où le contenu de chaque norme serait déduit du contenu du contenu d'une norme supérieure, car l'acte par lequel serait opérée la déduction serait encore création de la norme inférieure. Mais le système juridique a, pour Kelsen, on le sait, un caractère principalement dynamique, c'est-à-dire que la validité de chaque norme ne provient pas de la conformité de son contenu au contenu d'une norme supérieure, mais seulement de ce qu'elle a été élaborée par l'autorité habilitée par une norme supérieure et conformément à la procédure prescrite. Autrement dit, dans un système dynamique pur, chaque autorité dispose d'une liberté totale pour déterminer le contenu de la norme qu'elle doit poser.

Il faut ajouter que cette liberté se manifeste également dans l'application, car la norme supérieure qu'il s'agit d'appliquer n'est pas un texte, mais la signification d'un texte. Or, cette signification est déterminée par l'interprétation, qui est une fonction non de la connaissance, mais de la volonté.

La distinction du politique et du juridique, qui présuppose une opposition de la création et de l'application du droit et, en définitive, l'opposition de deux sphères de l'être et du devoir-être, ne peut être maintenue, au regard même de la doctrine qui en a donné l'expression la plus élaborée. Et le rejet de cette distinction doit entraîner celui du présupposé méthodologique, qui en découle.

---

i   Cf.: TROPER, 1989b.

3
Le présupposé méthodologique

Sociologues et Juristes s'accordent pour penser qu'il y aurait deux méthodes radicalement différentes, la méthode juridique et la méthode sociologique, même s'ils sont naturellement en désaccord pour apprécier la pertinence de ces méthodes et les objets auxquels il convient de les appliquer. La controverse provient précisément de ce que les uns et les autres estiment que leur méthode ne se définit pas par un objet spécifique et qu'elle peut s'appliquer à des objets différents.

Ainsi, la méthode juridique permettrait, aux yeux des juristes, non seulement de connaître le droit en vigueur, mais de comprendre la politique, dès lors qu'il est admis que celle-ci obéit au droit. La méthode sociologique, serait, quant à elle, applicable, selon les sociologues, non seulement au comportement des autorités politiques, mais aussi à celui des autorités juridictionnelles, dès lors qu'on admet qu'elles prennent des décisions "politiques". Elle permettrait même d'analyser le discours des professeurs de droit, qui ne s'expliquerait pas par la rationalité de leur démarche scientifique, mais par les positions que ces professeurs entendent occuper dans le champ du savoir, c'est-à-dire, comme chacun sait, du pouvoir. Aucune des deux méthodes n'aurait donc d'objet spécifique et chacune se prétend apte à comprendre la totalité des objets à analyser.

La méthode juridique, c'est tout simplement la dogmatique: elle consiste ici, c'est-à-dire pour la science du droit constitutionnel, à envisager la constitution comme un texte exprimant des normes à respecter et à déterminer quelle est la norme applicable à telle situation ou tel comportement concrets. Ceci implique un travail préalable d'interprétation et de systématisation. S'agissant de rendre compte de l'activité des autorités constituées, la science juridique classique recherche quel comportement il faut adopter pour agir conformément à la constitution. Si, comme c'est le cas pour les organes de contrôle de constitutionnalité, les décisions sont accompagnées d'une justification, la dogmatique présente cette justification et recherche si elle est bien fondée, puis elle la prend en compte dans un effort de systématisation ultérieur. On présuppose ainsi, dans tous les cas, que la décision n'est pas discrétionnaire, et cela, même lorsque la norme applicable est envisagée comme une norme d'habilitation.

C'est ainsi que, lorsque les juristes examinent par exemple la décision du Président de la République de refuser de signer des ordonnances, ils la décomposent implicitement en deux décisions. L'une porte sur l'existence d'une norme autorisant le Président à refuser sa signature, l'autre sur l'usage de cet habilitation, c'est-à-dire sur l'octroi ou le refus de signature. La seconde décision est clairement politique et la dogmatique juridique ne prétend pas en rendre compte. Mais la première est juridique et il en découle deux conséquences. Tout d'abord, une explication causale serait ici, souligne-t-on, tout-à-fait hors de propos: la décision de se soumettre ou non à une norme peut bien être attribuée à des causes psychologiques ou sociologiques; mais la question de la licéité de cette décision ne peut certainement pas être résolue de cette façon. D'autre part, on présuppose qu'à la question de la licéité, il n'y a qu'une seule réponse possible: ou bien admettre qu'il existe une norme habilitant le Président à refuser sa signature; ou bien admettre qu'une telle norme n'existe pas et que le Président a donc l'obligation de signer. Enfin, on suppose que cette réponse est susceptible d'être, sinon vraie ou fausse, du moins bonne ou mauvaise et qu'il existe une seule bonne réponse, même si l'on ne prétend pas toujours qu'il existe une science du droit capable de fournir cette réponse avec certitude[i].

Au contraire, la science politique considère tout comportement comme soumis à la causalité et cherche à l'interpréter en termes de rôles ou de conflits.

Cette opposition peut d'ailleurs être comprise de deux manières. Le plus souvent, on distingue la dogmatique juridique comme activité pratique, puis-qu'elle recherche le comportement qui doit avoir lieu, et la science politique comme activité théorique. Mais parfois, au contraire, d'un point de vue strictement positiviste, on envisage une science du droit purement descriptive, qui se distingue à la fois de la science politique et de la politique elle-même. Elle s'oppose à la science politique parce que si elle est, elle-aussi, une discipline théorique, il s'agit d'une discipline différente, qui, comme on l'a vu, analyse son objet à la lumière du principe d'imputation. Elle s'oppose à la politique, parce qu'elle est théorique et non pratique[ii].

---

i   Cf.: MICHAUT, [s. d.].

ii   Ainsi, Kelsen (1953, p. 143-161) écrit: "La science du droit peut et doit être séparée de la politique s'il lui est permis, en définitive, de prétendre au statut de science. Cela signifie que la connaissance du droit positif, sa description, l'analyse de sa structure, la définition des concepts qui le conçoivent et son interprétation scientifique – éléments inhérents à l'essence de chaque science – doivent être strictement objectives et, partant, ne peuvent être influencées par les jugements de valeur du théoricien du

Cependant cette opposition – ou plutôt ces oppositions – cesse d'être justifiée si l'on conçoit une science du droit descriptive et qui, pourtant, analyse son objet non plus selon le principe d'imputation, mais selon le principe de la causalité. Une telle science est loin d'être une chimère.

Il faut rappeler avant tout que personne ne prétend que le droit échappe entièrement à la causalité. Kelsen lui-même souligne que si l'on édicte des normes, c'est seulement parce qu'on présuppose qu'elles vont déterminer des comportements. Certes, les causes des comportements ne sont pas les normes elles mêmes, mais la conscience qu'en ont les sujets. Ce n'est pas un *Sollen*, mais seulement un *Sein*, la conscience, qui peut être la cause d'un autre *h*, le comportement. Pourtant, il en découle une conséquence importante: il n'est nullement illégitime d'aller au delà de la description des normes en vigueur, et de rechercher les effets sociaux de ces normes. C'est là précisément le rôle de la sociologie juridique.

Cependant, la sociologie juridique classique recherche seulement de quelle façon les normes sont appliquées: une norme impérative peut être obéie ou violée; une norme d'habilitation peut être utilisée de telle ou telle manière. Mais la manière dont elles sont appliquées n'est pas une conséquence de la norme elle-même.

Par contre, des études récentes recherchent de quelle façon les normes et surtout les combinaisons de normes déterminent des situations dans lesquelles les acteurs calculent leurs intérêts et élaborent des stratégies, de sorte que les comportements qui en résultent peuvent être compris comme les conséquences de ces normes. L'analyse des effets des modes de scrutin sur les systèmes de partis est l'exemple le plus connu de ce mode d'analyse, mais il en existe bien d'autres applications[i].

Mais on peut aller plus loin et considérer qu'au nombre des comportements explicables par les normes, il y a celui qui consiste à édicter une

---

droit qui revêtent toujours un caractère subjectif et émotionnel... Elle n'examine pas la question de savoir si ce droit positif est, au regard des valeurs, c'est-à-dire d'un point de vue politique, bon ou mauvais, juste ou injuste. Par ailleurs, chaque droit positif peut être considéré juste d'un certain point de vue politique et, en même temps, d'un autre point de vue tout autant politique, être jugé injuste. Mais ce ne peut être le cas de la science du droit qui, comme toute science véritable, n'évalue pas son objet ne le justifie ni ne désapprouve de manière émotionnelle mais qui, au contraire, l'explique rationnellement".

i   Cf.: MURPHY, 1979. En France, les travaux: DUHAMEL, 1977, et aussi: TROPER, 1992.

norme nouvelle, par exemple une décision juridictionnelle. La norme apparaît alors comme le produit d'autres normes. Ce type d'explication ne se ramène pas, comme on pourrait le croire, à la vieille analyse de la décision judiciaire comme produit d'un raisonnement syllogistique. Elle ne consiste pas comme elle, à démontrer que le juge n'a aucun pouvoir, qu'il a l'obligation de prendre une décision ayant un certain contenu et que son comportement n'est que la soumission à cette obligation. Bien au contraire, elle présuppose que le juge dispose d'une marge de pouvoir discrétionnaire considérable, mais que la situation dans laquelle il est placé le contraint à faire de ce pouvoir un certain usage plutôt qu'un autre. Or, cette situation résulte à la fois des normes qui déterminent son statut, ses compétences, la procédure qu'il doit suivre, les contrôles qui s'exercent sur ses décisions, mais aussi des relations qu'il a avec d'autres institutions ou du mode d'argumentation qu'il emploie et qu'il est d'ailleurs contraint d'employer[i].

De son côté, on remarque qu'un courant important de la science politique américaine a cessé de considérer les normes et les institutions comme des épi-phénomènes, au mieux comme le cadre neutre de l'activité politique, pour les traiter comme des variables indépendantes.

L'opposition de la science juridique et de la politique doit alors être singulièrement relativisée. Comme la science du droit, le constitutionnalisme a pour objet des normes; comme elle, il est descriptif et non pas normatif; mais comme la science politique, il ne se limite pas à dire ce qui, selon le droit en vigueur, doit être; il dit ce qui, en raison du droit en vigueur, est.

4
Le présupposé idéologique

Enfin, l'opposition est perçue comme celle de l'idéologie et de la science. Le droit est interprété comme idéologie de deux manières.

Les normes prescrivent et par conséquent fournissent une légitimation aux comportements politiques. On présente ces comportements comme légitimes, dès lors qu'ils apparaissent comme conformes aux normes, légaux.

---

i   La thèse de Jacques Meunier (1991) est un excellent exemple d'une explication des comportements du Conseil constitutionnel et de ses membres par les stratégies qu'ils sont contraints d'adopter.

D'un autre côté, les normes traduisent et expriment des systèmes de valeurs. Elles apparaissent elles-mêmes comme légitimes au regard de ces valeurs.

Dans ces conditions, l'affirmation usuelle que la science du droit participe de ce processus de légitimation a plusieurs significations.

D'abord, du point de vue d'une sociologie marxiste, mais aussi du point de vue des doctrines jusnaturalistes, on peut soutenir et on a effectivement soutenu que les normes traduisent et masquent des rapports de force, si bien que la science du droit, qui présente un comportement comme légal, contribue à entretenir l'illusion.

D'un autre côté, la dogmatique juridique ne pourrait éviter, dans sa présentation des normes en vigueur, de rechercher les fins poursuivies par les auteurs de ces normes. Ils contribuent ainsi à donner à ces normes une légitimité (LOCHAK, 1989, p. 252-ss). Même si les juristes n'expriment pas de jugement de valeur, leurs textes produisent – ou sont susceptibles de produire – des effets pratiques. Ils agissent sur les mentalités d'une manière simple: les lecteurs seront amenés à penser que si une législation a été décrite d'un point de vue juridique, par des juristes professionnels, alors cette législation n'est pas seulement l'expression d'un rapport de forces passager, mais qu'elle est "le droit", autrement dit, qu'elle est dans la nature des choses, normale, juste.

Enfin, les juristes ne se limiteraient pas à présenter les fins expressément poursuivies par le législateur. Le travail de systématisation, qui fait partie de la dogmatique juridique, implique que l'on donne à un ensemble de normes une cohérence, même si cette cohérence n'est pas manifeste dans le langage du législateur. Dans le cas précis du constitutionnalisme, les juristes produisent des doctrines, comme la souveraineté, la représentation, la supralégalité constitutionnelle. Elles ont parfois été énoncées par les constituants ou les législateurs, mais il s'agit souvent de constructions intellectuelles ex post, qui servent aux juristes à justifier une certaine répartition ou un mode d'exercice du pouvoir inscrits dans le droit positif ou simplement effectifs.

Au contraire, la sociologie politique serait descriptive, c'est-à-dire axiologiquement neutre, conformément à la méthodologie préconisée par Max Weber.

Là encore, l'opposition doit être relativisée. Tout d'abord, la neutralité axiologique des sciences sociales a été, elle aussi fortement contestée. S'agissant de la science du droit, et plus spécialement du constitutionnalisme, on peut faire trois remarques.

En premier lieu, même si la thèse schématique que le droit n'est que l'expression de rapports de force était vraie, il ne s'ensuivrait pas que la description du droit en vigueur soit une opération de caractère idéologique. Décrire le droit en vigueur ne signifie préconiser l'obéissance que si l'on adhère à une conception jusnaturaliste et non pas – en dépit des apparences – à une conception positiviste. On ne peut, en effet, assimiler description du droit en vigueur et recommandation de se soumettre à ce droit, qu'en présupposant la norme "il faut obéir au droit en vigueur". Mais une telle norme n'appartient pas au droit positif. C'est une métanorme, qui appartient au droit naturel. Si l'on rejette la doctrine du droit naturel, on peut parfaitement décrire une norme comme une norme de droit positif, sans préconiser qu'on lui obéisse et même, en préconisant, mais d'un point de vue moral, qu'on lui désobéisse. La critique de la science du droit fondée sur l'idée que décrire le droit, c'est prescrire l'obéissance repose en réalité sur une confusion entre la validité des normes juridiques, qui n'est qu'une validité relative à d'autres normes juridiques, et la validité de l'ordre juridique dans son ensemble, qui ne peut être que relative à des valeurs extra-systémiques et sur laquelle une science du droit ne peut se prononcer (ROSS, 1961; KELSEN, 1962, p. 145-ss).

Quant à l'idée que la dogmatique juridique ne peut trouver la norme applicable sans se référer aux fins poursuivies par le législateur et qu'elle parait ainsi légitimer cette norme, c'est une critique parfaitement justifiée, mais elle atteint seulement la dogmatique et non pas une science du droit d'inspiration positiviste. Celle-ci en effet ne prétend pas découvrir la norme applicable, mais seulement décrire la norme en vigueur, cette opération ne requiert aucune interprétation préalable et par conséquent aucune référence aux fins du législateur (TROPPER, 1989a).

Enfin, il est vrai que ce qu'on appelle "la doctrine" constitutionnelle, spécialement la branche dite "théorie générale de l'Etat", élabore des théories juridiques du type "souveraineté", "séparation des pouvoirs", "représentation" et il est vrai que ces théories sont en réalité des "príncipes", c'est-à-dire des prescriptions d'un degré de généralité élevé, qu'ils sont non pas décrits, mais construits de telle manière qu'ils puissent à la fois justifier le droit en vigueur et servir à l'énoncé de normes non expressément posées. Mais cette activité, qui en effet n'est pas descriptive, est en réalité parfaitement étrangère à la science du droit. Celle-ci ne peut que connaître son objet, qui est le droit positif. Elle ne peut donc ni prescrire qu'on respecte la séparation des pouvoirs ou la souveraineté, ni décrire ces principes s'ils ne font pas partie du droit positif.

Toute la question est de savoir ce que signifie pour des principes "faire partie du droit positif" et comment on peut les décrire. A cet égard, deux attitudes s'opposent. On peut d'abord considérer que des principes font partie du droit, dès lors qu'ils apparaissent comme les plus aptes à fonder les règles en vigueur, c'est-à-dire à justifier leur contenu. On peut dire par exemple que le principe de l'autonomie de la volonté fait partie du droit civil français, bien qu'il ne soit pas inscrit dans le code, parce qu'il permet de rendre compte de nombreuses règles inscrites dans ce code. Cette attitude s'inscrit dans une cônception antipositiviste sur un plan à la fois théorique et méthodologique: d'une part, en effet, elle présuppose que le droit est composé pour partie de normes posées et pour partie de principes non posés; d'autre part, la recherche des principes les plus aptes à justifier le contenu des nonnes posi-tives implique des jugements de valeur[i].

L'autre attitude consiste à considérer que le droit est seulement le droit positif, c'est-à-dire l'ensemble des normes posées. Cependant, comme ces normes sont nécessairement exprimées par le langage, l'étude du droit positif comprend l'analyse de ce langage. Or, les énoncés du droit positif comportent des expressions ayant pour référence des principes tels que "séparation des pouvoirs" ou "souveraineté". Il incombe alors à la science du droit de décrire la signification de ces expressions. Cette activité n'est pas une entreprise de légitimation et présente un caractère strictement sémantique[ii].

Il n'est donc pas plus juste d'opposer la démarche, qui viserait à fournirait une légitimité et une sociologie qui serait scientifique et neutre, que de distinguer création et application du droit, droit et politique, science normative et science sociale. Toutes les oppositions que l'on présente habituellement reposent en réalité sur une représentation de la science du droit, assimilée à la dogmatique juridique qui, dans une très large mesure et au moins pour ce qui concerne le droit constitutionnel, ne correspond plus depuis longtemps à la réalité.

---

i   Cette conception est aujourd'hui principalement représentée par: DWORKIN, 1981; 1986. Sur Dworkin, cf.: *Droit et Société*, 1985, n. 1 et 2.

ii   Pour un exemple d'une telle recherche, cf.: TROPER, 1990.

Références

BOBBIO, N. "Sein" und "Sollen". **Legal Science**, ARSP, Beiheft n. 6, Sein und Sollen im Erfahrungsbereich des Rechtes, p. 7-ss, 1970.

DUHAMEL, O. La constitution de la Veme République et l'alternance. **Pouvoirs**, n. 1, p. 47-ss, 1977.

DWORKIN, R. **Taking Rights Seriously**. 3. éd. London: Duckworth, 1981.

DWORKIN, R. **Law's Empire**. London: Fontana, 1986.

KELSEN, H. Was ist die Reine Rechtslehre? **Festschrift für Zaccharia Giacometti**, p. 143-161, 1953.

KELSEN, H. **Théorie pure du droit**. Traduction de Ch. Eisenmann. Paris: Dalloz, 1962.

LOCHAK, D. La doctrine sous Vichy ou les mésaventures du positivisme. In: **Les usages sociaux du droit**. Paris: PUF, 1989. p. 252-ss.

MEUNIER, J. **Le pouvoir du Conseil Constitutionnel**: essai d'analyse stratégique. Rouen, 1991.

MICHAUT, F. La bonne réponse n'est-elle qu'une illusion? **Droits**, n. 9, p. 69-78, [s. d.].

MURPHY, W-F. **Elements of Judicial Strategy**. University of Chicago Press, 1964.

MURPHY, W-F. **Courts, Judges and Potines**: an Introduction to the Judicial Process. 3. éd. New York: Random House, 1979.

PECZENIK, A. **The Basis of Legal Justification**. Lund, 1983.

ROSS, A. Validity and the Conflict between Legal Positivistn and Natural Law. **Revista Juridica de Buenos Aires**, 1961.

TROPER, M. Justice constitutionnelle et démocratie. **Revue Française de Droit Constitutionnel**, n. 1, p. 29-48, 1990.

TROPER, M. La doctrine et le positivisme: a propos d'un article de Danièle Lochak. In: **Les usages sociaux du droit**. Paris, PUF, 1989a. p. 286-292.

TROPER, M. Le concept de constitutionnalisme et la théorie moderne du droit. In: MARSHALL, T. (Ed.). **Théorie et pratique du gouvernement constitutionnel**. Editions de l'Espace Européen, 1992. p. 35-56.

TROPER, M. Ontologie et théorie de la science du droit. In: AMSELEK, P.; GRZEGORCZYK, C. **Controverses autour de l'ontologie du droit**. Paris: PUF, 1989b. p. 53-68.

The profile of the judge in the european tradition[i]

---

[i] Artigo publicado originalmente em: *Trames – Journal of the Humanities and Social Sciences*, 12, 2008.

Michael Stolleis

Professor Emérito de Direito Público e de História do Direito Moderno da Universidade de Frankfurt, Alemanha. Diretor do Instituto Max Planck.

The "judge" is an archetypal figure of european history. Most of the great religions draw out a profile of a judge sitting in judgement on men's actions when they enter the realm of the dead. He balances good and evil actions against one another and decides upon punishment or reward. The judge is the last resort everything is oriented by. It is that way in ancient Babylon and also in ancient Egypt and in ancient Jewry – but not in Greece. In the apostolic Creed, we Christians speak about Jesus Christ, at the end of time sitting in judgment as "judge of the worlds" on "the living and the dead". Our collective historic consciousness saves the ideal profiles of this judge: He is seated enhanced, in an upright posture; his symbols are a pair of scales and the punishing sword. He sees everything and decides fair. His sentence is irrevocable. He is the "last resort".

It seems that the imagination of this profile of a judge is a universal of human existence. In conflicts as they occur inevitably (only in utopias, societies without conflicts are created), we seek an instance, a person or an institution provided with ultimate authority, standing "above the parties" and being able to settle the dispute by wisdom and legal studies. This suggests a continuous tradition from Osiris, the judge upon the dead, or from Jesus Christ, "judge of the worlds", to the judges of the highest European Courts in Luxembourg or Strasbourg, to the international judges in Den Hague or to the constitutional judges of the European states. They are also seated enhanced, they wear ceremonial, neutralizing robes, they decide most sovereign and finally, at least on this Earth.

However, on closer inspection, the proposition of a super-transcending continuousness of the "judge" cannot be maintained. For historians, history is more a kaleidoscope of changing pictures, among which there are related elements but with modifying constellations. Still, there are relicts of archaic civilizations, without judges but with a community acting subsequent to time-consuming "palaver" and by ritual acts (Wesel 2001:29ff). Still, there are examples of the so-called segmental, settled societies without a state. There, the law of vendetta is applied; a kind of arbitration exists as well as a complex process of making compromises. Some of it seems to recur in the non-statal or acephale judicial networks of globalization. Without a state or an organized community there is no judge.

In the historic order of events, societies known to us gradually move towards a formation of "public" structures. This means that agrarian societies consider it to be more useful to transfer disputes away from the clan through to "public concerns", thus to neutralize them and to make them controllable. Out of the family's protective cover, the individual slowly emerges. Vis-à-vis, there is a judge, being independent of the clans, be it a "chief" or a king, now taking over the function of regulating for the major ethnic associations.

Going an extra mile to the early urban advanced civilization we discover a developed judiciary immediately. The ruler of the town or a pharaoh, a high council or a priest provided with judicial rights is the ruler of the courts. This is relevant in ancient Mesopotamia, in Egypt and ancient Israel.

However, I am not going to tell a history of judiciary and the profile of judges of ancient Babylon, Egypt, Greece and Rome up to the European states of the present. That would not only exhaust my expertise but also your patience. With these introductory remarks I intended to foreshadow the genesis of an archetype of the "judge", developed by all these civilizations, if certain conditions are fulfilled. As such conditions have to be named: The formation of organisations distanced enough from the clans and being able to be called "state". There needs to be a particular division of functions, the formation of a type of human being, dedicating himself to "public affairs". Moreover, this includes the (albeit possibly rudimental) implementation of a self-contained system "law", be it stipulated orally or in writing, be it by convention, by custom or by a legendary act of legislation by Hammurapi, Moses, Solon or founded by Decemviri. Within this law, an organisation of courts is typically formed, beginning with local issues, argued in front of the judge of the village, and ending with the highest judge, be he priest, king, a "high council" (Areopag) or – as in case of Athens – an assembly of citizens entitled to vote.

Mostly everywhere this organisation is centred on the "judge". Leaving aside the details, for instance the Roman division of labour between the praetor and the appointed judges, or the medieval division of labour between the "decision- makers" and the "judge" proclaiming the sentence, we have – to plagiarize Max Weber – an ideal-type course of events from the family or the clan to the state, from vengeance and self-help to distanced and neutral proceedings, from speech to writing, from a religiously or magically defined moral law to the differentiation of a system "law", from a ruling uno actu in situ to multi-level proceedings with the option to appellate, in other words: to the formation of normative hierarchies.

If and when these base lines take course that way in deed, then the profile of judges changes as well. Firstly, he is the highest-ranking among equals, thus, mostly a wise old man (occasionally a woman or female priest) within the clan, gradually he gains distance and becomes a "functionary" with an exogenous legitimation. By now, his authority as judge is derived from other sources, for instance from God (as priest-judge), from a ruler of the town – often also appearing as God, from the king or the pharaoh – he was a god as well, from the Roman emperor, but as well from the moot, for instance in Athens, in Germanic people and later in the Empire of the Francs.

This judge relies on an external authority. He judges in the name of another and higher power. In the late Middle Ages and in early modern times, i.e. from the 15th to the 18th century, God and the *ius divinum* are named as such authorities, later it is the Roman law, be it in the aura of the "emperor's law" in the antiquity, be it as law of reason, as natural justice or *ratio scripta*. The more the modern states become a state of legislation, the more God and reason or nature are replaced by the text of written and printed law, so the legislator's intention. Since Jean Bodin explained sovereignty as its holder's right to give orders to each individual and to all together, so to legislate, the modern state became a state of legislation. In the next century Thomas Hobbes intensified that by providing the theoretical basis of the mutual covenant of all individuals and giving all power to the monarch.

Thereby, the role and the profile of the judge changed fundamentally. The more absolutism prevailed, at first theoretically, but later in practice as well, the more the judge lost his central position. He was no longer the predominant figure, being able to settle all conflicts as it was provided with highest authority. The judge of the early modern times was now reduced to an executer of the sovereign intent.

As long as the medieval king was the country's highest judge, he had to preserve the peace, to settle disputes, to reward the good ones and to penalize the evil ones, as long the mere judge, getting his power from the king, was a "royal" judge. As soon as the monarch defined itself mainly as legislator, he will ensure that the judges follow his legitimate orders. Thus, the judge is part of the executive. He becomes *bouche de la loi* (Montesquieu), so a depending, state functionary of the judicature. Therefore, it seems to be a matter of course, that the absolute monarch reverses the sentence by "dictum of power" (*Machtspruch*), that he may pardon or sharpen a sentence.

Certainly, these are rough simplifications. However, they shall emphasize the principle. In the political reality of Europe in the 16th to 18th century, there are multiple modifications, as we all know. Pure absolutism existed only in Russia, Denmark and in a restricted form in France. In England the parliament's intent prevailed as source of law. In Germany, there is only a weak legislator on the level of the empire, so the judges still adjudicate according to *ius* commune and the particular *ius patrium* (*territorii*). In all other countries having received the Roman Law, judges or judge-councils form a self-conscious profession with academic education, with reputation growing from the fact that the state supplied a particular state function with special authority, namely to decide finally. This authority is derived from the office itself, but primarily from the exposure of academic law. As long as there were no own codifications in these countries, the monarch could not enforce his own intent as "law". In fact, the judge justified his sentence by the academic law, the content of which could not be influenced by the monarch.

Though, despite the simplifications it seems to be basically correct to say that from the end of the Middle Ages to the French Revolution, so until the end of the *Ancien Régime*, the judge's role was a more modest one. He is part of the Executive, but no longer the symbolic tip of the state like in the Middle Ages. There is now a monarch of legislation and warfare, but not a fair judge.

This changed fundamentally with the French Revolution. The more we move away from it, the more definite becomes the deep break it set. The classical division into nobility, clergy and bourgeoisie was replaced by the uniform nation. The "holy" ruler "by grace of God" was replaced by sovereignty of the people. The former *leges fundamentales* changed into a "constitution". The constitution is now the nation's holy and most authoritative document, to which both, king and the people's representation, were bound.

All this entails consequences. I will only emphasize those referring to the judge. The judge supposedly adheres to the law. But what is the law now? It is no longer the order of an omnipotent sovereign, as described by Bodin, but in the early 19th century it is a compromise between the parliament, i.e., the people's intent, and the monarch. This compromise corresponds to the political situation, as the new parliaments coming into existence all over Europe are weak at first and have to face a powerful monarchy founded on aristocracy, church and the military. Parliaments are able to discuss and adopt resolutions but the application of the law depends on the monarch's signature.

When the judge is supposed to comply with the "law", his position changes as well. Subsequent to the Congress of Vienna in 1815, on the one side the judge still serves the monarchy. The judicial power is seen as part of the monarchic power. Concurrently, the judge as interpreter and decision-maker shall comply with the parliamentarian law as product of this political compromise. To make the judge's difficult position tolerable, there is an alternative: Indeed he shall remain part of the monarchic power, however, he is given independence in person and factually.

This means that in the 19th century the monarch is no longer allowed to revoke a judgement by "dictum of power". The monarch retreats from everything and begins to accept the judge as a separate "Third Power". To underline the distance between judge and politics, it is alleged that the judge's function is non-political by nature; it is a matter of "calculating with concepts", a one-to-one realization of the legal intent in the sentence.

In this note the profile of the judge changes in the 19th century. He detaches himself from the monarch's sphere and gradually becomes an independent actor of the "Third Power". Invigorated by constitutional guarantees, justice becomes a domain of the liberal bourgeoisie. In the mid 19th century it is closer to the liberal movement to create nation states and constitutions, the parliaments and the reformers in the administration than to the old powers and monarchs.

This is confirmed by watching the changes in proceedings and the institutional context of the judge in the 19th century. Proceedings are detached from the *Ancien Régime's* old, non-public proceedings based on documents and become "public". Trials are held in public now. The public opinion in the shape of the press and other critical commentators intervene. This is also reflected by the architecture of court buildings: Courtrooms are constructed according to the new codes of procedure, the audience receives seats in the courtroom and trials are announced publicly. Sentences are published in newspapers for the first time and they are commented and provided with argumentations. The judge has to explain to the public in writing why the case was decided that way and no other.

In the 19th century laymen on the bench are new as well. They symbolize the transfer of justice from the monarchic power to the people's hands. The people provide "jurors" or "lay judges", honourable persons with "common sense". They are supposed to guarantee that jurists do not move too far from the people's sense of justice. This contains democratic pretensions on the one hand and romantic reversions to the Middle Ages on the other hand, when layman were judges and their sentences where perceived as "natural", "not miss-educated" and "directly derived from the national character". So, the movement of lay judges connects progressive and conservative-romantic concepts in a particular way.

It is of exceptional importance, that the public proceedings are not only public between court and audience, but it is as well an interaction of three actors. Now, for the first time advocates appear in court publicly, they are learned jurists living on their profession as middle-class notabilities. In the 19th century they typically take active part in politics, most of them being liberal and progressive, some being socialist. It is distinctive as well, that the Jews' emancipation beginning in the 18th century affects jurists in a way that most of them become lawyers. They could not act as judges and professors, at least in Germany, until 1900.

Opposite the small "court-theatre" there are the prosecutors. They become common in Europe in the 19th century modelled on the French concept. They represent the interest of the state, primarily in criminal law, later on also in trials before administrative courts.

This interaction is reflected by the architecture of the courtrooms. The professional judge is seated above the parties, flanked by lay judges. He is the controlling figure, dressed ceremonially, leads the trial, may impose sanctions spontaneously in case of "contempt of court", he has to pronounce his sentence "in the name of the law" (later in the name of the people) and to draw up an argumentation. The "dignity of the court" is based on the judge's personality. Traditionally, the Christian crucifix hangs above him, and to this oaths are sworn and judgements are pronounced.

One level below the bench the advocate and the prosecutor are seated right and left, both on the same level – as opponents. And one more level below, the accused is standing. He looks up to the judge – just like a believer in the church looking up to Jesus Christ. The judge holds the code of law – the profane bible – he interprets it and addresses the public – like a priest in the cassock – to substantiate his sentence. During the French Revolution the judge was given a bar bearing an "eye of the law". This eye represented the vigilance of law, so the parliament, as well as the eye of God was realized as never-sleeping watchmen over the human beings.

Summarizing these studies, one may say: Subsequent to the French Revolution, political and constitutional parameters according to which the judges worked, gradually changed all over Europe. The judge becomes an independent representative of the "Third Power"; he is abided by the law made by the people or rather by the members of parliament representing it. In some proceedings the judge is surrounded by laymen, actually not interfering with his position. In front of him, there are lawyers and prosecutors, representing the parties respectively the state. Most notably, he acts in public now, in buildings openly accessible to the audience. He has to substantiate his sentences publicly. More important sentences including the argumentation are printed and also commented and criticised by the scholarship. In sum, this judge is completely different from the one in the *Ancien Régime*.

The European movement through to constitutions, democracy and most notably to the "constitutional state" changed the profile of the judge fundamentally. The judge is no longer part of an absolutist regime. He is a prominent member of the middle-class and mediates between state and society. His guideline is the law passed by parliament. Needless to say, he is still paid by the state. Justice is a state-run institution. The state still holds in its hands all instruments for the judges' domestication – and uses them as well. However, the state as a "constitutional state" can no longer do what it would like to do. Direct interventions of the executive are no longer allowed. Dismissals of judges are prohibited as well asspecial courts alongside the "ordinary courts". All over, the remaining elements of "despotism" are being eliminated from judiciary. In states where the people may only participate minimally in political issues, for instance in Germany subsequent to 1848, the "constitutional state" becomes a kind of compensation for the lack of civil politics. Under these conditions the "constitutional state" gathers an intensive aura. An architectural expression of this homage to the "constitutional state" are the pretentious buildings, the "palaces of justice" built all over Europe (Brussels, Milan, Paris, Rome, Munich, Liège, Antwerp, Vienna, Palermo, Lisbon, Monsaraz, Santarem and in other locations). One might say the monarch was leaving the "palace" while justice and the judges moved in.

As well as the "long 19th century" beginning in 1789, the "short 20th century" beginning in the fateful year of 1914 and ending in the collapse of the Soviet Union in 1989, created newly-made conditions for state and law, and therefore also for the judges. Accompanied by the establishment of parliamentarian demo- cracy, legislation was firmly pushed forward. The state, in the 19th century clearly separated from society, now becomes a "state of interventions". It intervenes into social processes by legislation, wherever there is a problem: It attempts to resolve the "Social Question" by legislation, it begins to resolve vast economic fusions by anti-trust law, it regulates labour law, "intellectual property" especially by patent law, it controls human supply with water, energy and other basic supply by local legislation, it protects from the risks of nuclear powers, of climate changes, of smoking or of fast food.

This state of intervening legislation, continuously having to make new rules to keep the balance with social processes, destabilizes the entire law. While in the 19th century one was convinced that law was durable, this changed drastically during the economic crises of the early 20th century. Now, the forces of self-regulation all over Europe looked upon with suspicion, and everywhere one hoped for a "strong state". All over, there sounded voices of contempt for the liberalism of the 19th century, and authoritative models were recommended instead. In Italy Mussolini came out on top, in Poland it was Pilsudski, in Spain it were Primo de Rivera (1923-1930) and Francisco Franco (1939-1975), in Portugal generals Gomes da Costa and António Carmona since 1926 and Salazar since 1932. In Austria the alienation of the republic began in 1929 and converted into "Austro-fashism" in 1934, in Greece Metaxas' dictatorship was established in 1936. In the crises-ridden German state, the tribune of the people, Hitler, emerged in 1933. The consequences are only too well known.

In the atmosphere in which dictatorships appeared, an independent judge orienting oneself by law and constitution was no longer wanted. Dictatorships require judges who enforce the leadership's will, be it with or without law. Wherever judges perturb, for instance in control of public acting by courts of administration or constitutional courts, they are eliminated. Wherever they insist on their independence, they are discharged. More and more, judges in dictatorships become criminal judges. Whatever civil suits there are, they become less important. The system of labour courts is mostly eliminated as there are no more independent labour unions. The system of administrative courts vanishes or is marginalized since the state does not allow actions against itself. Finally, there is the hanging judge as instrument of execution in criminal law.

What I briefly portrayed above, is a tragedy of European judicial culture. During the years between the two world wars, we find an active, partly parliamentary, partly authoritative state of highly extensive legislation: we have inflation, economic crises and social stress, not solvable by means of justice. The "judge" as an ideal figure almost appeared to be anachronistic. He was a type of peaceful and well-balanced period of time, when relatively small conflicts could be resolved by means of law and its competent interpretation. However, when economic and social crises compounded, when civil war challenged all systems, even the judge was not able to help. The hour of the executive and the military arrived. The constitutional states turned into a rule of injustice. The only remains of "normality" were left to the judge. Hitler, but also his entourage, held judges in contempt. In 1942, in an outburst of fury he eliminated the judges' independence, as far as it was in force and appointed himself as "ruler of the courts".

After the end of the Second World War, which was accompanied by the end of dictatorships and military regimes in numerous countries, justice and with it the profile of the judge rose like a phoenix. The law of war was inapplicable; states intended to go back to normal. However, most of all, they wanted a constitutional state, separation of powers, an independent judge. Especially in West Germany the Third Power was quickly reestablished and completed by constitutional jurisdiction having been discussed for long. The Federal Constitutional Court in Karlsruhe has now existed for more than 50 years and became the ultimate juristic authority of the state. Its judges, working in two senates, enjoy high respect. The constitutional complaint against the violation of fundamental rights is the remedy best known to people. There are about 5.000 complaints per year.

The only amazing aspect of this success story is that the German judges' intense collaboration with the national-socialist regime in the civil field and in the army was repressed successfully as well. Numerous judges were members of the NSDAP, a fact that obviously was no obstacle for careers after 1949. In the former GDR all judges being members of the NSDAP and finally all middle-class judges were removed at the same time and replaced by rapidly educated "judges of the people". During the next 40 years the judiciary was directed closely to the state's party (SED/Socialist Unity Party of Germany) and became part of the East-German dictatorship. Not until 1990 was there a discharge of socialist female and male judges and a reversion to the western "constitutional state".

Even if we consider that it took much longer for Spain and Portugal than most European states to end Franco's and Salazar's regimes, we could say in a generalizing way: After the end of the Second World War and intensified again after the end of the Cold War, Europe returned to the foundations of the constitutional state as they had established in the 19th century. That is to say, in all states being a member of the Council of Europe there are particular basic rules concerning the judges' position, the organisation of courts and the proceedings. Likewise there are common basic principles for the defence of fundamental rights being guaranteed in the European Charta of Fundamental Rights. Judges are independent in person and factually. There are several levels of jurisdiction for legal protection. In addition to civil jurisdiction and penal jurisdiction, special courts for administrative disputes, social law and financial law exist. In most states there is a constitutional jurisdiction by which statutes and court decisions can be reviewed on their constitutionality. All in all this sounds positive and optimistic. However, we all are aware of substantial theoretical and practical problems. I will briefly examine several theoretical dilemmas.

Reflecting the modern judge's position, it is clear from the outset that both imaginable extreme points of view are no longer adopted. Neither is the judge a mathematician of terms nor does he adjudicate only from a sense of justice as "judicial king". No one assumes any longer that the law contains all solutions possible and that the judge could simply be *bouche de la loi*. Just as well no one wants a judge's rulings without abidance to the law. Therefore, there must be interventional solutions: The abidance to the law is approved as well as a certain freedom of the judge to select one solution out of several possible ones. What is decided that way is the "correct" and legitimate solution in the proceedings. The judgement is not challenged concerning the fact if it is "just", but only if it was brought about in the correct proceedings and if it stays within the semantic range of the law.

Nevertheless numerous texts of "upper ranking" (constitution, declarations of human rights) require material ethics. There is talk of human dignity, fair compensation, solidarity and subsidiarity, of equality and freedom. The pathos of these formulas lingers and impacts on the judges as well, though they have to consider that modern societies lack actually convincing theoretical parameters to define these words in an exact manner. So, the modern judge is a split character. One part is stuck in the metaphysics of values represented by him or at least his society, the other part is a secularized agnostic simply seeking a socially accepted and lawful decision.

Even bigger are the modern judge's practical problems. The old phrase *iura novit curia* is no longer valid. Contemporary law is extremely complex. You could take any case governed by European or international law. A child's toy produced in China, imported into Europe by a US-American importer and purchased and resold on several international levels contains harmful materials. What is the legal situation, if an actual damage could not yet be detected? Or: Danish butter subsidized by Brussels is transported to Algeria via Bavaria and Italy to be reimported into the European circular flow as oil. This is subsidy fraud, but under which law? A third example: There are human beings contracting a marriage more than once in their life, having children of several relations in several states. In times of globalization a more and more complex family law and law of succession belongs to everyday life even in smaller courts.

In other words: At the same time the modern judge is a specialized practitioner and a generalist having to work with enormous uncertainties. He does not usually think about his theoretical fundaments, but about acquisition of information and information processing, about the hierarchical levels of particular rules and about limits in his jurisdiction. The judge needs to know a lot more than in former times, a simple "glance into the statute book" is not enough, he needs to be familiar with foreign languages and he needs to have basic knowledge about the state where his "case" is actually set. The picture of the judge in the 21st century Europe no longer corresponds to the idyll of the judge on the countryside or of traditionally domestic cases being solvable by ius patrium.

One more and last aspect appears. During the past decades a new class of highest judges emerged parallel to the process of the formation of the European Union. They are seated at the European Court of Justice in Luxembourg, the European Court of Human Rights in Strasbourg, the International Criminal Court in Den Hague or Rwanda – or Yugoslavia – Tribunals, but they are also seated at national constitutional courts. These female and male judges, the European jurists' elite, know each other; they compare different types of jurisdiction and conform to each other. Mostly, they communicate in English or French. Taking them all together, one may say that a juristic community is established for the first time in European history. These judges no longer adjudicate "in the name of God", they do not (yet) have a European constitution which they might refer to. They do not adjudicate in the name of the people since there is no European people as such. They do adjudicate in the name of "law", but this "law" (in the sense of a completed text) is a construct of numerous different texts. The future European judge will only find legitimation of his sentences by the acceptance of those seeking justice in court. This "acceptance without metaphysics" increases the more the judge is rooted in historic traditions of European judiciary cultures. This is why we should permanently assure ourselves of these traditions.

References

SCHMIDT-AßMANN, E. Der Rechtsstaat. In: ISENSEE, J.; KIRCHHOF, P. (Eds.). **Handbuch des Staatsrechts**. 3. ed. § 26. Heidelberg, 2004.

STOLLEIS, M. Judicial Review, Administrative Review, And Constitutional Review In The Weimar Republic. **Ratio Juris – An International Journal of Jurisprudence and Philosophy of Law**, v. 16, 2003.

STOLLEIS, M. **L'oeil de la loi**: histoire d'une metaphore. Paris, 2006.

STOLLEIS, M. **A History of Public Law in Germany 1914-1945**. Oxford, 2004. v. III.

WESEL, U. **Geschichte des Rechts**. 2. Aufl. München: C. H. Beck, 2001.

Os papéis utilizados neste livro, certificados por instituições ambientais competentes, são recicláveis, provenientes de fontes renováveis e, portanto, um meio responsável e natural de informação e conhecimento.

FSC
www.fsc.org
MISTO
Papel produzido
a partir de
fontes responsáveis
FSC® C103535

Impressão: Reproset
Junho/2021